Unternehmens- und Wirtschaftsethik in der betriebswirtschaftlichen Forschung

Herausgeber
Prof. Dr. Thomas Wrona
Prof. Dr. Dr. h.c. Hans-Ulrich Küpper

Springer Gabler

ZfB-Special Issues

6/2009 Management von kleinen und mittleren Unternehmen
Herausgeber: Peter Letmathe/Peter Witt
180 Seiten. ISBN 3-8349-2139-4

1/2010 Corporate Social Responsibility and Stakeholder Dynamics
Herausgeber: Joachim Schwalbach
100 Seiten. ISBN 3-8349-1995-0

2/2010 Internationale Aspekte der Unternehmensbesteuerung
Herausgeber: Norbert Krawitz
136 Seiten. ISBN 3-8349-2006-1

3/2010 Rechnungslegung, Kapitalmärkte und Regulierung
Herausgeber: Ralf Ewert/Hans-Ulrich Küpper
164 Seiten. ISBN 3-8349-1999-3

4/2010 Mixed Methods – Konzeptionelle Überlegungen
Herausgeber: Thomas Wrona/Günter Fandel
120 Seiten. ISBN 3-8349-1998-5

5/2010 Mixed Methods in der Managementforschung
Herausgeber: Thomas Wrona/Günter Fandel
140 Seiten. ISBN 3-8349-2521-7

6/2010 Jubiläumsheft zum 80. Jahrgang
Herausgeber: Günter Fandel
184 Seiten. ISBN 3-8349-2000-2

1/2011 Unternehmensethik in Forschung und Lehre
Herausgeber: Hans-Ulrich Küpper/Philipp Schreck
94 Seiten. ISBN 3-8349-1997-7

2/2011 Kundenmanagement
Herausgeber: Oliver Götz/Ove Jensen/Manfred Krafft
94 Seiten. ISBN 3-8349-1996-9

3/2011 Human Resource Management Issues of Foreign Firms in Japan
Herausgeber: Ralf Bebenroth/Werner Pascha
142 Seiten. ISBN 3-8349-3125-X

4/2011 Beiträge zur Theorie der Unternehmung. Horst Albach zum 80. Geburtstag
Herausgeber: Günter Fandel
152 Seiten. ISBN 3-8349-3172-1

5/2011 Kundenintegration 2.0
Herausgeber: Günter Fandel/Sabine Fliess/Frank Jacob
178 Seiten. ISBN 3-8349-3392-9

6/2011 Entrepreneurial Marketing
Herausgeber: Dietmar Grichnik/Peter Witt
136 Seiten. ISBN 3-8349-3448-8

1/2012 Real Estate Finance
Herausgeber: Wolfgang Breuer/Claudia Nadler
132 Seiten. ISBN 978-3-8349-3449-9

2/2012 Managing Diversity in Organizations
Herausgeber: Barbara Beham/Caroline Straub/Joachim Schwalbach
126 Seiten. ISBN 978-3-8349-3455-0

3/2012 Management von kleinen und mittleren Unternehmen
Herausgeber: Peter Letmathe/Peter Witt
166 Seiten. ISBN 978-3-8349-3450-5

4/2012 Digitalisierung der Unternehmen
Herausgeber: Thomas Hess/Armin Heinzl
170 Seiten. ISBN 978-3-8349-3451-2

5/2012 Corporate Governance, Regulierung und Rechnungslegung
Herausgeber: Ralf Ewert/Hans-Ulrich Küpper
226 Seiten. ISBN 978-3-8349-3452-9

INHALTSVERZEICHNIS

1 **EDITORIAL**

5 **Do contextual factors matter? An investigation of ethical judgments of corrupt acts**
Tanja Rabl

33 **Moralische Arbeitsteilung: Moralverdrängung und Legitimationsfabrikation in und durch Organisation(en)**
Günther Ortmann

59 **Warum Steuermoral? – Zur Explikation, Relevanz und Vorteilhaftigkeit von Steuermoral**
Ute Schmiel

81 **Individuelle Freiheit als Grundlage normativer Ökonomik: Ansatzpunkte zur Beurteilung der ethischen Legitimität unternehmerischen Handelns in einer globalisierten Welt**
Dominik van Aaken

103 **Firm-NGO collaborations: A resource-based perspective**
Nicco F. S. Graf, Franz Rothlauf

GRUNDSÄTZE UND ZIELE

IMPRESSUM/HINWEISE FÜR AUTOREN

HERAUSGEBER/EDITORIAL BOARD

 # Journal of Business Economics
ZEITSCHRIFT FÜR BETRIEBSWIRTSCHAFT

CALL FOR PAPERS

The **Journal of Business Economics (JBE)** aims at encouraging research in the field of business economics and business administration. It further expands the application of the fields' research to promote the exchange of ideas between science and practice. Contributions should be based on a general approach to the theory of the firm and should fall within one of the following categories:

- accounting
- auditing
- information systems
- controlling
- finance and investment
- human resources
- logistics
- marketing
- organizational management
- production
- strategic management
- supply chain management
- taxation
- technology and innovation

Besides original **theoretical** and **empirical** work, excellent **state of the art** contributions of these topics will also be considered.

The **Journal of Business Economics** was founded in 1924 by renowned business economics professors under the name **"Zeitschrift für Betriebswirtschaft (ZfB)"** and has since been counted among the leading professional journals in the business economics sector. Today, it is edited by 11 university professors who serve as Department Editors. The editorial board members are from Europe, Japan and the USA.

To further internationalize the journal, we will exclusively handle English-language contributions. Manuscripts can be submitted at https://mc.manuscriptcentral.com/zfb. They will be subject to a double-blind review to guarantee the highest possible quality.

The **JBE** will only be published in English, although it will still carry the German subtitle „Zeitschrift für Betriebswirtschaft". The goal is to create an international publication platform, allowing its publications and their authors to become internationally recognized. Since the journal will be fully incorporated into SpringerLink's international collection, its contributions will become easily accessible throughout the world. At the same time, authors, in particular young scientists can still benefit from the well-established, excellent reputation of the "Zeitschrift für Betriebswirtschaft" in the German-speaking area.

Contact us via email zfb@fernuni-hagen.de or via phone +49 2331 987 - 2652 or 2626.

ZfB-SPECIAL ISSUE 6/2012

Unternehmens- und Wirtschaftsethik in der betriebswirtschaftlichen Forschung

Thomas Wrona · Hans-Ulrich Küpper

Die Entwicklung der Betriebswirtschaftslehre wird vielfach als Erfolgsgeschichte aufgefasst, dokumentiert u. a. in der Entwicklung der Studierendenzahlen oder der zunehmenden Internationalisierung des Fachs. So ist die BWL zu einem der größten Fächer an Universitäten und Fachhochschulen geworden; ihre Absolventen erreichen einflussreiche Positionen in Wirtschaft, öffentlicher Verwaltung und Verbänden. Allerdings gibt es seit längerer Zeit Kritik von Management-Wissenschaftlern wie von Vertretern der Unternehmenspraxis, an der Ausbildung, ihren Inhalten und Wissensgrundlagen, aber auch an den Kompetenzen, den Werthaltungen und der Persönlichkeit von Absolventen betriebswirtschaftlicher Studiengänge. Dabei wird u. a. hinterfragt, warum Unternehmens- und Wirtschaftsethik (UWE) in die betriebswirtschaftliche Forschung und Ausbildung kaum integriert ist. Lange hat sich die Betriebswirtschaftslehre durchaus bewusst nicht mit ethischen Fragen auseinandergesetzt und auf das von Max Weber formulierte Konzept der Wertfreiheit wissenschaftlicher Aussagen berufen. Die führenden Vertreter der bis Ende des vorigen Jahrhunderts bestimmenden Hochschullehrergeneration äußerten sich immer wieder ablehnend oder zumindest skeptisch gegenüber Unternehmensethik als einer betriebswirtschaftlichen Teildisziplin.

Dies hat sich in den vergangenen 2 Jahrzehnten deutlich geändert. In der Forschung gibt es zahlreiche Vertreter, die den Bezug zur Ethik als Wissenschaft suchen und sich mit moralischen Problemen in der Forschung und Lehre explizit auseinandersetzen. Auch der Verband der Hochschullehrer für Betriebswirtschaft (VHB) hat die Bedeutung dieses Themas erkannt, das durch die Finanz- sowie Wirtschaftskrise und deren Folgen in jüngerer Zeit zusätzlichen Auftrieb erhielt. So organisierte die Kommission Wissenschaftstheorie (WK WISS) u. a. zwei Workshops zur Integration unternehmens- und wirtschaftsethischer

© Springer Fachmedien Wiesbaden 2012

Prof. Dr. T. Wrona (✉)
Institut für Strategisches & Internationales Management,
Technische Universität Hamburg-Harburg,
Schwarzenbergstr. 95, 21073 Hamburg, Deutschland
E-Mail: thomas.wrona@tu-harburg.de

Prof. Dr. Dr. h.c. H.-U. Küpper
Institut für Produktionswirtschaft und Controlling,
Fakultät für Betriebswirtschaft, Ludwig-Maximilians-Universität München,
Geschwister-Scholl-Platz 1, 80539 München, Deutschland
E-Mail: kuepper@bwl.lmu.de

Fragen in die Lehre. Die *Ethic Education*-Workshops (2008 in Berlin und 2009 in München) setzten an der „Ausbildungslücke" an.[1] Dagegen war die Kommissionstagung 2010 in Berlin dem Thema *„Ethik in der betriebswirtschaftlichen Forschung"* gewidmet. Der methodische Rahmen zu dieser „Forschungslücke" reichte von theoretischen Entwürfen bis zu empirischen Arbeiten. Einige der Beiträge des vorliegenden Sonderheftes sind auf Vorträge dieser Tagung zurückzuführen. Schließlich zeigt sich die wachsende Relevanz des Themas Ethik nicht zuletzt in einer institutionellen Anpassung: die WK WISS wurde im Jahre 2010 zur Kommission „Wissenschaftstheorie und Ethik in der Wirtschaftswissenschaft" (WK WEW) erweitert und nimmt nun diese Fragen noch intensiver in ihre Arbeit auf.

Auf diese Entwicklungen ist auch die Initiative für das vorliegende Special Issue zurückzuführen. Es ist ein Beleg dafür, dass Vertreter des Faches aus ganz unterschiedlichen Blickwinkeln heraus die Forschung zur Unternehmensethik vorantreiben. Diese wird nur dann eine wirkliche Verankerung in der Betriebswirtschaftslehre erreichen, wenn sie in ihren verschiedenen Bereichen aufgegriffen wird. Deshalb erscheint es uns gut, dass nachfolgend unternehmensethische Probleme im Hinblick auf das Verhalten von und in Organisationen, die Besteuerung, aber auch für unternehmerische Kooperationen mit Nicht-Regierungsorganisationen sowie grundlegende Annahmen der Ökonomik angesprochen werden.

So befasst sich *Tanja Rabl* mit der ethischen Beurteilung des Verhaltens von Aktoren in organisationalen Korruptionsfällen. Hierbei wird die Rolle von Kontextfaktoren auf die Beurteilung im Rahmen einer sog. Vignettenstudie analysiert, die eine Entschlüsselung normativer Strukturen bei der Bewertung von Situationen mit komplexen Merkmalskonstellationen erlaubt. Die Ergebnisse weisen darauf hin, dass ethische Bewertungen eines bestimmten Verhaltens von einer hohen Situativität geprägt sind. Die Autorin extrahiert eine Reihe solcher Kontextvariablen und diskutiert die Implikationen für die Korruptionsvermeidung.

In Organisationen kommt es jedoch nicht nur unter bestimmten Bedingungen zu „Korruptionsepisoden" im Sinne eines kurzzeitigen Abweichens von Effizienz und Verlässlichkeit. Vielmehr – so die These von *Günther Ortmann* – weisen heute Unternehmen häufig verschiedene institutionelle Merkmale auf, die es ihnen ermöglichen, systematisch einen hohen Einfluss auf Recht und Politik zu nehmen, Moral zu verdrängen und Legitimität zu produzieren. Die eingenommene Perspektive des Autors verweist damit eindrucksvoll auf mögliche Problemfelder einer positiven Ökonomik.

Das Thema „Moral" spielt auch im Beitrag von *Ute Schmiel* eine zentrale Rolle. Die Autorin untersucht in ihrem Beitrag, ob eine „Steuermoral" für den Einzelnen vorteilhaft ist. Sie legt dabei ein weites Begriffsverständnis von Steuermoral zugrunde, das neben einem Verzicht auf Steuerhinterziehung gleichsam einen Verzicht auf bestimmte Sachverhaltsgestaltung umfasst und Steuerzahlung als Bestandteil eines fiktiven Gesellschaftsvertrags illustriert. Auf der Basis eines solchen Gesellschaftsvertrags – so die Schlussfolgerung der Autorin – kann eine Steuerzahlung unabhängig von möglichen Sanktionierungsnachteilen bei ihrer Aufdeckung auch vorteilig aus dem Grunde sein, da sie eine Beeinträchtigung des Gesellschaftsvertrags verhindert.

Dominik van Aaken setzt sich mit der begrenzten Eignung ökonomischer Ansätze für ethisch-normative Urteile auseinander. In deren Betonung individueller Freiheit sieht er eine grundlegende Wertung, aus der sich weitere Wertungen im Sinne einer normativen Ökonomik ableiten lassen. Nach seiner Argumentation folgt aus dieser Basiswertung, dass Verträge von Unternehmen nur dann ethisch gerechtfertigt sind, wenn sie auf einem freiwilligen Einverständnis beruhen. Dazu müssen sie eine Reihe von Anforderungen erfüllen, anhand derer sich ihre Legitimität in einer globalisierten Welt beurteilen lässt.

Schließlich studieren *Nicco Graf* und *Franz Rothlauf*, warum und wie NGOs Kollaborationen zu Unternehmen nutzen könnten, um ihre Ziele (besser) erreichen zu können. Ausgehend von heterogenen Ressourcenpositionen der beteiligten Kooperationspartner wird auf der Grundlage der ‚resource-based view' analysiert, wie eine Zusammenarbeit zu Wettbewerbsvorteilen führen kann. Neben offensichtlichen Vorteilen, die sich aus einer Legitimierungsfunktion ableiten lassen, werden hier systematisch weitere Vorteilskategorien hervorgehoben. Ferner leiten die Autoren mögliche Treiber und Bedrohungen für den Erfolg solcher Kollaborationen ab.

Wir hoffen, dass die Aufsätze in diesem Heft Anregungen für weitere Forschungsarbeiten zur Unternehmensethik liefern und auch dazu beitragen, deren Probleme stärker in der Lehre aufzugreifen.

Anmerkung

1 Vgl. Aßländer, M.S./Brink, A./Haase, M./Schumann, O.J. (Hrsg.): Ethics Education, Zeitschrift für Wirtschafts- und Unternehmensethik, Heft 2, Jahrgang 10, 2009.

Do contextual factors matter?
An investigation of ethical judgments of corrupt acts

Tanja Rabl

Abstract: Drawing on the moral intensity concept and attribution theory, this vignette study investigates the influence of contextual factors on people's ethical judgments of others' behavior in corruption situations. It examines differences regarding corruption occurring in a national or international context, in an environment where it is usual or unusual, with high or low bribes, initiatively or reactively, because of private or organizational motives, and in situations of financial sufficiency or deficiency. The results show that corruption in situations where it is usual, motivated by organizational reasons, and initiated because of financial difficulties is judged as significantly less unethical. The paper discusses the findings' implications for the prevention of corruption in organizations.

Keywords: Context · Corruption · Ethical judgment · Situation · Vignette study

JEL Classification: D73 · M14 · M19

© Springer Fachmedien Wiesbaden 2012

Dr. T. Rabl (✉)
Department of Human Resource Management, University of Bayreuth,
Universitätsstraße 30, 95440 Bayreuth, Germany
e-mail: tanja.rabl@uni-bayreuth.de

1 Introduction

Over the past years, the number of corruption scandals reported in the media has increased dramatically. Companies around the globe have been found involved in these scandals—Siemens, MAN, Samsung, or IKEA being only a few notable examples out of many. Thus, to stem corruption in organizations, there is a growing need to understand the factors that influence people's ethical judgments of ethical dilemmas involving corruption and consequently determine corrupt intentions and behaviors.

Summarizing common definitional elements across literatures, corruption can be described as a "deviant behavior that manifests itself in an abuse of a function in favor of another person or institution. This abuse of a function occurs on one's own or the other's initiative in order to achieve an advantage for oneself or a third party. It occurs as an exchange of benefit and reward between the partners in a corrupt relationship. As a result, a damage or disadvantage to politics, society, or economy is expected or does actually occur. The corrupt actions are kept secret in mutual [...] agreement" (Rabl 2011, p. 85; see also Rabl 2008, p. 25; Rabl and Kühlmann 2008, p. 478; Vahlenkamp and Knauß 1995, p. 20). This paper focuses on one facet of corruption, bribery, which is seen as its essence (Andvig and Fjeldstad 2001). Bribery includes payments in money or kind that are received or demanded to make things pass swiftly, smoothly, or more favorably (Andvig and Fjeldstad 2001). As the vast body of literature on ethical behavior in organizations shows, it is generally assumed that corruption represents a form of unethical behavior. Empirical studies (e.g., Mitchell et al. 1992; Vitell and Festervand 1987) found corruption or related concepts like bribery or giving kickbacks to be judged as unethical behavior. Unethical behavior is defined as individual behavior violating generally accepted moral norms of behavior (Treviño et al. 2006). Definitions of corruption also include the deviation from norms as a characteristic of corrupt behavior (Rabl 2008). Thus, corruption can be seen as a form of unethical behavior.

As several ethical decision making models (e.g., Jones 1991; Rest 1986) as well as an extensive body of empirical research (O'Fallon and Butterfield 2005) show, an important variable in explaining ethical/unethical behavior is ethical judgment (Sparks and Pan 2010). Ethical judgment can be defined "as an individual's personal evaluation of the degree to which some behavior or course of action is ethical or unethical" (Sparks and Pan 2010, p. 409). In this paper, I assess ethical judgments of others' behavior in corruption situations. These judgments are important for the individual decision making process for several reasons: First, according to Kohlberg's (1976) model on cognitive moral development, the typical level of adults' moral reasoning is the conventional level, where ethical judgments are greatly influenced by others and social norms (Decker and Calo 2007; Jones and Ryan 1997). Second, research aiming at explaining the ethical decision making process based on the theory of planned behavior (Ajzen 1991) indicates that the subjective norm is an important determinant of unethical and corrupt behavior (e.g., Dubinsky and Loken 1989; Powpaka 2002; Rabl 2008; Rabl and Kühlmann 2008). The subjective norm is "the perceived social pressure to perform or not to perform the behavior" (Ajzen 1991, p. 188) and depends on the likelihood that important referent individuals or groups approve or disapprove of performing unethical or corrupt behavior. Third, research on the link between ethical judgment and action underlines the importance of referent groups. Jones and Ryan

(1997) propose the construct of moral approbation to explain how ethical judgments lead to subsequent behavior. This construct includes the desire for moral approval from oneself or others after ethical judgments are made. Thereby, actors compare the anticipated level of moral approbation by others to the minimum they can tolerate. Based on these comparisons they decide on their course of action. Fourth, research on the normalization of corruption in organizations (Ashforth and Anand 2003; Brief et al. 2001; Darley 2005) also emphasizes the social influences that contribute to the spread of corruption in organization. Thus, it is important to understand the factors that influence ethical judgments of others' responses to ethical dilemmas (Decker and Calo 2007).

Ethical decision making models (e.g., Dubinsky and Loken 1989; Ferrell and Gresham 1985; Hunt and Vitell 1986; Rest 1986; Treviño 1986) illustrate the interaction of personal and situational factors in determining the ethical decision making process. To understand the person-situation interactions (Johns 2006) that lead to "anomalous organizational phenomena" (Johns 2001, p. 34) like corrupt behavior in organizations, the consideration of contextual characteristics is important. The context can alter the underlying causal dynamics of person-situation interactions (Rousseau and Fried 2001); it can either have a constraining or fostering influence on behavior and attitudes (Johns 2001). Barnett and Karson (1987, p. 371) underline that both personal values and characteristics of the situation are important in understanding ethical phenomena. They argue: "Each ethical choice is situationally specific". Thus, as ethical judgments depend on the specific characteristics of the ethical dilemma situation, I examine the influence of specific characteristics of the corruption situation on ethical judgments in this paper. The broad interdisciplinary literature shows that corruption occurs in different settings, under different situational circumstances, and because of different motives (Argandoña 2005; Bannenberg and Schaupensteiner 2004; Rabl 2008). In this paper, I focus on contextual factors often discussed in the corruption literature: the scope of action (national versus international), the business practice (usual versus unusual), the size of the bribe (high versus low), the form of action (initiatively versus reactively), the motive (private versus organizational), and the initial situation (financial sufficiency versus financial deficiency).

Thus, the central aim of this paper is to answer the following research questions: How do specific contextual factors that characterize a corruption situation influence a person's ethical judgment of others' behavior in such a situation? Are there situations or motives that lead toward a more favorable judgment than others? And if yes, what does this mean for an effective prevention of corruption? Thereby, this paper makes a unique contribution both theoretically and empirically: First, it provides a theoretical framework to explain the contextual influences on ethical judgments of others' behavior in corruption situations by drawing on both Jones' (1991) moral intensity concept and attribution theory (Heider 1958; Jones and Davis 1965; Kelley 1973; Weiner 1985). The moral intensity concept (Jones 1991) helps to understand how one's perception, evaluation, and response to a moral issue is determined by characteristics of the issue itself (Davis et al. 1998). Attribution theory helps to understand how individuals attribute responsibility to others for particular actions (Payne and Giacalone 1990; Ross and DiTecco 1975), attributional research underlines attributions' impact on person's judgments (Kelley and Michela 1980). Second, it extends the empirical research body on ethical decision making by focusing on corruption as a specific unethical behavior and investigating whether ethical judgments of corrupt acts differ depending on specific contextual factors. It thereby considers characteristics of a corruption situation that are widely discussed in the corruption literature. While for some of these characteristics economic considerations or empirical studies in related areas exist, they mostly have not yet been systematically addressed in the empirical corruption literature. Third, as corruption is a heavily morally loaded topic, this paper uses a research method that is able to reduce social desirable response behavior when examining human evaluation processes and their underlying principles (Rossi 1979; Rossi and Anderson 1982): a vignette study or factorial survey (Rossi and Anderson 1982), also known as policy capturing approach (Zedeck 1977). While lots of studies using this research method used ordinary least squares regression techniques to analyze the data (Rossi and Anderson 1982), this paper accounts for the nested structure in the data (Hox et al. 1991) using hierarchical linear modeling (HLM; Raudenbush and Bryk 2002). Fourth, this study uses a manager sample to test the suggested hypotheses.

The paper is structured as follows: First, I outline the theoretical framework and deduce my hypotheses regarding the influence of different contextual factors on ethical judgments of others' behavior in corruption situations. After outlining the methodical design, I present and discuss the results. Finally, I point out the limitations and implications of my study for theory and practice as well as the implications for future research.

2 Theoretical framework and hypotheses

2.1 Evaluation of moral issues and attribution of responsibility

In contrast to other models of ethical decision making, Jones (1991, p. 371) proposes that "characteristics of the moral issue itself, collectively called moral intensity, are important determinants of ethical decision making and behavior". He suggests that the explicit characteristics of the issue determine a person's perception, evaluation, and response to a moral issue. Starting point in Jones' (1991) issue-contingent model is the presence of a problem that includes a moral component. The moral component of the specific moral issue can be characterized in terms of its moral intensity. The magnitude of the moral intensity determines the extent to which a person recognizes a moral issue, makes a moral judgment, establishes a moral intent, and engages in moral behavior. Transferred to my research question, specific corruption situations represent the moral issues. The contextual characteristics of these specific corruption situations frame the moral issues. They may implicate different degrees of moral intensity and therefore may lead to different ethical judgments (see Fig. 1).

Moral intensity is a multi-dimensional construct that is composed of six characteristics of the moral issue: (1) the magnitude of consequences, that is, "the sum of the harms (or benefits) done to victims (or beneficiaries) of the moral act in question" (Jones 1991, p. 374); (2) social consensus, that is, "the degree of social agreement that a proposed act is evil (or good)" (Jones 1991, p. 375); (3) probability of effect, that is, the "joint function of the probability that the act in question will actually take place and the act in question will actually cause the harm (benefit) predicted" (Jones 1991, p. 375); (4) temporal immediacy, that is, "the length of time between the present and the onset of consequences of the moral

Do contextual factors matter? 9

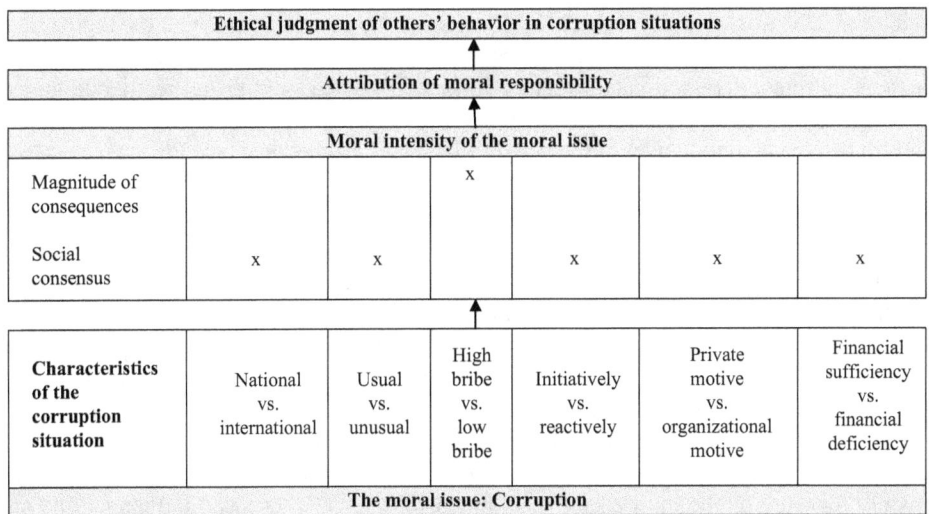

Fig. 1: Theoretical framework

act in question (shorter length of time implies greater immediacy)" (Jones 1991, p. 376) (5) proximity, that is, "the feeling of nearness (social, cultural, psychological, or physical) that the moral agent has for victims (beneficiaries) of the evil (beneficial) act in question" (Jones 1991, p. 376), and (6) concentration of effects, that is, the "inverse function of the number of people affected by an act of given magnitude" (Jones 1991, p. 377). As the reviews of Loe et al. (2000) and O'Fallon and Butterfield (2005) show, some empirical research has been conducted on the impact of moral intensity on ethical decision making. While for most of the dimensions of moral intensity the empirical findings have been inconsistent, both social consensus and magnitude of consequences have received consistently strong support (Carlson et al. 2002; McMahon and Harvey 2007; Mencl and May 2009).

To further explain the relationship between the moral intensity of a moral issue and ethical judgment, I use the construct of attributed moral responsibility. Moral responsibility is defined as "accountability for one's chosen actions that advance or retard moral purpose" (Jones and Ryan 1997, p. 664). It is argued that individuals consider four situational factors when evaluating their own or someone else's level of responsibility concerning a moral issue: the severity of consequences, moral certainty, the degree of complicity, and the extent of pressure to behave unethically (Jones and Ryan 1997). Therefore, one may assume that moral intensity, which depends on the contextual characteristics of a moral issue, determines attributions of moral responsibility. Attribution theory thereby helps to explain assignments of moral responsibility (Heider 1958; Ross and DiTecco 1975). Ethical judgments involve an attribution process. The evaluation of a person's behavior as unethical depends on the degree of attributed moral responsibility. It is assumed that the greater the extent to which external factors are perceived as determinants of behavior, the more a person is viewed as responsible for a behavior. Behavior appears to be externally determined if it is demanded by universally held ought standards, that is, if many people may have been tempted to act in the same way, which is called consensual validation

(Heider 1958; Ross and DiTecco 1975). Consequently, one may argue that the higher the moral intensity of a situation that has to be evaluated, the more likely it is that universally held ought standards are violated and that the person's behavior in the respective situation is attributed to internal causes, and the higher is the attributed moral responsibility, which in turn results in an judgment of the person's behavior as unethical (see Fig. 1).

2.2 Influence of contextual factors on ethical judgment

According to the interdisciplinary corruption literature, corruption occurs under different circumstances (see Rabl 2008). Up to now, it has not been systematically investigated empirically whether and how these circumstances change one's ethical judgment of others' behavior in corruption situations. In the following sections, I therefore examine some of the widely discussed contextual factors and their influence on ethical judgment. Based on the theoretical framework outlined above, different circumstances under which corruption occurs will be judged in the light of the degree of moral intensity they cause—thereby mainly focusing on the most established dimensions social consensus and magnitude of consequences—as well as in the light of attributed moral responsibility.

2.2.1 Scope of action

The corruption literature distinguishes between national and international corruption. National corruption reflects corrupt acts occurring within a single country. International corruption reflects corrupt acts of parties from different countries, corrupt acts involving payments to another country, or payments through middlemen in another country (Argandoña 2005; Rabl 2008). Because of the globalization and growing competitiveness of the world economy, as well as the increasing international integration in economic and trade arenas, corruption has become an important issue in international business (Tanzi 1998; Williams and Beare 1999). Nevertheless, the existing corruption literature has not yet directly addressed the question whether ethical judgments of corruption occurring in an international context versus a national context differ.

Research shows that in different countries, there are different attitudes toward business ethics (Sims and Gegez 2004; see also the reviews of Ford and Richardson 1994, Loe et al. 2000 and O'Fallon and Butterfield 2005). Correspondingly, there are great differences in the prevalence of corruption in different countries (Gaviria 2002). "The borderline for acceptable behavior is not universal" (Andvig and Fjeldstad 2001, p. 59); what is regarded as corruption in one culture may not be regarded as corruption in another. This phenomenon is referred to as the "cultural relativity" (Collier 2002, p. 7) of corruption. Several empirical research findings show the "culture-boundedness of corruption" (Rabl 2008, p. 34; e.g., Cherry 2006; Johnson et al. 2000; Killias and Ribeaud 1999; Park 2003; Su and Richelieu 1999; Treisman 2000; Tsalikis and LaTour 1995). Additionally, managers often see corruption as the only mean to achieve business contracts in some countries (Getz and Volkema 2001). Moreover, the tax deductibility of bribes to foreign decision makers in some countries—like in Germany till 1999—was shown to determine the propensity to act corruptly in an international context (Sanyal and Samanta 2004). Because of this tolerance of corruption in some countries and the partly evident (historical) institutional acceptance of bribery, there may be social consensus that corruption in national business is less acceptable than corruption in international business, especially in countries where corruption results in legal consequences when detected.

Rose-Ackerman (2002) and Zekos (2004) also point out the double standards of managers who claim that they are obliged only to their stockholders and employees, but not to the host countries when doing international business. According to the proximity dimension of moral intensity, people seem to care less about victims in countries other than their home country.

Consequently, the moral intensity of situations involving corruption in national business is expected to be higher than the moral intensity of situations involving corruption in international business. Thus, corrupt behavior in a national context (in our case, within countries with legal consequences for corrupt behavior) is likely to be attributed to internal causes and, in turn, higher moral responsibility is likely to be assigned to the respective actors. Thus,

Hypothesis 1: Corruption occurring in a national context with legal consequences for corrupt behavior is judged as more unethical than corruption occurring in an international context.

2.2.2 Business practice

Corruption can either occur as isolated act or as systemic act; it either occurs in an environment where it is seen as deviant behavior that has to be disapproved or in an environment where corruption is normality (Höffling 2002). This paper investigates how the business practice affects ethical judgments, a question on which there is only little empirical evidence so far. Besides economic considerations (e.g., Andvig and Moene 1990; Cadot 1987), the few existing empirical studies have mainly examined the effect of the perceived corruption level on the occurrence of corruption (e.g., Baucus and Near 1991; O'Fallon and Butterfield 2005).

As the organizational culture provides norms for employees' behavior, norms emphasizing the aim to achieve profit at any cost may result in an acceptance of corrupt behavior (Ashforth et al. 2008). Through processes of rationalization, socialization, and institutionalization (Ashforth and Anand 2003) or sanctioning, compliance, and institutionalization (Brief et al. 2001), corruption can become normal in organizations. Thereby, normalization means "institutionalized processes by which extraordinary situations are rendered seemingly ordinary" (Ashforth and Kreiner 2002, p. 217). Through this normalization and routinization, corruption becomes normative and is enacted automatically (Misangyi et al. 2008). A "corrupt organization" (Pinto et al. 2008, p. 688) may develop in which collective corrupt acts for the benefit of the organization are undertaken. Economic analyses suggest that the level of perceived corruption in an organization has an influence on corrupt behavior: The higher the perceived share of corrupt organizational members, the higher the number of corrupt organizational members (Andvig and Moene 1990). Higher degrees of corruption in an organization's upper hierarchical levels encourage corruption in lower hierarchical levels (Cadot 1987). Baucus and Near's (1991) event history study showed that a history of previous wrongdoing is associated with increased occurrence of illegal behavior.

Similar effects of the perceived corruption level of the environment were also found on the industry level: O'Fallon and Butterfield's (2005) review of empirical studies reports that in eight out of nine studies employees coming from different industries showed different ethical perceptions and different moral reasoning. According to institutional theory (DiMaggio and Powell 1983; Meyer and Rowan 1977; Scott 2000), industry can have an impact on unethical and illegal behavior through organizational isomorphism (Daboub et al. 1995). In order to survive and to be successful, organizations adopt structures and practices that are seen as appropriate in their institutional environment through (a) coercive or regulatory processes (e.g., laws and rules), (b) mimetic or cognitive processes (e.g., imitation of successful organizations in the industry using shared social knowledge and schemata), and (c) normative processes (e.g., influence of shared values, beliefs, and norms) (DiMaggio and Powell 1983; Meyer and Rowan 1977; Scott 2000). Similarly, the theory of differential association (Sutherland 1949) argues that criminal behavior is learned in interaction with others. Learning includes both the techniques of committing the crime and the specific direction of motives, rationalizations, and attitudes (Sutherland et al. 1995). Consequently, organizations operating within an industry learn to behave illegal through interaction with other organizations in that industry (Daboub et al. 1995). Therefore, if corruption is unusual business practice, high social consensus that corruption is "bad" and not acceptable can be assumed. This high moral intensity inherent in environments where corruption is not normal is likely to lead to less ethical judgments and higher assignments of moral responsibility. Thus,

Hypothesis 2: Corruption occurring in environments where it is unusual is judged as more unethical than corruption occurring in environments where it is usual.

2.2.3 Size of the bribe

The literature argues that one motivator for corrupt behavior is financial self-interest (e.g., Bannenberg and Schaupensteiner 2004; Deflem 1995; Levine 2005). From the actor's perspective, higher bribes are likely to be judged as more attractive than a low bribe (see e.g., economic considerations by Borner and Schwyzer 1999, Carrillo 1999, and Carrillo 2000). This can be explained by rational choice theory, according to which actors compare both likelihood and size of rewards and punishments with each other. The decision to act corruptly therefore is a rationally determined result of a cost/benefit function (Buckley et al. 1998). Empirical studies on the relationship between incentives and unethical decisions (e.g., Hegarty and Sims 1978; Treviño and Youngblood 1990) support this view. While there are a number of studies examining the issue from the (potential) actor's perspective, there is a lack of empirical studies on ethical judgments of others' corrupt behavior involving bribes of different sizes. Thus, this study examines how judgments of the ethicality of others' corrupt behavior differ depending on the size of the bribe. From an outsider's perspective, a different rationale than the one outlined above applies. According to Jones' (1991) moral intensity concept, high bribes represent higher aggregate benefits for the beneficiaries than low bribes. Consequently, high bribes are expected to have more serious ethical consequences than low bribes resulting in a higher amount of harm. Therefore, corruption issues involving high bribes are likely to lead to a higher moral intensity and a higher degree of moral condemnation than corruption issues involving low bribes. The greater outcome intensity is expected to lead to greater attributions of moral responsibility. Morris and McDonald's (1995) study which specifically examined whether high and low bribes are perceived as different regarding their moral intensity found no statistically significant results. Nevertheless, McMahon and Harvey's (2007) study provides empirical support for the hypothesis in the issue-contingent model (Jones 1991) that high moral intensity expressed by a higher magnitude of consequences leads to perceptions of actions as more unethical. Thus,

Hypothesis 3: Corruption involving high bribes is judged as more unethical than corruption involving low bribes.

2.2.4 Form of action

Active corruption is the offense committed when a person gives, promises, offers, or demands a bribe as contrasted to passive corruption, which is the offense committed by the person who accepts the offered bribe or pays the demanded bribe (see Langseth 2006; Lindgreen 2004). Thereby, the initiative to corrupt acts can either be demand-driven, coming from the person who receives the payment, or supply-driven, coming from the person who pays (Argandoña 2005; Rabl 2008). Therefore, it is of interest whether the corrupt act occurs initiatively or reactively. The corruption literature mainly neglected an empirical investigation of how the form of action determines ethical judgments. Rabl's (2008) experimental study examined the actor's perspective and found a stronger desire to act corruptly in case of reactive corruption. This paper aims at giving insights into the outsider's perspective and examines whether ethical judgments of others' corrupt behavior differ depending on whether it occurs reactively or initiatively.

Those acting reactively to demands for a bribe, that is those paying the bribe (supply side), are often considered as having no choice and being forced to provide favors (Powpaka 2002). Therefore, according to Jones' (1991) moral intensity concept, there may be high social consensus that initiative corruption is less acceptable than reactive corruption. This is consistent with the theory on personal initiative: It is argued that people showing personal initiative have a stronger sense of responsibility, a stronger goal commitment, a better knowledge of the necessary information, and higher self-efficacy (Frese and Fay 2001). Therefore, actors are attributed more moral responsibility for their behavior when acting initiatively than when acting reactively. Thus,

Hypothesis 4: Corruption occurring initiatively is judged as more unethical than corruption occurring reactively.

2.2.5 Motive

Corruption can have many different motives. Individuals may either strive for private goals, for organizational goals, or for both (Grieger 2005). According to the corruption literature, private motives may be financial self-interest, material and immaterial benefits, career ambition, strive for power, frustration in the job, search of thrill, excessive demand, revenge, or dissatisfaction (Bannenberg and Schaupensteiner 2004; Rabl 2008). An important organizational motive is to gain advantages over competitors (Clinard 1990; Priddat 2004) by, for example, achieving contracts, permissions, concessions or confidential information (Bannenberg and Schaupensteiner 2004; Rabl 2008). Victor and Cullen (1988) refer to this distinction between self-interest and company profit as different egoistic ethical climates. Fritzsche (2000) examined self-interest and company profit together as aspects of company climate and found a more or less equal split of respondents willing to bribe or not to bribe. Peterson (2002) reports significant positive correlations between self-interest ($r = 0.30$) or company profit ($r = 0.16$) and self-reported unethical behavior. Empirical research has not yet investigated how judgments of corruption issues differ depending on the type of motive. Therefore, this study is a first attempt to shed light on this issue.

Rationalization strategies often used by corrupt actors include the reference to organizational goals that are seen as more important than universalistic ethical norms (Rabl 2008; Rabl and Kühlmann 2009). This strategy is called appeal to higher loyalties (Ashforth and Anand 2003). Rationalization strategies negate negative interpretations of corrupt acts (Ashforth and Anand 2003). Often, they result from learning, socialization, and social reinforcement processes (Coleman 1998; Vitell and Grove 1987) and may foster a normalization of corruption in organizations (Ashforth and Anand 2003). Therefore, there may be high social consensus (Jones 1991) that corruption for organizational reasons may be judged as less condemnable by both the environment and the individual than corruption because of private motives, also called "personally corrupt behavior" (Pinto et al. 2008, p. 688), where only the individual benefits from corruption, often at the cost of the organization. Consequently, corruption issues involving private motives are expected to have higher moral intensity and lead to higher assignments of moral responsibility. Thus,

Hypothesis 5: Corruption because of private motives is judged as more unethical than corruption because of organizational motives.

2.2.6 Initial situation

Reasons for corrupt behavior may either be to overcome financial problems or to increase wealth one already has (Bannenberg and Schaupensteiner 2004). The wish to enrich oneself is a main motivator for financially well-situated people (Hacker 1981); the more they already have, the more their greed makes them desire (Levine 2005; Löw 2002; Wheeler 1992; see Rabl 2008). The corruption literature lacks studies that examine how ethical judgments differ regarding whether corruption occurs in situations of financial sufficiency in contrast to situations of financial deficiency. This study tries to fill this gap.

Empirical research shows that unethical actions are judged less harshly if aiming at avoiding a loss instead of achieving a gain (Decker 1994; Decker and Calo 2007; Reeder and Spores 1983). This is in accordance with Kahneman and Tversky's (1979) prospect theory which suggests that individuals are risk averse in choices involving gains and risk seeking in choices involving losses. Thus, there may be social consensus (Jones 1991) that corruption occurring in situations of financial sufficiency is less acceptable than corruption in situations of financial deficiency. Consequently, these situations bear higher moral intensity and actors in these situations are attributed more moral responsibility. Accordingly, attribution theory (Weiner 1995) argues that the decisions people make about corrupt acts are determined by both cognitive and emotional responses to information about why these corrupt acts were undertaken. If the occurrence of corruption is attributed to an uncontrollable cause that cannot be volitionally changed and that offers no alternative ways of action, the actor is not seen as personally responsible. This may cause sympathy. If the occurrence of corruption is attributed to a controllable cause that can be willfully changed and that offers the freedom to choose their behavior, the person is perceived as being responsible. This may cause anger (see Gundlach et al. 2008; Rudolph et al. 2004; Weiner 1995). Therefore, corrupt behavior because of financial problems is expected to be judged as less controllable and more ethical than greed to further increase wealth. Thus,

Hypothesis 6: Corruption in situations of financial sufficiency is judged as more unethical than corruption in situations of financial deficiency.

3 Methods

3.1 Sample and procedures

To recruit the sample, 506 managers were randomly selected from an online career network and invited via email. A significant decision scope in the job is reported as a precondition for corrupt behavior in the literature (Bannenberg 2002). As the network is the primary networking resource for managers in Germany and allows researchers to select those members that are decision makers in companies, it represents an appropriate sampling source for this study. 255 managers (50.40 %) retrieved the online questionnaire via the link provided in the invitation email, 170 (33.60 %) completed it. The observations from two managers had to be eliminated because of unrealistic data regarding age and job experience. The final sample included 168 managers from different companies in 12 different industries with a mean age of 38.89 years (SD = 7.22) and a mean job experience of 16.02 years (SD = 8.48); 13.69 % of the participants were females, 86.31 % were males.

To empirically test my hypotheses, I used a vignette study or factorial survey (Rossi and Anderson 1982), also known as policy capturing approach (Zedeck 1977). A factorial survey allows the researcher to get judgments of respondents on complex situations following specific criteria (Beck and Opp 2001). The vignettes used in a factorial survey are descriptions of a person in a specific social situation (Alexander and Becker 1978; Hox et al. 1991; Steiner and Atzmüller 2006). These descriptions are systematically constructed, each including a single level for every dimension that is relevant for the judgment-making process of the respondents (Hox et al. 1991; Rossi and Anderson 1982; Steiner and Atzmüller 2006). Dimensions are variables characterizing an object and represent the independent variables; levels are the specific values a dimension may take (Rossi and Anderson 1982). Respondents are asked to rate these vignettes; these judgments represent the dependent variable (Hox et al. 1991; Steiner and Atzmüller 2006). As each level in a dimension appears equally frequently with each level in every other dimension (orthogonality), the effects on judgments that are correlated in a real-world context can be investigated separately (Beck and Opp 2001; Rossi and Anderson 1982). As any level within a dimension appears as frequently as any other level within that dimension (rectangularity), variations in judgments depending on the levels of the dimension can be estimated (Alexander and Becker 1978; Rossi and Anderson 1982).

Moreover, vignette studies can be used for morally loaded topics such as corruption. Social desirable response behavior is reduced for two reasons: First, respondents do not have to explicitly state their value orientations; second, because of the number of simultaneously presented vignette characteristics a normative orientation is hampered (Steiner and Atzmüller 2006). Because of the indirect assessment of the importance of explanatory variables, policy capturing approaches using vignettes are preferable to self-report attribute methods. Moreover, as overall judgments about multi-attribute scenarios have to be made, participants are confronted with decision making situations that resemble actual decision problems (Karren and Barringer 2002).

This study used six dimensions with two levels each (see below), which results in $2^6 = 64$ vignettes. To assure that the descriptions in the vignettes are comprehensible and realistic to the respondents, I described the dimensions and levels in a situation of contract award, a typical situation in which corruption occurs (for examples, see Appendix). To avoid an overstraining of respondents, the 64 vignettes were systematically distributed over four questionnaires (sets) following a fractional replication design (Steiner and Atzmüller 2006; for a detailed description of this procedure see Alexander and Becker 1978). Thus, each respondent had to judge 16 vignettes. This method enables to estimate non-confounded main effects. Moreover, there is a higher homogeneity in the respondents' judgments by a lower number of vignettes per set (Steiner and Atzmüller 2006).

The set of vignettes was provided via an online questionnaire. The title of the questionnaire was "Ethical Behavior in Organizations" to avoid distortions in the response behavior that might have been caused by a usage of the term "corruption". Each vignette was presented on a separate page to ensure clarity and readability and to avoid comparisons with the following vignettes. The questionnaires were pre-tested twice: A cognitive pre-test with four students helped to check whether the vignettes were understandable and realistic, and whether they were appropriately and clearly presented in the online design. This resulted in some modifications in the formulation of the vignettes. A second pre-test with 36 students was conducted to check the questionnaires and vignettes as well as the internal consistency of the dependent variable, and to see whether the questionnaire could be completed within an adequate time frame. As the results of the second pre-test were satisfactory, the design was kept for the main study. For the main study, suitable potential respondents with a manager function were identified via their profiles in an online career network. They received an e-mail with an invitation to the survey and a link to the online questionnaire.

3.2 Measures

The vignettes reflect the dimensions as independent variables; the respondent's ethical judgment of the vignettes represents the dependent variable.

3.2.1 Independent variables

Dimensions used in the vignettes were the following: *scope of action* with the levels *national* and *international*; *business practice* with the levels *usual* and *unusual*; *size of the bribe* with the levels *high* and *low*; *form of action* with the levels *initiatively* and *reactively*; *motive* with the levels *private* and *organizational*; *initial situation* with the levels *financial problems* and *wealth*. All dimensions were dummy-coded.

3.2.2 Dependent variable

The respondent's ethical judgment of the vignettes was measured by three 7-point semantic differential items ranging from -3 to $+3$ ($\alpha = 0.90$). The response items were developed on the basis of a selection of items from Hansen's (1992) scale assessing broad-based ethical judgment, adapted to the specific research context, and pretested regarding their appropriateness and clarity. In the final version, I asked the participants to respond to the item "I judge the behavior of (person's name) as..." with the adjective pairs "wrong–right," "inappropriate–appropriate," and "unacceptable–acceptable." High scores indicate that the person's behavior is judged as ethical, low scores indicate that the person's behavior is judged as unethical.

3.2.3 Control variables

As—in the literature—males are found to be more prone to corruption than females whenever sex differences occurred (e.g., Bannenberg 2002; Gatti et al. 2003; Mocan 2004; Swamy et al. 2001), I controlled for sex. Men were coded 0, women were coded 1. Despite inconsistent results regarding the nature of the relationship, a number of studies found significant relationships between age and ethical judgments (O'Fallon and Butterfield 2005). Thus, I also controlled for age. Based on a median split, younger managers (24–38 years) were coded 0, older managers (39–62 years) were coded 1. Although industry did not appear as significant determinant of corruption in Martin et al.'s (2007) study, it was found to be related to ethical decision making in O'Fallon and Butterfield's (2005) review. Therefore, I included industry as a nominal scaled control variable using the classification of the German Federal Statistical Office. To control for the set effect (Steiner and Atzmüller 2006) of the four different questionnaires, I used questionnaire as a nominal scaled control variable.

3.3 Analysis

A factorial survey design produces multilevel data that are hierarchically nested (Hox et al. 1991): The vignettes are nested within the respondents resulting in a block effect, that is repeated measures, because each respondent evaluates 16 vignettes (Steiner and Atzmüller 2006). From the 168 respondents, 2,688 evaluations in total could be obtained, this means, 1,344 evaluations per level of each dimension. The vignettes, that is the measurement repetitions, represent the first level unit of the hierarchical model, the respondents represent the second level unit (Goldstein 2003). To deal with this nested data structure, I adopted the hierarchical linear modeling approach (HLM; Raudenbush and Bryk 2002) using the linear mixed model procedure in SPSS 16.0. This approach recognizes that the vignette evaluations of a single respondent are more similar to one another than those of different respondents, therefore explicitly modeling the residuals for each level (Hofmann 1997).

Moreover, the HLM approach models both the vignette effects within respondents as well as the respondent effects between respondents (Hox et al. 1991). As the respondents are randomly selected, the block effect has to be modeled as a random effect; as the vignettes are grouped into sets (questionnaires), the set effect has to be modeled as a fixed effect (Steiner and Atzmüller 2006). Parameters were estimated using the restricted maximum likelihood method (Raudenbush and Bryk 2002), which can produce unbiased estimates of variance and covariance parameters (Snijders and Bosker 1999). A step-up model-building strategy was used (Raudenbush and Bryk 2002; Snijders and Bosker 1999; West et al. 2007). First, I estimated a null model that contained neither any predictors nor any random part to fit the grand mean of the dependent variable, the ethical judgment. It allows assessing a baseline statistic for the model fit. As a measure of model deviance, I used -2 restricted log likelihood ($-2LL$): The smaller this value and the higher the deviance, the better the fit (Raudenbush and Bryk 2002; Snijders and Bosker 1999; West et al. 2007). Second, I estimated an unconditional model that contained no predictors but allowed the intercept term to vary by the respondent (level-2 variable). This allowed assessing the intra-class correlation[ICC(1)] that expresses the extent to which the total variance is attributable to differences between respondents (Raudenbush and Bryk 2002; Snijders and Bosker 1999; West et al. 2007). Third, I introduced the control variables age, sex, industry, and questionnaire (level-2 predictors) as fixed effects. Finally, I added the independent variables (level-1 predictors) reflecting characteristics of corrupt action to test my hypotheses. Each time, I examined the change in the model fit, the change in the level-1 and the level-2 variance. To estimate the main effects of the independent variables and compare the means, an analysis of variance based on estimated means with Bonferroni correction was used.

4 Results

4.1 Descriptive statistics

The descriptive statistics on the respondents' ethical judgment result in a mean of -2.54 on a scale from -3 to $+3$ and a standard deviation of 1.02. Ninety-five percent of the responses covered the negative part of the attitude scale from -3 to -1, 1.50 % of the responses covered the zero point.

4.2 HLM results

An overview of the results of the hierarchical linear modeling is presented in Table 1.

4.2.1 Null model

To fit the grand mean for the ethical judgment, I estimated a null model, in which no predictors and no random part were specified. The B-coefficient for the intercept equals the mean from the descriptive statistics ($B = -2.54$, $p < 0.01$). The analysis gives a baseline value for the model fit $-2LL = 7733.78$.

Table 1: Hierarchical linear modeling results for ethical judgment

Variable	Null model	Unconditional model	Control variables	Independent variables
Intercept	−2.54**	−2.60**	−2.55**	−2.28**
Level 2				
Age				
Younger managers (24–38 years)			0.20**	0.20**
Older managers (39–62 years)[b]			0.00	0.00
Sex				
Male			−0.20**	−0.20**
Female[b]			0.00	0.00
Industry[a]				
Building and construction			0.08	0.08
Power supply			−0.37	−0.37
Finance and insurance services			0.12	0.12
Scientific and technical services			−0.70*	−0.70*
Other business services			−0.39	−0.39
Hotel and restaurant			0.09	0.08
Health care and social affairs			−0.58*	−0.58*
Trade, maintenance and repair of vehicles			−0.16	0.16
Information and communication			−0.15	−0.15
Manufacturing trade			−0.50	−0.50*
Transportation and warehousing			0.22	0.22
Water supply, waste water disposal, and waste disposal[b]			0.00	0.00
Questionnaire				
1			0.39**	0.39**
2			0.72**	0.72**
3			0.04	0.04
4[b]			0.00	0.00
Level 1				
Scope of action				
National				−0.05
International[b]				0.00
Business practice				
Usual				0.12**
Unusual[b]				0.00
Size of the bribe				
High				−0.03
Low[b]				0.00
Form of action				
Initiatively				−0.06
Reactively[b]				0.00
Motive				
Private				−0.26**
Organizational[b]				0.00
Initial situation				
Financial problems				−0.26**
Wealth[b]				0.00

Table 1: (continued)

Variable	Null model	Unconditional model	Control variables	Independent variables
Within-respondent variance	1.04	0.87	0.77	0.73
Between-respondent variance		0.16	0.14	0.14
Proportion change in within-respondent variance			−11.20 %[c]	−4.93 %[c]
Proportion change in between-respondent variance			−9.87 %[c]	0.74 %[c]
Model deviance	7733.78	7370.64	7087.79	6979.27

Respondents $n = 196$; vignettes per respondent $n = 16$. Entries are estimations of the fixed effects

*$p < 0.05$; **$p < 0.01$

[a]Four of the 16 industries were not represented by the respondents: agriculture, forestry, and fishing; mining; real estate and housing; art, entertainment, and recreation

[b]Reference category; the parameter is set to zero because it is redundant

[c]The calculated values for the proportional change in variance are based on unrounded raw values. The proportional change in variance is the result of the difference between the within-respondent variance (between-respondent variance) of model 2 and model 1, divided by the within-respondent variance (between-respondent variance) of model 1

4.2.2 Unconditional model

To assess the ICC(1), I estimated an unconditional model that contained no predictors but allowed the intercept term to vary by the respondent (level-2 variable). The ICC(1) was 0.15, indicating 15 % of the variance in the ethical judgment resided between respondents, and 85 % of the variance resided within respondents. The model fit was substantially improved by allowing varying intercepts: $-2LL$ was reduced by 363.14.

4.2.3 Control variables only

Introducing the control variables age, sex, industry, and questionnaire (level-2 predictors) as fixed effects reduced the $-2LL$ statistic by 282.85, although it cannot be tested for the significance of this reduction due to the fitting method. However, such a large decrease suggests that one or more of these control variables are important predictors of the ethical judgment. Likewise, around 11.20 %[1] of the within-respondent variance (0.87 to 0.77) and 9.87 %[1] of the between-respondent variance (0.16 to 0.14) are explained by these effects.

The different corruption situations were judged as more ethical by younger managers (24–38 years) than by older managers (39–62 years) (mean difference $= 0.20$, $F_{1,2651} = 23.25$, $p < 0.01$). This is consistent with research findings supporting a positive relationship between age and ethical decision making (see O'Fallon and Butterfield 2005). Males' ethical judgments were less positive than females' ethical judgments (mean difference $= -0.20$, $F_{1,2616} = 9.83$, $p < 0.01$). This contradicts previous research findings (e.g., Bannenberg 2002; Gatti et al. 2003; Mocan 2004; Swamy et al. 2001). One explanation may be that the few females in the sample holding manager functions have outreached their male colleagues by trying to be like them in adopting their attitudes and management practices. Industry ($F_{11,2628} = 10.63$, $p < 0.01$) and questionnaire ($F_{3,2664} = 69.03$; $p < 0.01$) also showed significant effects. Pair-wise comparisons of industries revealed that, for example, managers from the transportation and warehousing industry, the finance and insurance services industry, the hotel and restaurant industry, or the building and construction industry gave more positive ethical judgments of the different corruption situations than managers from several other industries. In contrast, managers from the health care and social affairs industry, the scientific and technical services industry, the manufacturing trade industry, and the power supply industry gave more negative ethical judgments than managers from several other industries. This industry effect is consistent with findings reported in O'Fallon and Butterfield's (2005) review.

4.2.4 Adding independent variables

Finally, I assessed the model including the predictors of primary interest, namely the independent variables (level-1 predictors) scope of action, business practice, size of the bribe, form of action, motive, and initial situation. The model fit was improved by adding these variables: $-2LL$ was reduced by 108.52. The within-respondent variance was reduced by 4.93 %,[1] the between-respondent variance has slightly increased by 0.74 %.[1] Such an increase of variance components may happen when adding explanatory variables to the model (Snijders and Bosker 1999). These results show that the independent variables reflecting the six contextual factors explain 4.93 % of the variance in the ethical judgment within the respondent when evaluating different corruption situations.

Of the six investigated independent variables, business practice, motive, and initial situation had statistical significant coefficients (see Table 2). Corruption occurring in environments where it is unusual was judged as more unethical than corruption occurring in environments where corruption is usual. Thus, hypothesis 2 was supported. Moreover, corruption because of private motives was judged as more unethical than corruption because of organizational motives. Thus, hypothesis 5 received support. Furthermore, corruption in situations of financial sufficiency was judged as more unethical than corruption in situations of financial deficiency. Thus, hypothesis 6 was also supported. No significant differences were found for scope of action, size of the bribe, and form of action. Therefore, hypotheses 1, 3, and 4 were not supported.

5 Discussion

5.1 Summary of results

The aim of this study was to examine the influence of contextual factors characterizing a corruption situation on a person's ethical judgment of others' behavior in such a situation. Specifically, the study investigated whether it makes a difference whether corruption occurs in a national or international context, in an environment where it is usual or unusual, with high or low bribes, initiatively or reactively, because of private or organizational motives, and in situations of financial sufficiency or deficiency. As these questions have mainly

Table 2: Mean differences in ethical judgment

Independent variable	Estimated mean	Standard error	F	p	d^a
Scope of action			2.76	0.10	0.06
National	− 2.49	0.07			
International	− 2.43	0.07			
Business practice			12.71**	0.00	0.12
Usual	− 2.40	0.07			
Unusual	− 2.52	0.07			
Size of the bribe			0.62	0.43	0.03
High	− 2.47	0.07			
Low	− 2.45	0.07			
Form of action			3.55	0.06	0.06
Initiatively	− 2.49	0.07			
Reactively	− 2.43	0.07			
Motive			62.02**	0.00	0.27
Private	− 2.59	0.07			
Organizational	− 2.33	0.07			
Initial situation			60.15**	0.00	0.27
Financial problems	− 2.33	0.07			
Wealth	− 2.59	0.07			

Respondents $n = 196$; vignettes per respondent $n = 16$

*$p < 0.05$; **$p < 0.01$

[a]Effect size: $0.20 =$ small effect, $0.50 =$ medium effect, $0.80 =$ large effect

been neglected in the empirical corruption literature so far, this study helps to advance our knowledge on critical contextual factors determining ethical judgments. As ethical judgments of others' behavior play an important role in shaping social norms, which in turn influence an individual's decision making process (Decker and Calo 2007; see influences of subjective norms on ethical decision making: e.g., Powpaka 2002; Rabl 2008; Rabl and Kühlmann 2008; moral approbation in ethical decision making: Jones and Ryan 1997; normalization of corruption in organizations: e.g., Ashforth and Anand 2003 and Brief et al. 2001), this knowledge also contributes to the development of effective corruption prevention measures.

Consistent with my hypothesis, corruption occurring in environments where it is unusual was judged as more unethical than corruption occurring in environments where it is usual. This supports the social consensus argument (Jones 1991) that is based on (a) effects of normalization processes in organizations that result in an acceptance of corrupt behavior (Ashforth and Anand 2003; Brief et al. 2001) and (b) industry influences on corrupt behavior through organizational isomorphism or learning processes (Daboub et al. 1995). Thus, if corruption is usual business practice, corruption situations are perceived as less morally intense and less unethical because the actor is assigned less moral responsibility.

Moreover, my results show that corruption because of private motives is judged as more unethical than corruption because of organizational motives. This supports arguments based on the moral intensity concept (Jones 1991): Corrupt behavior motivated by organizational goals may be judged as less condemnable because often rationalization strategies referring to this motive—known as the appeal to higher loyalties (Ashforth and Anand 2003)—are supplied or even reinforced by the organization. Corrupt behavior motivated by personal gains, in contrast, is seen as more egoistic and not serving a higher and common goal such as the company's profit or an advantage over competitors. Thus, there seems to be social consensus that corruption motivated by private goals is more unethical than corruption motivated by organizational goals. Consequently, the actor is viewed as having higher moral responsibility in the first case.

Finally, in my study, participants judged corruption in situations of financial sufficiency as more unethical than corruption in situations of financial deficiency. This is in accordance with the social consensus argument (Jones 1991) that is based on Kahneman and Tversky's (1979) prospect theory. Situations of financial sufficiency bear higher moral intensity and actors are attributed more moral responsibility. The results also support the argument based on attribution theory (Weiner 1995) that corrupt behavior because of financial problems may be seen as less controllable and as less easily to be willfully changed than corrupt behavior because of greed to further increase wealth (see Gundlach et al. 2008; Rudolph et al. 2004; Weiner 1995).

Three factors did not show any significant effects on ethical judgments of others' behavior in corruption situations. Participants gave similar ethical judgments of situations involving corruption occurring in a national (here: German) context and corruption occurring in an international context. This contradicts social consensus arguments (Jones 1991) based on the cultural relativity of corruption (Andvig and Fjeldstad 2001; Collier 2002; Gaviria 2002; Getz and Volkema 2001). One reason for this non-finding may be that around the time the study was conducted lots of corruption scandals involving international business relationships were reported in German media. This may have increased people's awareness of the problematic character of such behavior in international business. Nevertheless, it remains an open question for future research whether such a change in people's awareness is only of temporary nature due to the medial presence or whether the medial presence initiated a permanent shift in the assessment of corruption in international business as unethical. Another reason for the non-finding may be that the engagement of non-governmental organizations like Transparency International in setting voluntary standards as well as the engagement of intergovernmental organizations like, for example, OECD, IMF, or World Bank in setting international agreements have reduced the tolerance for corruption in international business (Hotchkiss 1998; Johnston 2000). Future research may aim at examining specific cross-cultural contrasts that might have stronger influences on ethical judgments. For example, it would be interesting to explore differences in ethical judgments of corruption in international business using scenarios that choose business partners coming from a country known for its higher perceived corruption level—like, for example, Russia (rank 143 in the Corruption Perceptions Index) or China (rank 75 in the Corruption Perceptions Index) (Transparency International 2011c)—as partner for somebody coming from Germany (rank 14 in the Corruption Perceptions Index) (Transparency International 2011c).

Whether the size of the bribe was high or low also had no influence on ethical judgment. This contradicts the magnitude of consequences argument (Jones 1991) that the higher benefits associated with higher bribes lead to a higher degree of condemnation of corrupt behavior. To explain this non-finding, one may argue that the size of the bribe was not specified in concrete numbers. This was to account for the fact that the judgment whether the size of a bribe is high or low differs individually—depending on the personal and financial background as well as personal factors. Therefore, the formulation high versus low may have been too abstract for the individual evaluator because the concrete relation of the different bribes could not be estimated.

Furthermore, ethical judgments for corrupt acts undertaken initiatively and reactively did not differ significantly, although the critical significance level of 5 % was only slightly missed. In the literature, the comparison between initiative and reactive corruption was mostly neglected. Nevertheless, the social consensus argument (Jones 1991) based on the theory on personal initiative (Frese and Fay 2001) as well as assumptions that acting reactively implies less choice (Powpaka 2002) would suggest differences. A reason for the non-significant difference may be seen in the fact that the vignettes used similar descriptions for corruption occurring initiatively or reactively whereby only the actor that has to be evaluated by the participants changed; as participants had to carefully read and evaluate 16 vignettes, this small difference may sometimes have been overseen. Further research on the issue of ethical judgments of corruption occurring initiatively or reactively is definitely necessary.

In summary, my findings show that contextual characteristics of a corruption situation have an impact on ethical judgments of others' behavior in such situations. Nevertheless, the small effect sizes as well as the low amount of within-respondent variance explained by the contextual factors indicate that other factors like, for example, sociodemographic characteristics (see the impact of control variables) seem to be important. It has to be noted that the corruption situations in this study in general were judged as unethical. This is not surprising and can be explained by the German context in which the study was conducted: In international comparison, Germany has a low perceived corruption level (Transparency International 2011c); moreover, there is a high sensitization to the phenomenon because of some corruption scandals reported in the media in the past years (e.g., Siemens, VW, BMW, Daimler, MAN) that results in an extensive discussion of corruption among practitioners and researchers.

5.2 Implications for theory and practice

The results of my study show that corruption situations are judged as more ethical in cases in which corruption is usual business practice and in which it occurs because of organizational motives and financial problems. These findings can be related to the fraud triangle, a theoretical concept that argues that three factors lead to corrupt behavior: motivation/pressure, opportunity, and rationalization (Albrecht et al. 2011; Cressey 1971). According to Cressey (1971, p. 3),

> trusted persons become trust violators when they conceive of themselves as having a financial problem which is non-shareable, are aware that this problem can be secretly resolved by violation of the position of financial trust, and are able to apply to their own conduct in that situation verbalizations which enable them to adjust their conceptions of themselves as trusted persons with their conceptions of themselves as users of the entrusted funds or property.

Therefore, corrupt behavior occurs when the actor perceives an incentive or pressure to act corruptly, perceives the opportunity to act corruptly, and can find a way to rationalize the corrupt action as acceptable. All three factors interact with each other and have to be present for corrupt behavior to occur (Albrecht et al. 2011). In this study, corrupt behavior was judged as more ethical when exactly these three factors were fulfilled: (1) a financial problem creating the pressure to act corruptly; (2) corruption as usual business practice creating the opportunity to act corruptly; and (3) organizational motives that help to rationalize the corrupt behavior. Therefore, these three determinants do not only lead to corrupt behavior but also to judgments of corruption as more ethical.

As these three factors are critical to ethical judgments of others' behavior in corruption situations and therefore also influence the individual ethical decision making process on corrupt behavior, this study's findings have important implications for the prevention of corruption in organizations.

A first challenge for efforts to successfully prevent corruption in organizations is the higher acceptance of corruption in cases in which it is perceived as usual business practice. This raises the question of how to avoid corruption in those areas in which it is usual business practice, whether within an organization, or within an industry, or within a country in which an organization operates. On the international and national level, non-governmental organizations such as Transparency International and intergovernmental organizations such as the World Bank aim at cooperative initiatives with representatives of government, civil society, business, and media to address corruption. They also enforce international anti-corruption conventions (e.g., the OECD Anti-Bribery convention) (Transparency International 2011b) and provide guidelines for how to build transparent and accountable institutions, how to design and implement anti-corruption programs, and how to conduct ethical business transactions (Transparency International 2011a; World Bank 2009). For such initiatives to be effective, it is necessary that industries and organizations implement and commit themselves to anti-corruption standards that are enforced within the respective organization/industry by, for example, being signed and enacted as "good business practice" by all of its members. Cooperation with other organizations, governments, employers' organizations, and non-governmental organizations may be a positive signal to the single organization but also to the whole industry that corrupt behavior in business transactions is not tolerated.

A second challenge for the corruption prevention in organizations is the finding that corruption motivated by organizational goals is perceived as less unethical than corruption motivated by personal goals. This underlines the demand for organizations to strengthen the awareness that organizational goals do not justify corrupt means. Thus, it is important for organizations to address problematic rationalization strategies and their contribution to a normalization of corruption in organizations in their anti-corruption trainings for employees.

The greater tolerance toward corruption occurring in situations of financial deficiency rather than financial sufficiency represents a third challenge for efforts to prevent corruption in organizations. This finding demonstrates the need to sensitize to the non-tolerance of corruption, even if it appears as a helpful option in a problematic situation. Both business ethics courses integrated in the education programs of schools and universities and anti-corruption trainings in organizations can provide a platform to teach alternative strategies in dealing with critical situations in which corruption may appear as the last possible or easier realizable option. Exchanging experiences among training participants or using case studies, role plays, or business games can serve as a base for discussion in business ethics courses and anti-corruption trainings.

5.3 Study limitations and implications for future research

This study provides insights into a topic that was mainly neglected in empirical research up to now: the influence of contextual factors on people's ethical judgments of others' behavior in corruption situations. I tried to shed light on this topic by examining a large German sample in a vignette study. Although the vignette study appeared as a suitable method for this study, it may have brought along some limitations: First, every dimension that reflected a contextual factor covered two levels. Future studies may include more levels to get a more differentiated picture on ethical judgments when partners from different specified cultures are involved, a broader range of the size of the bribe is studied, and different motives are investigated. Second, the study focused on six contextual factors. Additional factors—like, for example, different types of bribes, different industries, different organizational cultures—may be investigated in future research. Third, the vignettes contained descriptions of typical corruption situations that are realistic. Although the vignette design reduces social desirable response behavior (Steiner and Atzmüller 2006), the survey was conducted under the heading "Ethical Behavior in Organizations", and the respondents were promised that their data were kept anonymous, it cannot be completely avoided that they gave social desirable responses. Fourth, although 16 vignettes appeared to be an adequate number for one questionnaire in the pre-test, it cannot be precluded that respondents got tired toward the end of the questionnaire because the situation descriptions were rather complex. Thus, future studies should attempt to use a research design that uses fewer vignettes per participant. Fifth, the analysis showed a set effect (effect of the questionnaires) on the evaluations. It is difficult to explain this because the distribution of vignettes was undertaken systematically.

This study is a starting point to advance corruption research by empirically investigating contextual influence factors on ethical judgments of corruption situations, which appeared as critical determinants of the ethical decision making process. As ethical judgments may differ from country to country, an interesting avenue for future research would be to examine the contextual influences with samples from different national backgrounds. Moreover, this study assessed managers' ethical judgments of different corruption situations. Although corruption research underlines the important influence of the peer group (see reviews by Ford and Richardson 1994 and Loe et al. 2000), judgments of representatives of other relevant referent groups outside the organization (e.g., representatives of non-governmental organizations, government, media) may also influence individuals' judgments. Thus, future studies may focus on their perceptions of different corruption situations. Furthermore, future research may aim at taking the actor's perspective and examine contextual influences on the actors' ethical judgments. A different methodical design such as a simulation with a business game (see e.g., Rabl 2008; Rabl and Kühlmann 2008) would enable researchers to vary contextual factors, to observe corrupt behavior, and test its linkage to respondents' ethical judgments. More empirical studies are definitely necessary to get a more reliable picture on the effect of contextual factors of corruption and their influence on the ethical decision making process.

Acknowledgements: The author thanks Ines Greffin for her help with the vignette development and data collection. Previous versions of this paper were presented at the 70th Academy of Management Annual Meeting in Montréal, Canada, 2010, and at the 73rd Annual Conference of the German Academic Association for Business Research in Kaiserslautern, Germany, 2011. The author is grateful to the respective anonymous reviewers, discussants, and conference participants for their constructive comments that helped to improve earlier drafts of this paper. The author also thanks the editors of this special issue and two anonymous reviewers for their useful suggestions.

Endnote

1 The calculated values for the proportional change in variance are based on unrounded raw values. The proportional change in variance is the result of the difference between the within-respondent variance (between-respondent variance) of model 2 and model 1, divided by the within-respondent variance (between-respondent variance) of model 1.

Appendix

Examples for vignettes

Example A:	Mr. Nail works for the Bohr Company and is looking for a manufacturer for a new order in **Germany**. He meets with Mr. Stone from the Produ Company. During the meeting, Mr. Nail **demands**[a] a **high amount in cash**[b,c] from Mr. Stone. Mr. Stone accepts this demand and gets the order. This is **common business practice**. With the money, Mr. Nail **increases his wealth**.[b,d]
Example B:	Mr. Ritter works for the Bohr Company and is looking for a manufacturer for a new order in **Germany**. He meets with Mr. Rose from the Produ Company. During the meeting, Mr. Rose **offers**[a] Mr. Ritter a **high amount in cash**.[b,c] Mr. Ritter accepts this offer and gets the order. This is **not common business practice**. With the money, Mr. Ritter tries to **overcome his financial problems**.[b,d]
Example C:	Mr. Köhler works for the Bohr Company and is looking for a manufacturer for a new order **abroad**. It is a **small order**.[b] He meets with Mr. Geller from the Interprodu Company. During the meeting, Mr. Köhler **demands**[a] an amount in cash from Mr. Geller. Mr. Geller accepts this demand and gets the order. This is **not common business practice**. With his behavior Mr. Geller has helped his employer whose **existence is at stake**.[b,d]
Example D:	Mr. Döll works for the Bohr Company and is looking for a manufacturer for a new order **abroad**. It is a **big order**.[b] He meets with Mr. Back from the Interprodu Company. During the meeting, Mr. Döll **demands**[a] an amount in cash from Mr. Back. Mr. Back accepts this demand and gets the order. This is **common business practice**. With his behavior Mr. Back has **increased the profits of his already prospering company**.[b,d]

The original vignettes were presented in German.
[a]The level of the dimension "form of action" (initiatively versus reactively) is determined by the person who is to be evaluated.
[b]This description depends on the dimension "motive" and therefore results in different phrasing.
[c]This description includes two dimensions—size of the bribe (high versus low) and motive (private versus organizational).
[d]This description includes two dimensions—motive (private versus organizational) and initial situation (financial deficiency versus financial sufficiency).

References

Ajzen I (1991) The theory of planned behavior. Organ Behav Hum Decis Process 50(2):179–211
Albrecht WS, Albrecht CO, Albrecht CC, Zimbelman MF (2011) Fraud examination, 4th edn. South-Western, Mason
Alexander CS, Becker HJ (1978) The use of vignettes in survey research. Public Opin Q 42(1):93–104
Andvig JC, Fjeldstad O (2001) Corruption: a review of contemporary research. CMI Report R 2001:7. Chr. Michelsen Institute, Bergen. http://cmi.no/publications/publication.cfm?pubid=861. Accessed 11 Nov 2005
Andvig JC, Moene KO (1990) How corruption may corrupt. J Econ Behav Organ 13(1):63–76
Argandoña A (2005) Corruption and companies: the use of facilitating payments. J Bus Ethics 60(3):251–264
Ashforth BE, Anand V (2003) The normalization of corruption in organizations. Res Organ Behav 25:1–52
Ashforth BE, Gioia DA, Robinson SL, Treviño LK (2008) Re-viewing organizational corruption. Acad Manage Rev 33(3):670–684
Ashforth BE, Kreiner GE (2002) Normalizing emotion in organizations: making the extraordinary seem ordinary. Hum Resour Manage Rev 12(2):215–235
Bannenberg B (2002) Korruption in Deutschland und ihre strafrechtliche Kontrolle: eine kriminologisch-strafrechtliche Analyse. Luchterhand, Neuwied
Bannenberg B, Schaupensteiner W (2004) Korruption in Deutschland. Beck, München
Barnett JH, Karson MJ (1987) Personal values and business decisions: an exploratory investigation. J Bus Ethics 6(5):371–382
Baucus MS, Near JP (1991) Can illegal corporate behavior be predicted? An event history analysis. Acad Manage J 34(1):9–36
Beck M, Opp K (2001) Der faktorielle Survey und die Messung von Normen. Kölner Z Soz Sozpsychol 53(2):283–306
Borner S, Schwyzer C (1999) Bekämpfung der Bestechung im Lichte der Neuen Politischen Ökonomie. In: Pieth M, Eigen P (eds) Korruption im internationalen Geschäftsverkehr: Bestandsaufnahme, Bekämpfung, Prävention. Luchterhand, Neuwied, pp 17–39
Brief AP, Buttram RT, Dukerich JM (2001) Collective corruption in the corporate world: toward a process model. In: Turner ME (ed) Groups at work: theory and research. Lawrence Erlbaum, Mahwah, pp 471–499
Buckley MR, Wiese DS, Harvey MG (1998) Identifying factors which may influence unethical behavior. Teach Bus Ethics 2(1):71–84
Cadot O (1987) Corruption as a gamble. J Public Econ 33(2):223–244
Carlson DS, Kacmar KM, Wadsworth LL (2002) The impact of moral intensity dimensions on ethical decision making: assessing the relevance of orientation. J Managerial Issues 14(1):15–30
Carrillo JD (1999) Corruption in hierarchies. Annales d'Economie et de Statistique 59. www.adres.prd.fr/annales/anciensnumeros/resumes/n59/03.pdf. Assessed 21 Jan 2005
Carrillo JD (2000) Grafts, bribes, and the practice of corruption. J Econ Manage Strategy 9(2):257–286
Cherry J (2006) The impact of normative influence and locus of control on ethical judgments and intentions: a cross-cultural comparison. J Bus Ethics 68(2):113–132
Clinard MB (1990) Corporate corruption. The abuse of power. Praeger, New York
Coleman JW (1998) The criminal elite. Understanding white-collar crime, 4th edn. St. Martin's, New York
Collier MW (2002) Explaining corruption: an institutional choice approach. Crime Law Soc Change 38(1):1–32
Cressey DR (1971) Other people's money: a study in the social psychology of embezzlement. Wadsworth, Belmont

Daboub AJ, Rasheed AMA, Priem RL, Gray DA (1995) Top management team characteristics and corporate illegal activity. Acad Manage Rev 20(1):138–170

Darley JM (2005) The cognitive and social psychology of contagious organizational corruption. Brooklyn Law Rev 70(4):1177–1194

Davis MA, Johnson NB, Ohmer DG (1998) Issue-contingent effects on ethical decision making: a cross-cultural comparison. J Bus Ethics 17(4):373–389

Decker WH (1994) Unethical decisions and attributions: gains, losses, and concentration of effects. Psychol Rep 75(3):1207–1214

Decker WH, Calo TJ (2007) Observers' impressions of unethical persons and whistleblowers. J Bus Ethics 76(3):309–318

Deflem M (1995) Corruption, law, and justice: a conceptual clarification. J Crim Justice 23(3):243–258

DiMaggio PJ, Powell WW (1983) The iron cage revisited: institutional isomorphism and collective rationality in organizational fields. Am Sociol Rev 48(2):147–160

Dubinsky AJ, Loken B (1989) Analyzing ethical decision making in marketing. J Bus Res 19(2):83–107

Ferrell OC, Gresham LG (1985) A contingency framework for understanding ethical decision making in marketing. J Marketing 49(3):87–96

Ford RC, Richardson WD (1994) Ethical decision making: a review of the empirical literature. J Bus Ethics 13(3):205–221

Frese M, Fay D (2001) Personal initiative: an active performance concept for work in the 21st century. Res Organ Behav 23:133–187

Fritzsche DJ (2000) Ethical climates and the ethical dimension of decision making. J Bus Ethics 24(2):125–140

Gatti R, Paternostro S, Rigolini J (2003) Individual attitudes toward corruption: do social effects matter? World Bank Policy Research Working Paper No. 3122, World Bank, Washington, DC. http://econ.worldbank.org/files/29354_wp3122.pdf. Accessed 28 Apr 2005

Gaviria A (2002) Assessing the effects of corruption and crime on firm performance: evidence from Latin America. Emerg Markets Rev 3(3):245–268

Getz KA, Volkema RJ (2001) Culture, perceived corruption, and economics: a model of predictors and outcomes. Bus Soc 40(1):7–30

Goldstein H (2003) Multilevel statistical models, 3rd edn. Arnold, London

Grieger J (2005) Corruption in organizations: some outlines for research. Working Paper No. 203, Department of Economics and Social Sciences, University of Wuppertal, Wuppertal. http://www.wiwi.uni-wuppertal.de/grieger/wp203.pdf. Accessed 31 Jul 2007

Gundlach MJ, Martinko MJ, Douglas SC (2008) A new approach to examining whistle-blowing: the influence of cognitions and anger. SAM Adv Manage J 73(4):40–50

Hacker F (1981) Sozialpsychologische Bedingungen der Korruption. In: Brünner C (ed) Korruption und Kontrolle. Böhlau, Wien, pp 137–150

Hansen RS (1992) A multidimensional scale for measuring business ethics: a purification and refinement. J Bus Ethics 11(7):523–534

Hegarty WH, Sims HP (1978) Some determinants of unethical decision behavior: an experiment. J Appl Psychol 63(4):451–457

Heider F (1958) The psychology of interpersonal relations. Wiley, New York

Höffling C (2002) Korruption als soziale Beziehung. Leske + Budrich, Opladen

Hofmann DA (1997) An overview of the logic and rationale of hierarchical linear models. J Manage 23(6):723–744

Hotchkiss C (1998) The sleeping dog stirs: new signs of life in efforts to end corruption in international business. J Public Policy Market 17(1):108–115

Hox JJ, Kreft IGG, Hermkens PLJ (1991) The analysis of factorial surveys. Sociol Methods Res 19(4):493–510

Hunt SD, Vitell SJ (1986) A general theory of marketing ethics. J Macromarketing 6(1):5–16
Johns G (2001) In praise of context. J Organ Behav 22(1):31–42
Johns G (2006) The essential impact of context on organizational behavior. Acad Manage Rev 31(2):386–408
Johnson S, Kaufmann D, McMillan J, Woodruff C (2000) Why do firms hide? Bribes and unofficial activity after communism. J Public Econ 76:495–520
Johnston M (2000) The new corruption rankings: implications for analysis and reform. Paper presented at the World Congress of the International Political Science Association. Quebec City, Canada. http://departments.colgate.edu/polisci/papers/mjohnston/originals/JohnstonIPSA2000.pdf. Accessed 21 Jan 2005
Jones EE, Davis KE (1965) A theory of correspondent inferences: from acts to dispositions. In: Berkowitz L (ed) Advances in experimental social psychology, vol 2. Academic, New York, pp 220–266
Jones TM (1991) Ethical decision making by individuals in organizations: an issue-contingent model. Acad Manage Rev 16(2):366–395
Jones TM, Ryan LV (1997) The link between ethical judgment and action in organizations: a moral approbation approach. Organ Sci 8(6):663–680
Kahneman D, Tversky A (1979) Prospect theory: an analysis of decision under risk. Econometrica 47(2):263–292
Karren RJ, Barringer MW (2002) A review and analysis of the policy-capturing methodology in organizational research: guidelines for research and practice. Organ Res Methods 5(4):337–361
Kelley HH (1973) The process of causal attribution. Am Psychol 28(2):107–128
Kelley HH, Michela JL (1980) Attribution theory and research. Annu Rev Psychol 31:457–501
Killias M, Ribeaud D (1999) Korruption: Neue Erkenntnisse im Lichte quantitativer Untersuchungen. Crimiscope Nr. 4. http://www.unil.ch/webdav/site/esc/shared/Crimiscope/Crimiscope004_1999_D.pdf. Accessed 25 Jan 2006
Kohlberg L (1976) Moral stages and moralization: the cognitive-developmental approach. In: Lickona T (ed) Moral development and behavior: theory, research, and social issues. Holt, Rinehart and Winston, New York, pp 31–53
Langseth P (2006) Measuring corruption. In: Sampford C, Shacklock A, Connors C, Galtung F (eds) Measuring corruption. Ashgate, Aldershot, pp 7–44
Levine DP (2005) The corrupt organization. Human Relations 58(6):723–740
Lindgreen A (2004) Corruption and unethical behavior: report on a set of Danish guidelines. J Bus Ethics 51(1):31–39
Loe TW, Ferrell L, Mansfield P (2000) A review of empirical studies assessing ethical decision making in business. J Bus Ethics 25(3):185–204
Löw A (2002) Multiperspektivische Analyse der Wirtschaftskriminalität – Konsequenzen für die Gestaltung des Integrierten Risiko-Managements. Institut für Versicherungswirtschaft der Universität St. Gallen, St. Gallen
Martin KD, Cullen JB, Johnson LL, Parboteeah KP (2007) Deciding to bribe: a cross-level analysis of firm and home country influences on bribery activity. Acad Manage J 50(6):1401–1422
McMahon J, Harvey R (2007) The effect of moral intensity on ethical judgment. J Bus Ethics 72(4):335–357
Mencl J, May D (2009) The effects of proximity and empathy on ethical decision-making: an exploratory investigation. J Bus Ethics 85(2):201–226
Meyer JW, Rowan B (1977) Institutionalized organizations: formal structure as myth and ceremony. Am J Sociol 83(2):340–363
Misangyi VF, Weaver GR, Elms H (2008) Ending corruption: the interplay among institutional logics, resources, and institutional entrepreneurs. Acad Manage Rev 33(3):750–770
Mitchell WJ, Lewis PV, Reinsch NL Jr (1992) Bank ethics: an exploratory study of ethical behaviors and perceptions in small, local banks. J Bus Ethics 11(3):197–205

Mocan HN (2004) What determines corruption? National Bureau of Economic Research, Cambridge
Morris SA, McDonald RA (1995) The role of moral intensity in moral judgments: an empirical investigation. J Bus Ethics 14(9):715–726
O'Fallon MJ, Butterfield KD (2005) A review of the empirical ethical decision-making literature: 1996–2003. J Bus Ethics 59(4):375–413
Park H (2003) Determinants of corruption: a cross-national analysis. Multinat Bus Rev 11(2):29–48
Payne SL, Giacalone RA (1990) Social psychological approaches to the perception of ethical dilemmas. Hum Rel 43(7):649–665
Peterson DK (2002) The relationship between unethical behavior and the dimensions of the Ethical Climate Questionnaire. J Bus Ethics 41(4):313–326
Pinto J, Leana CR, Pil FK (2008) Corrupt organizations or organizations of corrupt individuals? Two types of organization-level corruption. Acad Manage Rev 33(3):685–709
Powpaka S (2002) Factors affecting managers' decision to bribe: an empirical investigation. J Bus Ethics 40(3):227–246
Priddat BP (2004) Verdeckte Geldgeschäfte, illegale Spenden, Bestechungen: "public-private-partnership" der anderen Art. In: Brink A, Karitzki O (eds) Unternehmensethik in turbulenten Zeiten. Wirtschaftsführer über Ethik im Management. Haupt, Bern, pp 113–128
Rabl T (2008) Private corruption and its actors—insights into the subjective decision making processes. Pabst, Lengerich
Rabl T (2011) The impact of situational influences on corruption in organizations. J Bus Ethics 100(1):85–101
Rabl T, Kühlmann TM (2008) Understanding corruption in organizations—development and empirical assessment of an action model. J Bus Ethics 82(2):477–495
Rabl T, Kühlmann TM (2009) Why or why not? Rationalizing corruption in organizations. Cross Cult Manage Int J 16(3):268–286
Raudenbush SW, Bryk AS (2002) Hierarchical linear models: applications and data analysis methods, 2nd edn. Sage, Thousand Oaks
Reeder GD, Spores JM (1983) The attribution of morality. J Pers Soc Psychol 44(4):736–745
Rest JR (1986) Moral development: advances in research and theory. Praeger, New York
Rose-Ackerman S (2002) "Grand" corruption and the ethics of global business. J Banking Finance 26(9):1889–1918
Ross M, DiTecco D (1975) An attributional analysis of moral judgments. J Soc Issues 31(3):91–109
Rossi PH (1979) Vignette analysis: uncovering the normative structure of complex judgments. In: Merton RK, Coleman JS, Rossi PH (eds) Qualitative and quantitative social research. Free Press, New York, pp 176–186
Rossi PH, Anderson AB (1982) The factorial survey approach: an introduction. In: Rossi PH, Nock SL (eds) Measuring social judgments. The factorial survey approach. Sage, Beverly Hills, pp 15–67
Rousseau DM, Fried Y (2001) Location, location, location: contextualizing organizational research. J Organ Behav 22(1):1–13
Rudolph U, Roesch SC, Greitemeyer T, Weiner B (2004) A meta-analytic review of help giving and aggression from an attributional perspective: contributions to a general theory of motivation. Cogn Emot 18(6):815–848
Sanyal RN, Samanta SK (2004) Correlates of bribe giving in international business. Int J Comm Manage 14(2):1–14
Scott WR (2000) Institutions and organizations. Sage, Thousand Oaks
Sims RL, Gegez AE (2004) Attitudes towards business ethics: a five nation comparative study. J Bus Ethics 50(3):253–265
Snijders TAB, Bosker RJ (1999) Multilevel analysis: an introduction to basic and advanced multilevel modeling. Sage, London
Sparks JR, Pan Y (2010) Ethical judgments in business ethics research: definition, and research agenda. J Bus Ethics 91(3):405–418

Steiner PM, Atzmüller C (2006) Experimentelle Vignettendesigns in faktoriellen Surveys. Kölner Z Soz Sozpsychol 58(1):117–146

Su Z, Richelieu A (1999) Western managers working in Romania: perception and attitude regarding business ethics. J Bus Ethics 20(2):133–146

Sutherland EH (1949) White collar crime. Dryden, New York

Sutherland EH, Cressey DR, Luckenbill D (1995) The theory of differential association. In: Herman NJ (ed) Deviance: a symbolic interactionist approach. General Hall, Lanham, pp 64–68

Swamy A, Knack S, Lee Y, Azfar O (2001) Gender and corruption. J Devel Econ 64(1):25–55

Tanzi V (1998) Corruption around the world: causes, consequences, scope, and cures. Int Monet Fund Staff Pap 45(4):559–594

Transparency International (2011a) About Transparency International. http://www.transparency.org/about_us. Accessed 3 Nov 2011

Transparency International (2011b) Anti-corruption conventions and other international instruments. http://www.transparency.org/global_priorities/international_conventions. Accessed 3 Nov 2011

Transparency International (2011c) Corruption Perceptions Index 2011. http://cpi.transparency.org/cpi2011/results. Accessed 14 Sept 2012

Treisman D (2000) The causes of corruption: a cross-national study. J Public Econ 76(3):399–457

Treviño LK (1986) Ethical decision making in organizations: a person-situation interactionist model. Acad Manage Rev 11(3):601–617

Treviño LK, Youngblood SA (1990) Bad apples in bad barrels: a causal analysis of ethical decision-making behavior. J Appl Psychol 75(4):378–385

Treviño LK, Weaver GR, Reynolds SJ (2006) Behavioral ethics in organizations: a review. J Manage 32(6):951–990

Tsalikis J, LaTour MS (1995) Bribery and extortion in international business: ethical perceptions of Greeks compared to Americans. J Bus Ethics 14(4):249–264

Vahlenkamp W, Knauß I (1995) Korruption – hinnehmen oder handeln? Bundeskriminalamt, Wiesbaden

Victor B, Cullen JB (1988) The organizational bases of ethical work climates. Adm Sci Q 33(1):101–125

Vitell SJ, Festervand TA (1987) Business ethics: conflicts, practices and beliefs of industrial executives. J Bus Ethics 6(2):111–122

Vitell SJ, Grove SJ (1987) Marketing ethics and the techniques of neutralization. J Bus Ethics 6(6):433–438

Weiner B (1985) An attributional theory of achievement motivation and emotion. Psychol Rev 92(4):548–573

Weiner B (1995) Judgments of responsibility: a foundation for a theory of social conduct. Guilford, New York

West BT, Welch KE, Galecki A (2007) Linear mixed models: a practical guide using statistical software. Chapman and Hall, Boca Raton

Wheeler S (1992) The problem of white-collar crime motivation. In: Schlegel K, Weisburd D (eds) White-collar crime reconsidered. Northeastern University Press, Boston, pp 108–123

Williams JW, Beare ME (1999) The business of bribery: globalization, economic liberalization, and the "problem" of corruption. Crime Law Soc Change 32(2):115–146

World Bank (2009) What is the World Bank doing to fight corruption. http://web.worldbank.org/WBSITE/EXTERNAL/EXTSITETOOLS/0,,contentMDK:0147620~menuPK:344192~pagePK:98400~piPK:98424~theSitePK:95474,00.html#1. Accessed 3 Nov 2011

Zedeck S (1977) An information processing model and approach to the study of motivation. Organ Behav Hum Perform 18(1):47–77

Zekos GI (2004) Ethics versus corruption in globalization. J Manage Dev 23(7/8):631–647

Moralische Arbeitsteilung

Moralverdrängung und Legitimationsfabrikation in und durch Organisation(en)

Günther Ortmann

Zusammenfassung: Organisationen sind die mächtigen Akteure der Moderne. Umso wichtiger ist es, dass sie nicht nur für Effizienz und Verlässlichkeit einstehen, sondern, Kehrseite der Medaille, auch große Möglichkeiten der Moralverdrängung und der Legitimationsfabrikation haben. Der Beitrag konzentriert sich auf diese dunkle Seite – auf problematische Aspekte und Arten moralischer Arbeitsteilung, organisierte Scheinheiligkeit, Legitimation durch Verfahren und nicht zuletzt auf den Einfluss von Unternehmen auf Recht, Regulation und Politik im Dienste des *rent-seeking*.

Schlüsselwörter: Ethik · Legitimation · Moral · Organisation · *Rent-seeking*

JEL Classification: K14 · M10 · M14 · Z13

© Springer Fachmedien Wiesbaden 2012

Prof. Dr. G. Ortmann (✉)
Helmut-Schmidt-Universität/Universität der Bundeswehr Hamburg,
Holstenhofweg 85, 22043 Hamburg, Deutschland
E-Mail: ortmann@hsu-hh.de

1 Organisation(en) und der „moral point of view"

Organisationen, das ist der Ausgangspunkt der folgenden Überlegungen, *sind die mächtigen Akteure der Moderne*. Individuelle Akteure haben nicht mehr viel zu sagen, wenn es um die wichtigeren Fragen der gesellschaftlichen, nicht zuletzt der ökonomischen Prozesse und Strukturen und ihrer Regulation geht. Korporative Akteure bestimmen heutzutage, was ist und was sein soll. *Locus classicus* für die Behandlung von Organisationen als korporative Akteure und die Problematisierung ihrer wachsenden Macht ist die grundlegende Arbeit von Coleman (deutsch 1979; s. a. 1986). Ihnen, also einem organisationalen Handeln, ist der Zustand und ist die Entwicklung der Welt zuzurechnen – sofern eine solche Zurechnung auf das Handeln überhaupt noch trägt, was man bezweifeln kann angesichts der systemischen Verkettungen des Handelns respektive Verstrickungen aller, auch der korporativen Akteure. Ich fasse mit Organisationen, besonders auch Unternehmen, diejenige Instanz des Sozialen ins Auge, bei der eine solche Zurechnung gerade noch möglich ist – möglich, und, wie ich meine, nötig, wenn wir uns nicht gedanklich und praktisch dem unabwendbaren, leer laufenden Funktionieren der Systeme ausliefern wollen. Auf diese Lage möchte ich nicht mit moralischen Postulaten antworten, sondern mit einer nüchternen Bestandsaufnahme der moralischen Dignität organisationalen Handelns. Ich werde eine ganze Reihe von Mustern, Mechanismen und Methoden der *Moralverdrängung* (Teil 4) und der *Legitimationsfabrikation* (Teil 5 und 6) in und durch Organisation(en) anführen, die geeignet sind, eine gewisse Skepsis zu nähren.

Andererseits verlassen wir alle uns heute fast überall darauf (und finden es selbstverständlich), dass die wichtigsten gesellschaftlichen Aufgaben – Erziehung, Ausbildung, Produktion, Recht, Politik, Wissenschaft, Gesundheitswesen, um nur diese zu nennen – in organisierter Form erledigt werden. Die *Form der Organisation* ist in der Moderne fest institutionalisiert. Eine gewisse Amoralität von Organisationen ist damit impliziert. Der „moral point of view" muss mit einer gewissen – allerdings historisch, kulturell und situativ variablen – Notwendigkeit hinter den Systemimperativen und Funktionserfordernissen der Organisationen zurückstehen. Das ist, so ließe sich argumentieren, nur die dunkle Kehrseite ihrer unbestreitbaren und *in summa* überwiegenden Vorzüge. Diese Vorzüge liegen jedenfalls auf dem Felde der (tatsächlichen oder unterstellten) Effizienz, also nach verbreiteter Auffassung jenseits von Moralität. Tatsächlich sind Organisationen diejenigen sozialen Systeme, die ihre Legitimation in erster Linie aus ihrer Zweckmäßigkeit – aus der zweckmäßigeren Erfüllung gesellschaftlicher Aufgaben – beziehen. Es gibt aber eine wichtige Stimme innerhalb der Organisationstheorie, die sogar *moralische* Vorzüge von Organisationen im Vergleich zu individuellen Akteuren behauptet. Organisationen, sagt der Soziologe Hans Geser, eignen sich besser als natürliche Personen, als Adressaten moralischer Zurechnung behandelt zu werden. Darauf und auf die in Sachen Moral sehr skeptische Gegenposition Niklas Luhmanns gehe ich zunächst, in Teil 2, ein. (Moralische) Normen und Werte pflegen, sofern Organisationen in Rede stehen, unter dem Titel „Organisationskultur" gestreift oder verhandelt zu werden. Der Teil 3 erörtert daher ein verbreitetes Unbehagen in und an der Organisationskultur, bevor in 4, 5 und 6 die dunkle Seite organisationaler Moralität zum Thema wird: Moralverdrängung und Legitimationsfabrikation.[1] Geser einerseits, Luhmann andererseits stehen also für zwei im Diskurs sehr verbreitete Positionen, eine positive Sicht der Moralität von Organisationen einerseits, ein Unbehagen gegenüber jedweder Moral andererseits, Positionen, von denen ich mich jeweils etwas absetzen werde. Im Teil 6 erörtere ich den Einfluss der Organisationen, besonders der Unternehmen, auf durch Recht und Regulation gesetzte Legitimationen und die Frage, ob eine Betriebswirtschaftslehre, die sich auf das Wirtschaftlichkeitsprinzip als ihr Auswahl- oder Identitätsprinzip beruft, sich der implizierten ethischen Fragen zugunsten einer in Anspruch genommenen Wertfreiheit oder zugunsten einer „Betriebswirtschaftslehre ohne Unternehmensethik" (Albach 2005, 2007) entledigt hat.

Wenn es stimmt, dass Organisationen und zumal Unternehmen qua Organisationen eine starke Disposition[2] zur Verdrängung des „moral point of view" und außerdem zur Einflussnahme auf die Rechts- und Legitimationsordnung zeigen (von der wiederum ihre Wirtschaftlichkeit stark abhängt), dann ist das nicht zuletzt relevant für die von Hort Albach vertretene Position in Sachen Unternehmensethik. Davon, dass Unternehmenspraxis und -theorie einer Ethik nicht bedürften (zur Kritik s. Thielemann und Weibler 2007), nimmt Albach (2007, S. 204) ausdrücklich jene Fälle aus, „in denen der Wettbewerb nicht funktionsfähig ist und die staatliche Aufsicht und die staatliche Regulierung auch nicht funktionieren". *Innerhalb* von Organisationen aber gibt es weithin keinen funktionsfähigen Wettbewerb, und dass *staatliche Aufsicht und Regulation* in ihrer Funktionsfähigkeit gerade durch Unternehmen, ihre Verbände und Lobby-Partner beeinträchtigt werden, daran werde ich in Abschn. VI erinnern.

2 *Höhere* Moralfähigkeit von Organisationen?

Der erwähnte Hans Geser argumentiert keineswegs blauäugig. Dass Organisationen „immerhin auch Auschwitz und Tschernobyl mitzuverantworten haben", spricht er (1989, S. 220) deutlich genug aus. Begründen will er vorerst nur eine im Vergleich zu individuellen Akteuren größere Moral*fähigkeit*, nicht eine moralisch überlegene Praxis von Organisationen. Seine Argumente sind daher zunächst theoretischer Natur, und schlecht sind sie nicht. Besonders seinen Ausgangspunkt kann man nur unterstreichen: Organisationen würde in der modernen Gesellschaft eine enorme Autonomie zugestanden und gewaltige Macht überlassen, ja,

> es wird immer offensichtlicher, dass z. B. globalwirtschaftliche Prozesse in den weltweiten Verbundsystemen von Banken und Industrieunternehmungen ihre genetische Wurzel haben, und dass die nationale Politik ein *emergentes* Produkt interorganisationeller Akkordierungsprozesse darstellt, an denen der Staat selbst mit einer Mehrzahl relativ eigenständiger Akteure partizipiert. (Geser 1989, S. 212; Hervorh. G. O.)

„Zur höheren moralischen Handlungsfähigkeit von Organisationen (im Vergleich zu menschlichen Personen)" tragen für Geser besonders fünf Eigenschaften bei (zustimmend Löhr 1991, S. 313 f.):

1. Organisationen seien als Adressaten für normative, besonders auch rechtliche Zumutungen und Erwartungen besser als Individuen geeignet, weil sie über mehr Selbstverantwortlichkeit verfügten. Sie könnten sich nicht, wie Menschen, auf geminderte Zurechnungsfähigkeit, Müdigkeit, Krankheit, jugendliche Unreife, psychische Störungen oder auf „Handeln im Affekt" berufen.

2. Sie seien sogar für ihre Handlungsmotivation noch selbst verantwortlich, könnten z. B. die Motivation ihrer Mitglieder durch Anreize steuern und stabilisieren.
3. Sie könnten mit mehr – auch: moralischer – Komplexität zurechtkommen, z. B. mit der Komplexität moderner Produktionsprozesse.
4. Sie besäßen eine viel größere Fähigkeit, verantwortungsethisch zu handeln, weil sie sich mit den dazu erforderlichen Qualifikationen durch geeignete Rekrutierung, durch Qualifikation, durch Personalentwicklung und organisationales Lernen selbst ausstatten könnten.
5. Sie hätten eine höhere Kapazität, Normen, die sie anwenden, selber mitzugestalten und diskursiv zu legitimieren – man denke etwa an Normen der Produktqualität, des Arbeitsschutzes oder der Sicherheit.

Geser malt damit also nicht etwa das Bild heiler Organisationswelten. Eher läuft seine Intention darauf hinaus, von Organisationen mehr Verantwortlichkeit zu verlangen, weil ihre Verantwortungskapazitäten größer sind, ihre moralischen *Potentiale*. Geser will sagen: Die Organisationen *können* mehr, also *sollen* und müssen sie auch mehr.

Tatsächlich verlassen die meisten von uns sich in fast allen Lebensbereichen auf die Leistungen von Organisationen – nicht immer ganz freiwillig, oft begleitet von mehr oder weniger berechtigtem bürokratiekritischem Murren, aber meist ohne durchschlagende Zweifel. Wir überlassen die Erziehung und (Aus-) Bildung unserer Kinder zu beträchtlichen Teilen den Kindertagesstätten, Schulen, Betrieben und Universitäten. Wir vertrauen uns, wenn es wirklich ernst wird, trotz wachsender Bedenken – Stichworte: Infektionsgefahr, iatrogene Erkrankungen – eher Krankenhäusern an als dem Hausarzt. Wir wissen, dass, bei aller Kritik, McDonalds besser für Sauberkeit und Frische seiner Produkte einstehen kann als die Fritten-Bude an der Ecke. Wir bauen, nicht immer, aber oft zu Recht, auf organisatorische Vorkehrungen, dass Richter mit zu vielen Revisionen oder gar Fehlurteilen, korrupte Verwaltungsbeamte, Politiker ohne saubere Weste, Willkür ausübende Polizisten, (allzu) ungerechte Lehrer oder Ärzte mit zu vielen Kunstfehlern aus ihren Ämtern entfernt oder jedenfalls verschärft kontrolliert und sanktioniert werden. Uns beruhigt, dass Organisationen Leute mit der erforderlichen Ausbildung und professionellen Qualifikationen beschäftigen. Das alles liegt ganz auf der Linie Gesers. Nicht nur er als Theoretiker, sondern die meisten von uns in unserer alltäglichen Praxis rechnen damit, dass Organisationen ihre Regeln und Ressourcen, d. h., ihre Strukturen, zu verantwortlichem Handeln nutzen, und dass organisierte, reflektierte, kontrollierte Verlässlichkeit und Verantwortlichkeit oft größer ist als die Vertrauenswürdigkeit und Verantwortlichkeit einzelner Menschen.

Mehr noch: Wir nehmen zur Kenntnis, dass Organisationen aktiv um Standards verantwortlichen Handelns bemüht sind, etwa für *Corporate Governance*, für die Dokumentation des Qualitätsmanagements (ISO 9000 ff.) oder für die *Social Accountability* (SA 8000). *Corporate Social Responsibility* in aller Munde.

Wenn Organisationen so etwas ernstlich (und nicht nur scheinheilig) als richtig etablieren, sei es als Orientierungsrahmen, sei es als Liste von Mindeststandards, und zwar mittels organisationaler Regeln und Ressourcen, mag es, ganz im Sinne Gesers, höhere Stabilität und Verlässlichkeit gewinnen als gute Vorsätze und guter Wille von Individuen.

Das Problem mit Gesers Behauptung ist also nicht, dass er Organisationen das Potential zu erhöhter Verantwortlichkeit zu Unrecht zuspricht. Tatsächlich erblicke ich darin den letzten Schritt eines wohlüberlegten Dreischritts.

Der *erste* Schritt besteht in der nüchternen Bestandsaufnahme: Macht und zumal das, was im Soziologenjargon heute unter Titeln wie *corporate power*, Risikoproduktion (Beck 1986) und Negativexternalisierung (negative externe Effekte) gehandelt wird, geht heutzutage besonders von Organisationen aus.

In der zuspitzenden Formulierung von Baecker (1998, S. 110):

> Produktion verseucht die natürliche Umwelt. Organisierte Schulbildung belastet die Gesellschaft mit einer unangemessenen Selektionsdramatik. Organisierter Erkenntnisfortschritt verwandelt die Gesellschaft in ein Labor der Erforschung der Effekte unsicheren Wissens. Organisierter Machtgebrauch absorbiert die Ressourcen der Gesellschaft für Problemlösungen, die nicht im Spielraum der Politik liegen. Organisierter Glauben setzt immer wieder unkalkulierbare Fundamentalismen frei, die sich gegen die Organisationen der Kirche auf einen verfälschten situationsadäquaten Glauben berufen. Organisierte Sozialhilfe prämiert die Anpassung an die Bedingungen der Hilfsbedürftigkeit, aber nicht den Erfolg der Hilfe. Und so weiter.

Wie könnten wir da, *zweitens*, Organisationen aus Verantwortlichkeit entlassen? Wir müssen sie zum Adressaten moralischer Zumutungen machen, und dies um so energischer, je triftiger die Bestandsaufnahme aus Schritt 1 ist, je mehr daher gilt, dass Organisation und Organisationen die Verantwortlichkeit des Einzelnen in der Moderne dominieren oder gar ersetzen.

Und nun also, *drittens*: Wir können es auch, weil Organisationen zu Verantwortlichkeit befähigt sind – sogar viel mehr als diese Einzelnen.

Wenn das Gesers Position ist, habe ich keine Einwände außer dem, dass Organisationen in Sachen Verantwortlichkeit nicht einfach ein Heilmittel bieten, sondern ein *Pharmakon*, wie es schon bei Platon reflektiert wurde: Arznei, Gift oder Droge, *je nach dem* (dazu s. Thiel 1993, hier 209 ff) – je nach Dosierung und den besonderen Umständen.

Worüber Geser kaum spricht, davon möchte ich in Teil 4, 5 und 6 handeln: von der dunklen Seite organisationaler Moralität. Dass ich Geser zustimme, aber für ergänzungsbedürftig halte, hat zur Folge, dass ich mich, mit einer resultierenden Einseitigkeit, auf diese Kehrseite konzentriere. Diese Einseitigkeit nehme ich nicht zuletzt deswegen in Kauf, weil diese Kehrseite organisationaler Effizienz und Nützlichkeit in der betriebswirtschaftlichen Literatur insgesamt eher stiefmütterlich oder in einer recht bezeichnenden Arbeitsteilung behandelt wird, innerhalb derer sich die einen (z. B. schon Steinmann 1973, bereits mit einer Kritik an verbal bleibenden Deklarationen der Verantwortlichkeit à la Davoser Manifest; Löhr 1991; Steinmann und Löhr 1994; Ulrich 1986; Thielemann 2010; Homann und Blome-Drees 1992) um eine Unternehmungsethik bemühen, während die Karawane der betriebswirtschaftlichen und der institutionenökonomischen Forschung weiter zieht. Ich konzentriere mich also auf folgende Gesichtspunkte:

1. Die ungleich höheren Kapazitäten und Ressourcen, die Qualifikationsvielfalt und Anreize, über die Organisationen verfügen, sind *pro malo* ebenso einsetzbar wie *pro bono*. Organisationen haben ganz andere zeitliche, räumliche, sachliche und soziale Möglichkeiten als Einzelne, Moral zu verdrängen, intern moralisch bedenkliche Normen durchzusetzen und externe Normen zu dehnen, zu überschreiten oder im eigenen Interesse zu beeinflussen; Kritik auszusetzen; Rechtfertigungen zu produzieren, sei es intern, in der Öffentlichkeit oder vor Gericht; hinter den Kulissen zu agieren; den Schein zu

wahren; Bauernopfer vorzunehmen; moralisch inkonsistent zu handeln („*multiple-self-*Identität" von Organisationen; Wiesenthal 1990); Gesetzeslücken aufzuspüren und zu nutzen; regionale und nationale Differenzen auszubeuten; zu lügen; Dinge geheim zu halten und so fort. Implizit ist all das wohl gerade Gesers Ausgangspunkt: Eben deshalb seien Organisationen normativer Bändigung bedürftig; unter Gebühr aber handelt er auch von diesen Bedenken:

2. Der Charakter von Organisationen als Veranstaltungen organisierter, notwendig selektiver, um nicht zu sagen: engstirnig-zweckorientierter Interessenverfolgung setzt ihrer Befähigung zu Verantwortlichkeit Grenzen.
3. Die Steuerungs- oder Kommunikationsmedien Geld und Macht sind denkbar schlecht geeignet, moralischen Fragen gerecht zu werden.
4. Die funktionalistische Logik von Organisationen und zumal die Profitinteressen von Unternehmen drängen nachgerade zu Moralverdrängung und zur Ersetzung einer übergeordneten Moral durch eine (vulgär-)utilitaristische Funktionsmoral.
5. Organisationen können zwar nach dem Motto „morality pays" von einer ehrlich erworbenen Reputation der Fairness, Ehrbarkeit, Vertrauenswürdigkeit etc. profitieren, aber, trivial genug, auch von einer unehrlich erworbenen und v. a. auch von Unfairness, Trittbrettfahrerei, Nepp, Täuschung, Manipulation, Korruption und überhaupt der Bereitschaft und Fähigkeit, moralische Standards über Bord zu werfen. Wirtschaftlichkeit und Moral decken sich keineswegs ohne weiteres, was eigentlich ein Gemeinplatz ist, aber leicht aus dem Blick gerät, wenn in der betriebswirtschaftlichen Literatur – zu Recht – die Vorzüge eines „Organisationskapitals" aus Fairness, Loyalität und Vertrauen hervorgehoben werden (z. B. von Sadowski 2002).
6. Der Eigensinn und die Eigendynamik von Organisationen, aus denen auch Geser gerade ihren Status als autonome Akteure herleitet, sind moralisch gesehen keineswegs neutral, begünstigen eine Verkehrung auch löblicher Zwecke in Richtung auf organisationale Überlebens- und Funktionserfordernisse und Systemimperative und machen jedwede Steuerung, erst recht aber eine Steuerung in Richtung auf Verantwortlichkeit zumindest schwierig (dagegen Geser 1990, S. 412: „Es lassen sich Organisationen auch viel zuverlässiger als Individuen in übergeordnete Steuerungssysteme integrieren").
7. Organisationen sind selbst scham- und gewissenlos in einem zunächst ganz neutralen Sinne, ja, sie beruhen für Weber (1972, S. 563) idealtypisch geradezu auf der „Ausschaltung von Liebe, Hass und allen rein persönlichen... Empfindungselementen aus der Erledigung der Amtsgeschäfte".
8. Selbst die Mittel, die Organisationen *für* die Sicherung von Verantwortlichkeit einsetzen (können) – etwa: Regelwerke, Ressourcen, Standardisierung, Programme –, sind zweischneidige Schwerter, weil sie wie ein Persilschein für individuelle Verantwortlichkeit wirken können.

Dies letztere meint das Bedenken, dass der Einsatz von Organisation(en) zur Sicherung von Verantwortlichkeit auch deswegen ambivalent ist, weil *organisationale* als Ersatz *individueller* Verantwortlichkeit fungieren kann, was allerdings meist in schleichender Erosion vonstatten geht und daher erst auffällig wird, wenn es spät ist, vielleicht: zu spät. Diese Entlastung kann als schleichendes Gift, Organisation insofern als giftige Gabe wirken. Die Einzelnen übertragen – überantworten – ihre Pflichten dann den Organisationen und handeln ihrerseits zwar entlang organisatorischer Regeln, aber nurmehr strategisch, aus

Interesse, nicht aus eigener moralischer Verantwortlichkeit. Zu diesem Einwand hat Geser (1990, S. 409) nicht geschwiegen. Durchaus sieht er die Gefahr individueller und kollektiver Exkulpation mittels Schuldzuweisung an Organisationen. Er neigt allerdings einer zugleich bedenkenswerten und (allzu) gut gemeinten Gegenthese zu: der These von einer recht harmonischen funktionalen Komplementarität von Individualethik und Organisationsmoral.

Nicht Organisation, sondern im Gegenteil die *Moral* hat Niklas Luhmann als eine solche giftige Gabe angesehen – und sich Zeit seines Lebens als *der* Theoretiker, der *advocatus diaboli* ihrer Geringschätzung stilisiert. Deswegen und weil diese Position sich heutzutage großen Zuspruchs auch in der Praxis erfreut, zumal in der Praxis des Managements von Unternehmen, widme ich ihm, dem Advokaten des Funktionierens und der Neutralisierung der Werte, einige Aufmerksamkeit. Mit diabolischem Vergnügen und, *nota bene*, mit starken Gründen, verrückt er die Verhältnisse. Das Gift ist für ihn die Moral. Von ihr rät er ab wie Mephistopheles von der Theologie, und mit dem gleichen listigen, verführerischen Argument: Die Sache sei eh nicht recht greifbar. Was Mephisto über die Theologie sagt, das hätte er, wenn es nach Luhmann gegangen wäre, gleich über Ethik und Moral sagen können:

Was diese Wissenschaft betrifft,
Es ist so schwer den falschen Weg zu meiden,
Es liegt in ihr so viel verborgnes Gift,
Und von der Arzenei ist's kaum zu unterscheiden.
(Faust I, 1984–1987)

Das ist, was bei Platon „Pharmakon" heißt. Daraus indes folgt gerade die Notwendigkeit feiner Unterscheidungen, nicht, wie Mephistos verführerisches Räsonieren suggerieren soll, pauschale Verachtung der Moral. Es folgt: *In hoher Dosis* und bei falscher Indikation ist Moral giftig. So muss man die Luhmannsche Einsicht – Moral ist „polemogen" (Luhmann 1997b, S. 404) – beschränken. Die Kinder dieser Einsicht – Moral nährt Konflikte und Kämpfe; die Kur besteht in der Suche nach funktionalen Äquivalenten; für Legitimation sorgen Verfahren; Organisationen entlasten nicht nur von sachlicher, sondern auch von moralischer Komplexität – darf man nicht mit dem Bade der Luhmann-Kritik ausschütten. Aber man darf sagen, dass Luhmanns Moralkritik das Kind mit dem Bade ausschüttet.

Luhmanns Unbehagen angesichts von Moral und Kultur hat eine lange Tradition. Lange vor ihm hat ein Denker eine Lesart dieses Unbehagens vorgelegt, den Luhmann selbst wenn irgend möglich gemieden hat. Dass Moral polemogen ist, hätte er schon bei ihm lesen können.

3 Das Unbehagen in und an der Organisationskultur

Als Sigmund Freud um 1930 seine berühmte Interpretation eines verbreiteten Unbehagens in der Kultur gab, da war seine erklärte „Absicht, das Schuldgefühl als das wichtigste Problem der Kulturentwicklung hinzustellen" (Freud 1982, S. 260). Wir zahlen, das ist die Idee, „für den Kulturfortschritt" mit „Glückseinbuße durch die Erhöhung unseres Schuldgefühls." Kultur (er)fordert Triebverzicht und Triebsublimierung, das ist „die Ursache der

Feindseligkeit, gegen die alle Kulturen zu kämpfen haben" (ebd., S. 227 f.), aber diese Feindschaft wird nicht offen und direkt ausgetragen, sondern nimmt den Weg über Schuldgefühle angesichts von Forderungen der Kultur, die wir nicht erfüllen können, weil unser Fleisch allzumal schwach ist, oder vielmehr: unsere erotischen und unsere aggressiven Triebe allzumal stark sind. Verdrängung heißt in diesem Rahmen zunächst ganz entschieden und einfach: Verdrängung der durch Kultur verpönten Triebe. Kultur leistet dazu die Hilfe der Sublimierung der Triebe. Das liefert schönen Ersatz, und über dem Unbehagen an der Kultur soll man nun nicht übersehen, dass sie, via Sublimierung und Libidoverschiebung (etwa auf kreatives Schaffen), der Leidabwehr und einem halbwegs friedlichen Miteinander dient. Unterhalb dessen aber geht es um die Errichtung von Dämmen wider die Triebe. Dabei tut der Kulturprozess sozusagen zu viel des Guten. Er überfordert uns – daher das Unbehagen in der Kultur.

Das sieht auf den ersten Blick nach dem glatten Gegenteil dessen aus, was der Kern meines Vorhabens ist. Mir geht es ja um Moral-, nicht um Triebverdrängung. Nicht die *Überforderung* durch Kultur und moralische Standards ist mein Thema, sondern deren *Unterbietung* in post-viktorianischen, hypermodernen Zeiten, nicht die (allzu) starken Schuldgefühle, sondern die (allzu) schwachen; nicht die Dämme wider das Ausleben „egoistischer" (einschließlich aggressiver) Triebe, sondern die Dammbrüche.

Auf den zweiten Blick, wenn man hier eine weitere Verwicklung betrachtet, lassen sich die Fäden leicht entwirren. Diese weitere Verwicklung lautet: Die Unterbietung ist nur die Kehrseite der Überforderung. Und näherhin: Schuldgefühl ist für Freud „nichts als eine topische Abart der Angst, in seinen späteren Phasen fällt es ganz mit der *Angst vor dem Über-Ich* zusammen." (Ebd., 261)[3] Angst nun ist keineswegs immer bewusst, und gerade im Falle der Angst vor dem Über-Ich „ist es sehr wohl denkbar, daß auch das durch die Kultur erzeugte Schuldbewußtsein nicht als solches erkannt wird, zum großen Teil unbewußt bleibt oder als ein Unbehagen, eine Unzufriedenheit zum Vorschein kommt, für die man andere Motivierungen sucht." (Ebd.)

Damit haben wir: nicht nur unbewusste/verdrängte Triebe, sondern auch unbewusste/verdrängte Schuldgefühle, deren Verdrängung man sich nach diesem Muster vorstellen kann: Die Verdrängung aggressiver Triebe lässt Schuldgefühle zurück, die peinigen und übrigens ihrerseits auf die verpönten Triebe zurückverweisen – und daher selbst verdrängt werden.

Im Lichte dieser Funktion der Verdrängung (nicht nur von Trieben, sondern auch) von Schuldgefühlen können wir jetzt mit Freud über Freud hinaus kommen. Wir können a) die post-viktorianische Moralentwicklung *nach* Freud und b) die Dominanz und Verantwortlichkeit der modernen Organisationen berücksichtigen und *so* die Leistungen der Kultur, und nun auch: der Organisationskultur, betrachten. Dann zeigt sich eine spezifische Doppelfunktion, nämlich einerseits der Triebeindämmung/-versagung – man denke nur an Max Webers protestantische Ethik – *und*, andererseits, der Verdrängung von Schuldgefühlen, die als Relikte und Merkzeichen der verdrängten Triebe störend verbleiben. Was aber eignet sich, um Schuldgefühle zu verdrängen, besser als Moralverdrängung – die Verdrängung jener Moral, die uns doch erst ein schlechtes Gewissen macht? Moralverdrängung *durch Organisation(en)* ist dann nichts anderes als eine Kulturleistung, die mit dem besonderen Manöver operiert – besser: zu operieren erlaubt –, nicht immer nur Triebe, sondern in Abhängigkeit von spezifisch organisationalen, organisationskulturellen, den

Organisationszwecken und -imperativen dienenden Erlaubnissen „auch einmal" moralische Forderungen zu verdrängen/zu suspendieren – mit dem „sekundären Krankheitsgewinn" eines guten Gewissens, nicht zuletzt beim Ausleben von Aggressionsneigungen in sublimierter, zivilisierter Form, etwa im Wettbewerb, im Karrierismus, allgemein: beim Einsatz von Ellenbogen. Es gibt zwei Wege, wenn die Erfüllung moralischer Forderungen zu schwer fällt: ihre *Leugnung* oder die *Fiktion ihrer Erfüllung*, etwas anders gesagt: *Moralverdrängung* oder *Legitimationsfabrikation*. Kurz: Jede Kultur hat (auch) selektive Gewissensentlastungen zu bieten, und Organisationskultur Gewissensentlastung mit spezifischer, zur Organisation, zu ihren Zwecken und Systemerfordernissen *passenden* Selektivität. Man könnte von einem moralbezogenen *fit*, einem Anpassungs- und Sozialisationsdruck, als Anforderung an Organisationsmitglieder sprechen. Das verbleibende Unbehagen – es hat in der Organisations*forschung* wie auch in der Organisations*praxis* zu starken Abwehrreaktionen auf Organisationskulturanforderungen geführt – steht dann in Diensten der Verleugnung, sei es von Trieben, sei es der Verpöntheit von Trieben, mit dem gemeinsamen Nenner: Entlastung durch Moralverdrängung oder -umarbeitung. Die auf das Funktionieren konzentrierten Luhmannianer zumal sind Parasiten dieses Unbehagens. Was es zu gewinnen gibt, ist ein Arsenal, eine ganze Batterie der Abwehr, einer Abwehr, die spricht: „Non olet", oder: „Ich war's nicht", oder: „Die Anderen tun's ja auch", oder: „Ich bin nur ein winziges Rädchen im Getriebe", oder: „Ich, Rumpelstilzchen", oder „Es dient doch dem Ganzen", oder: „Es dient einem heiligen Zweck", oder: „Niemand kann sagen, wer es war", und am Ende: „Moral ist schlechterdings obsolet" (jedenfalls für „corporations"; so die Luhmannianer Willke und Willke 2008, S. 21).

Moralverdrängung und Legitimationsfabrikation sind zwei Seiten einer Medaille, nämlich moralischer Entlastung. Es ist eine analytische Unterscheidung. Manchmal dominiert *in praxi* die erstere, manchmal die letztere. Immer aber gehen sie einher, und oft ist die eine von der anderen empirisch kaum auseinanderzuhalten. Wenn Zwecke die moralischen Aspekte des Mitteleinsatzes *neutralisieren*, wird man von Moralverdrängung, wenn sie die Mittel *heiligen*, von Legitimationsproduktion/-fabrikation sprechen. Das ist im konkreten Fall schwer auseinanderzuhalten. Auch das Fingieren und Vorschützen von Zwecken dient beidem. Trotzdem habe ich es sinnvoll gefunden, das Folgende nach dieser Unterscheidung aufzuteilen. Für beide biete ich nur einige Beispiele auf. Das Arsenal der Organisationen ist bei weitem reicher (s. z. B. Waters 1978; Steinmann und Löhr 1994, S. 13–61; Ortmann 2010).[4]

4 Moralische Arbeitsteilung: Mechanismen der Moralverdrängung in und durch Organisation(en)

Was wäre naheliegender, ja, angesichts der moralischen Komplexität moderner Problemlagen unabweisbarer, als die moralischen Bürden, die uns überforderten Einzelnen auferlegt werden, zu teilen? Vier Augen sehen mehr als zwei. Viele schultern mehr als Einer. Moralische Arbeitsteilung ist es ja schon, wenn Eltern durch Kindergärten und Schulen moralisch entlastet werden, und das mag hier als Beispiel für die mögliche Nützlichkeit solcher Entlastung stehen. Gesellschaftliche und erst recht organisationsinterne Arbeitsteilung ist, auch in ihrer Funktion der Teilung moralischer Lasten, unentbehrlich.

Was aber machen wir, um nun gleich ein krasses Gegenbeispiel anzuführen, mit dem Ergebnis eines der Milgram-Experimente, wonach die ohnehin hohe Bereitschaft, vermeintliche Versuchspersonen mit schmerzhaften Stromstößen für Fehler bei vermeintlichen Lernexperimenten zu bestrafen, sich noch einmal stark erhöhte, grob gesagt von etwa zwei Drittel auf über 90 %, wenn die Testperson nur die Vorbereitungen zu treffen hatte und jemand anders die Stromstöße erteilte (Milgram 1974)? (Probanden waren dazu aufgefordert worden, und zwar vorgeblich als Helfer in Lernexperimenten, bei denen die – ggf. zu bestrafenden – angeblichen Lerner in Wirklichkeit Schauspieler waren, welche die Schmerzempfindungen simulierten. Die Stromstöße waren selbstverständlich nur vorgetäuscht, und die vermeintlichen Helfer waren in Wirklichkeit, ohne es zu wissen, die eigentlichen Probanden.) Die Ergebnisse der Milgram-Experimente sind in der organisationstheoretischen Literatur auf Organisationen übertragen worden, mit dem Argument, die spezifischen experimentellen Bedingungen ähnelten den in Organisationen anzutreffenden Verhältnissen (Kühl 2005; kritisch dazu Klatetzki 2007), und der zitierte Befund wird dann als Beleg für Moralentlastung via Arbeitsteilung – hier: Arbeitsteilung zwischen dispositiver und ausführender Arbeit – genommen.

Das nehme ich hier als Indiz für meine These: Moralische Arbeitsteilung, dass heißt auch: (1.) Das Bruttosozialprodukt an Sünden kann auf viele Schultern verteilt und auf diese Weise enorm gesteigert werden. Man denke nur an die vielen Beteiligten an der Umweltzerstörung, am Klimawandel oder am Finanzsystem und dessen Erdrutsch. Jede, jeder von uns muss nur in ihrem, in seinem winzigen Abschnitt des gesellschaftlichen Sündenregisters Hand anlegen, die Augen verschließen oder die Leichen im Keller entsorgen, in kleinen, privaten, professionellen und/oder organisationalen „Zonen des Schweigens" (Ortmann 2003, S. 189 ff.), und die dort anfallende Verdrängungs-, Beschwichtigungs- und Selbstbeschwichtigungsarbeit leisten. Das funktioniert, wie Milgram lehrt und wir alle von den Schreibtischtätern dieser Welt wissen, schon dann sehr gut, wenn es nur um die Arbeitsteilung zwischen Entscheidung und Ausführung geht. Es funktioniert aber auch auf folgende, viel unauffälligere Weise:

Einer muss den ganzen Tag lang Putern ihren Samen abzapfen, der zur künstlichen Befruchtung gebraucht wird. *Eine Zweite* muss männliche Küken aussortieren, die bei der Legehennenzüchtung nicht gebraucht werden, und sie in den „Hähnchenmuser" werfen, wo sie zu Düngemittel vermahlen werden. *Ein Dritter* muss dem Kunden das Produkt aufdrängen, das der nicht braucht. *Eine Vierte* den Auftraggeber schmieren. *Ein Fünfter* dem Filialleiter VIP-Karten fürs nächste Länderspiel andienen, wenn der das Firmen-Bier im Supermarkt prominent platziert. *Eine Sechste* den Mann der richtigen Partei in den Rundfunkrat wählen. *Ein Siebter* über austretende Radioaktivität schweigen. *Eine Achte* das bestellte Gutachten liefern. *Ein Neunter* in Sachen redaktioneller Unabhängigkeit „Fünfe gerade sein lassen". *Eine Zehnte* die krummen Wege der Parteienfinanzierung gehen. *Ein Elfter* die Fischfang-Quoten überschreiten. *Eine Zwölfte* die Auslastung des Krankenhauses durch geeignete Maßnahmen „optimieren". Aber der Erste muss nicht auch noch das Register von Nr. 2 bis Nr. 12 bewältigen (und in Wirklichkeit ist dieses Register ja unbegrenzt), und er tut, was er tun muss, nicht nur im Dienste, sondern auch im Schutze von Organisationen, hinter ihren buchstäblichen oder metaphorischen Mauern. Mäntel des Vergessens bedecken sodann wohltuend diese *deep and bloody grounds*. Wo aber der Mantel nicht hin reicht, da müssen geeignete – moralverdrängende, legitimationsstiftende – Wirklichkeitskonstruktionen her, die ihrerseits arbeitsteilig erstellt werden (und untereinander durchaus Widersprüche aufweisen dürfen). Der Sachbearbeiter lebt vielleicht in und mit einer „Dokumentenwirklichkeit" und entscheidet nach Aktenlage, während die Leute „vor Ort" mit einer ganz anderen Wirklichkeit konfrontiert sind (Zimmerman 1969a, b, 1971). Wenn man nun, nur halbwegs zynisch, die psychischen Kosten dieser moralischen Verdrängungsleistungen als Fixkosten auffasst, derart, dass sie nur ein Mal anfallen, unabhängig davon, wie oft die Leistung erbracht werden muss, dann sieht man sofort, dass moralische Arbeitsteilung zu einer enorm gesteigerten Effizienz in der Nutzung der je individuellen Moralverletzungskapazität führt. Man könnte von *economies of scale* der Sündenproduktion sprechen, von Fixkostendegression *via* Massen- oder doch Serienproduktion. Man kann aus einer pro Kopf als konstant angenommenen Kapazität ein erhebliches Mehr an Sünden pressen.

Auch wird man mit progressiv steigender Abgebrühtheit, Legitimations-Raffinesse und Exkulpations-Sophistik rechnen dürfen. Das ist in der ökonomischen Theorie als Lerneffekt geläufig – als Erfahrungskurve und Spezialisierungsvorteil. Schlussfolgerung: Die Annahme einer pro Kopf konstanten Sünden-Kapazität ist überaus konservativ. In Wirklichkeit dürfen wir damit rechnen, dass diese Kapazität durch moralische Arbeitsteilung beträchtlich gesteigert wird.

Das hängt auch damit zusammen, dass (2.) moralische Arbeitsteilung umdefiniert, was als Sünde *gilt*. In den uns hier interessierenden Fällen heißt das: Sie senkt die moralischen Hemmschwellen[5], und das bedeutet, sie macht aus schlimmen lässliche – nunmehr als lässlich geltende – Sünden, von denen bei gleichbleibender Gut- oder Bösartigkeit mehr verarbeitet werden können. Das geschieht nach dem Muster: „Wenn alle es tun, muss es okay sein/kann es so schlimm nicht sein." Wirksamer noch ist der Modus sachlich-fachlicher Notwendigkeit – „Das muß so gemacht werden" –, und am wirksamsten der *Modus der Selbstverständlichkeit*, in den eigentlich Fragwürdiges *via* Organisation gerät: „So machen wir das hier ganz einfach."[6] Die Wahrheit zu suspendieren, ist in Werbeagenturen, Landminen zu produzieren, ist in Rüstungsunternehmen, nach Aktenlage zu entscheiden (und einem Schwerbehinderten den beantragten höhenverstellbaren Sessel mit der Begründung zu verweigern, dabei handele es sich nicht um ein Hilfsmittel, sondern um einen – nicht erstattungsfähigen – Gebrauchsgegenstand), ist in Behörden, manipulative Rhetorik einzusetzen ist im Vertrieb selbstverständlich, d. h., einer Frage weder zugänglich noch bedürftig. Dass (3.) auch die erforderliche Selbstbeschwichtigung angesichts womöglich doch auftretender kognitiv-moralischer Dissonanz – *vulgo*: Skrupel –, (4.) die Anfertigung und gegenseitige Bestätigung entlastender Alltagstheorien und Legitimationsketten und schließlich (5.) die wechselseitige mimetische Vergewisserung der Richtigkeit oder doch Akzeptabilität des eigenen Tuns arbeitsteilig erfolgt, steigert noch einmal erheblich die Kapazitäten zur Verarbeitung und Zerstreuung moralischer Bedenken.

Das fällt um so leichter, als der eigene Beitrag relativ zum Gesamtsündenprodukt durch moralische Arbeitsteilung und systemische Zwänge (6.) insignifikant und daher „vernachlässigbar" gering wird – jeder wird ja zum winzig kleinen Rädchen in einer riesig großen Maschinerie und kann sich mit der Insignifikanz seiner winzig kleinen Sünde und damit beruhigen, dass die eigene Wohltat ohnmächtig bliebe, solange nicht viele andere mitmachen, und (7.), dass die Effekte des eigenen Beitrags außer Sicht geraten. Für beides sorgen a) die räumliche und zeitliche Länge von Handlungsketten, b) die sachliche Entfernung und c) die physische, datentechnische, informationelle, personelle Abschottung ihrer

Glieder, d) die soziale Distanz der handelnden Personen, e) die Komplexität und „causal ambiguity" sozialer und technischer Systeme, soll heißen, die Undurchsichtigkeit von Ursache-Wirkungs-Zusammenhängen mit der Folge verschwindender Zurechnungsmöglichkeiten, besonders angesichts f) einer erheblichen „uncertainty of the past". Zygmunt Bauman (1992) hat, angesichts des Holocaust, besonders auf die geistige und praktische Distanz der Handelnden zum Resultat ihres Handelns aufmerksam gemacht, die durch funktionale Spezialisierung geschaffen wird: Befehle werden erteilt ohne genaue Kenntnis oder gar eigenes Erleben der Auswirkungen. Sie werden zerlegt in hochspezialisierte Teilaufgaben, die für sich genommen keinen Sinngehalt zeigen. „Welcher Arbeiter, der Napalm herstellt, fühlt sich wegen der verbrannten Kinder schuldig?" fragen Kren und Rapaport (1980, S. 141). Die Objekte und Resultate bürokratischer Prozesse werden auf quantitative Größen, Menschen auf Nummern, „Fälle", Fallzahlen, Funktionsträger reduziert. Auch das rückt sie aus dem Blick. „Soziale Erzeugung moralischer Unsichtbarkeit" hat Bauman (1992, S. 38 ff., S. 113 ff.) das genannt – Unsichtbarkeit auch der Opfer.

Nicht zuletzt, (8.), ist zu nennen: die von Luhmann herausgearbeitete Blindheit der gesellschaftlichen Teilsysteme – Wirtschaft, Recht, Politik, Wissenschaft etc. – füreinander und für den gesellschaftlichen Zusammenhang. Die Wirtschaft ist blind für das Recht, die Politik blind für die Wahrheit, und so fort[7]. Diese selektive Blindheit wird von den Organisationen, die arbeitsteilig zugehörige Teilfunktionen erfüllen, wirtschaftliche, politische etc., reproduziert und verstärkt und zu einer dominanten Fixierung auf ganz spezifische Organisationszwecke zugespitzt – Zwecke, die die Mittel heiligen.

Ferner, (9.), wirkt es entlastend, dass die Einzelnen nicht nur auf die je anderen verweisen können, sondern, und in zunehmendem Maße, auch auf die Organisation und auf durch sie geregelte Zuständigkeiten („Verantwortlichkeiten"). „Das ist Sache der Firma." Auch das ist ein zweischneidiges Schwert. Es ist tausend Mal berechtigt, aber das eine Mal faule Ausrede. „Ich bin nicht zuständig" wird in Organisationen zum Synonym für „Ich bin nicht verantwortlich".

Schließlich, (10.), ist es ein wichtiger, wiederum zutiefst ambivalenter Aspekt moralischer Arbeitsteilung, dass eine Verschiedenheit und sogar Widersprüchlichkeit einzelner Normen oder auch ganzer Normenkulturen buchstäblich arbeitsteilig abgearbeitet werden kann. In der Verkaufsabteilung herrscht vielleicht Höflichkeit und Kulanz, im Inkasso-Büro rabiate Strenge – einschließlich zugehöriger (In-)Sensibilitäten, ganz im Sinne der Wiesenthalschen (1990) *multiple self*-Identität von Organisationen. Die Personalentwickler kümmern sich um die *Entwicklung* des Personals, die Rationalisierungsfachleute um seine *Erübrigung*. In der F&E-Abteilung *erforscht* man, im Vertrieb *verniedlicht* man die Nebenwirkungen – oder wälzt sie ab. Das kann, und darauf legt Geser (1990, S. 413) den Akzent, sauber definierte und gut, weil arbeitsteilig zu gewährleistende Verantwortlichkeiten bedeuten. Es kann aber auch einer organisationalen Scheinheiligkeit Vorschub leisten, die eben wegen solcher Arbeitsteiligkeit weder den individuellen Tätern noch den Opfern als solche auffällig wird.

Eines der Argumente Gesers war es, dass sich Organisationen viel besser als Individuen mit den für verantwortungsethisches Handeln erforderlichen Qualifikationen selbst ausstatten können. Wohl wahr, aber sie können sich (11.) auch mit den für verantwortungs*loses* Handeln erforderlichen Qualifikationen besser ausstatten. Mehr noch, sie können „moralisch Qualifizierte" an sensible Stellen in der Organisation platzieren und Abgebrühtere

– „Männer für's Grobe", in Parteien etwa Schatzmeister – oder „Regimetreuere" dorthin, wo *sie* gebraucht werden. Aus der empirischen Forschung gibt es Hinweise, dass Stellen im Bereich „Corporate Affairs" eines großen deutschen Einzelhandelskonzerns „möglicherweise nicht zufällig mit stark religiös oder anderweitig verpflichteten Personen besetzt sind" (Stephan Manning, schriftliche Mitteilung). Auch das ist moralische Arbeitsteilung, Spezialisierung in Sachen Verantwortlichkeit, daher auch in Sachen Unverantwortlichkeit, einschließlich der üblichen Spezialisierungsvorteile. Zu einer gewissen Vollendung wird sie (12.) gebracht durch die, mit Anders (1980, S. 30) zu sprechen, „Arbeitsteilung zwischen ‚tun' und ‚sich schämen': die Einen tun die Tat, und die Anderen schämen sich dieser".

Das einschlägige Arsenal der Organisationen enthält noch viele andere Weisen der Moralverdrängung, die aber, wie man leicht sieht, durch Arbeitsteilung ermöglicht oder begünstigt werden. Ich nenne hier nur noch, ohne näher darauf eingehen zu können (dazu ausführlich Ortmann 2010):

- institutionelles Vergessen *sensu* Mary Douglas (1991):
  Welche Taten und Untaten, Institutionen und Regeln, Werte und Normen erinnert und welche vergessen werden, wird durch eine organisationale, oft: organisierte Selektivität gesteuert; *institutionelles* Vergessen, von Douglas (1991, S. 126) unter anderem am Beispiel vergessener Abweichler und Vorläufer im Wissenschaftsbetrieb und seiner institutionellen (Erinnerungs-)Steuerung via Mittel- und Preisvergabe, Karrieresysteme und Vergabe von Entdeckernamen für Entdeckungen erläutert, meint im organisationalen Zusammenhang: die Tilgung oder doch weitgehende Exkommunikation der Erinnerung, z. B., an das wirkliche, oft zufällige Geschehen bei der Entstehung oder Gründung einer Unternehmung, das unter einem Gründungsmythos begraben wird; an den wirklichen Verlauf eines Reorganisationsprojekts, der durch eine rationalisierende Legendenbildung überdeckt wird; und nun also auch, genereller: an moralische Aspekte des Handelns einer Organisation und organisationale „Leichen im Keller", z. B. an die Beschäftigung von Zwangsarbeitern im Zweiten Weltkrieg;
- Diffusion von Verantwortung im Dickicht von Arbeitsteilung, Systemkomplexitäten, Hierarchien und der Vielzahl möglicher Verantwortlicher;
- Schottenbildung:
  Man denke an das Schott namens Call-Center, von dem oft kein Tropfen Verantwortungszurechnung in die eigentlich zuständigen Etagen dringt, oder an Kommunikationssperren zwischen Hierarchieebenen oder auch, horizontal, zwischen Abteilungen und Fachbereichen, basierend auf formal geregelten Kommunikations- und Dienstwegen oder auch auf informellen, etwa mikropolitisch motivierten Kommunikationsverweigerungen;
- (Organisations-)Zwecke als Scheuklappenprinzip à la Luhmann (1973), respektive Adiaphorisierung *sensu* Zygmunt Bauman (1992):
  Zwecksetzung ist für Luhmann (1973, S. 46 f.) „eine Vergewaltigung von Werten, ein Scheuklappenprinzip", und dass, s. u. (5.4), der Zweck das Mittel heiligt, das „ist seine Funktion" (ebd., 46); ganz ähnlich, aber anders als bei Luhmann kritisch gewendet, Baumans zunächst auf Konzentrationslager gemünzter Neologismus „Adiaphorisierung",[8] d. h. moralische Neutralisierung, genauer: Ersetzung einer umfassenden durch eine Funktionsmoral;

- Sündenbockmechanismen (Girard 1992):
  Sie stehen Organisationen in ganz anderem Umfang zu Gebote als individuellen Akteuren; Sündenbock wird, wie schon der Kulturanthropologe Girard herausgearbeitet hat, derjenige, der in performativer Rede dazu gemacht wird, und die mit der Macht der Organisation verbindlich gemachten performativen Sprechakte[9] erzielen eine besonders starke Wirkung; der wichtigste Fall: Exkulpation der Organisation durch Verweis auf „rogue employees" und „menschliches Versagen" (s. dazu Perrow 1987);
- schließlich, dies alles in eine großflächige Formel bringend, die „organisierte Unverantwortlichkeit" *sensu* Ulrich Beck (1988):
  Mit diesem Begriff hilft Beck einem Mangel der landläufigen soziologischen Diagnose ab, die ja „Dispersion der Moral" lautet. Dass Unverantwortlichkeit organisiert ist, heißt: Sie folgt bei aller Dispersion und gerade *in* ihrer Dispersion einer organisationalen Logik und Selektivtiät, die ich hier (und näherhin in Ortmann 2010, S. 87 ff.), darin über Beck hinausgehend, bis in die organisationsinternen Verästelungen und Mechanismen verfolge.

In diesem Abschnitt ging es um (arbeitsteilige) Verdrängung einer *gegebenen* Moral. Nun soll der mindestens ebenso wichtige Fall betrachtet werden, dass Organisationen an der *Schaffung* moralischer (oder Legitimations-) Ordnungen großen Anteil haben.

5 Legitimationsfabrikation

5.1 Organisationen generieren passende Berechtigungen

Organisationen sind Sinngeneratoren. „Sensemaking *in* organizations" (Weick 1995) und, wie über Weick hinausgehend zu sagen ist, *durch* Organisationen hat statt im Wege organisierter Interpretation. Routinen, Deutungsschemata, Regeln und Ressourcen, Zwecke, Interessen und Systemimperative restringieren und ermöglichen Wahrnehmungs-, Verstehens- und Verständigungsaktivitäten, einschließlich des Setzens von Sinn via performativer Sprechakte à la Austin (1965) und Searle (1997). Besonders an der gesellschaftlichen Legitimationsproduktion haben sie einen großen Anteil, teils ihr unterworfen (Meyer und Rowan 1977), teils sie ihren Erfordernissen unterwerfend. Nachdem in Teil 4 die Moral*verdrängung* Thema war, geht es jetzt, in Teil 5 und 6, um den aktiven Part von Organisation(en) bei der Herstellung *solcher* moralischer Normen, solcher Legitimationen, womöglich: solcher Moralsysteme, die ihren Zwecken und Funktionserfordernissen förderlich sind oder zumindest nicht im Wege stehen. Wie man sofort sehen wird, geht es da in erster Linie um Legitimation im Sinne faktischer Geltung, nicht im Sinne stichhaltiger Begründung. Es geht um faktische, nicht um gerechtfertigte Normen.

Startpunkt für das Folgende ist das Argument, dass Organisationen nicht etwa ohne Rechtfertigung auskommen können, auch nicht, wie es auf den ersten Blick scheinen mag, ohne Rekurs auf moralische Normen.

5.2 Organisationen bedürfen der Legitimation

Spätestens seit Max Weber ist geklärt: Jede Herrschaft erhebt Legitimitätsansprüche und sucht Legitimitätsglauben. Ein unternehmungstheoretisches Beispiel liefert jene Loyalität *sensu* Hirschman (1970; dazu auch Löhr 1991, S. 374 ff.), die in Unternehmen allzu schnelle Abwanderung verhindert und die *voice*-Option stärkt. Herrschaft durch Organisation ist für Weber idealtypisch jene rationale, legale Form der Herrschaft, die ihre Legitimation aus dem Glauben an die Geltung vereinbarter oder legitimerweise oktroyierter Satzungen bezieht.

Diese Bestimmungen zeugen von einer bewunderungswürdigen Umsicht. Gerade deshalb und weil sie bei Weber wie in Fels gehauen wirken, verleiten sie dazu, den Prozesscharakter von Legitimation zu unterschätzen – das Ausmaß, in dem Organisationen für Legitimationsglauben und seine Stabilisierung immer wieder neu Sorge tragen müssen. Legitime Geltung, lehrt Weber (1972, S. 19), kann einer Ordnung von den Handelnden kraft positiver Satzung zugeschrieben werden, an deren Legalität geglaubt wird. Auch darin scheint nicht recht auf, dass Organisationen sich tagtäglich legitimieren müssen und es nur können, indem sie (nicht nur auf die Legalität ihrer Satzung verweisen, sondern auch) immer wieder den Nachweis erbringen oder erfolgreich fingieren, den an sie gerichteten gesellschaftlichen Erwartungen einigermaßen zu entsprechen, und das sind allemal Erwartungen *zweckmäßiger Funktionserfüllung*, aber auch der Einhaltung moralischer Mindeststandards (Erwartungen, die historisch und kulturell stark variieren und im letzten Vierteljahrhundert erheblich zugenommen haben). Zweckrationalität, mit den zwei Elementen: gesellschaftlich anerkannte Zwecke und effizienter Mitteleinsatz, ist das unabweisbare Legitimationserfordernis einer jeden Organisation. Das Prinzip der Zweckrationalität aber, der Wirtschaftlichkeit, weit davon, wertfrei zu sein, ist vielmehr ein Prinzip, das Effizienz als Wert zur Herrschaft bringt (mehr dazu s. u., Abschn. 6). Es postuliert, die Welt in Out- und Input zu zerlegen und beide überwiegend in quantitativen, schließlich in Geldgrößen zu messen (und somit andere Wertaspekte, zumal moralische, zu verdrängen). Natürlich sieht das auch Weber, und auch, dass damit Interessenlagen massiv ins Spiel kommen und Kämpfe, und seien es friedliche Kämpfe, um jene Ordnungen ausgefochten werden (ebd., S. 17, 20 f.). Wie prekär der an Organisationen gerichtete Legitimitätsglaube heutzutage geworden ist und wie sehr er nicht nur von der Bedienung von Interessen, sondern auch von der Erfüllung ethischer Anforderungen abhängig gemacht zu werden pflegt (dazu ebd., 18 f.), das hat Weber aber noch kaum absehen können. Es ist erst von der neoinstitutionalistischen Organisationssoziologie (von Meyer und Rowan 1977 bis Brunsson 1989) eigens thematisiert worden. Schulen, Universitäten, Krankenhäuser, Streitkräfte, Unternehmen, Parteien, Pflegeeinrichtungen, so manche Behörde – alle werden sie heute tagtäglich mit Forderungen nach Legitimitätsnachweisen bombardiert.

Bei Fehlanzeigen droht nicht gleich, wie bei Weber, die Fügsamkeit gegenüber der respektiven Ordnung zu erodieren, wohl aber die Unterstützung der Organisation mit Ressourcen aus der Umwelt zu versiegen (Pfeffer und Salancik 1978). Daher werden einschlägige Nachweise eifrig signalisiert und zur Not fingiert (dazu unten, 5.3). Dass aber Signalisierungsaufwand Organisationen in die Paradoxie verstrickt, gerade wegen dieses Aufwandes unglaubwürdig zu werden, nötigt sie in einem gewissen Maße zu *credible commitments* (Williamson 1983; Hart 1995), weil es *nur* mit fingierten/fingierenden Signalen nicht getan ist. Es nötigt sie schon insoweit ggf. zu einem Minimum an Moralität.

Organisationen müssen sich indes nicht nur an der Elle der Zweckmäßigkeit – auch das ist, wie gesagt, ein Wert, Resultat scheinbar selbstverständlicher, implizit moralischer Bewertung! – messen lassen, sondern auch, in Grenzen, an weiteren moralischen Maßstäben. Dafür aber sind sie *qua* Organisation nicht sehr gut gerüstet. Es bringt sie mit einer gewissen Folgerichtigkeit in Probleme. Sie müssen solche Maßstäbe in ein Organisationsvokabular (dazu z. B. Weick 1995, S. 106 ff.) und in organisationale Regelwerke übersetzen und Ressourcen dafür bereitstellen. Sie müssen sich nicht für alles, wohl aber für jenes menschliche Handeln zur Rechenschaft ziehen lassen, das ihrem Regel- und Ressourcen-Set und/oder ihrer Kultur zugerechnet werden kann oder zugerechnet wird – mindestens für das *rule following* ihrer Mitglieder und *dessen* Folgen. Deren Handeln transzendiert allerdings notwendigerweise bloße Regelbefolgung. Dann ist es Organisationen nur bedingt zuzurechnen – nur insoweit, als die Abweichung von der Organisation stillschweigend geduldet, unzulänglich kontrolliert oder gar gefördert wird.

Gewiß begegnen Organisationen ihren Legitimationserfordernissen gern durch Produktion geeigneter Alltagstheorien, auch durch Scheinheiligkeit und die Errichtung von Legitimationsfassaden. Darüber soll man nicht übersehen, erstens, dass auch darin noch, *ex negativo,* ein Rest an Anerkennung der Geltung solcher Erfordernisse steckt – wozu sonst Scheinheiligkeit? –, und zweitens, dass Organisationen ihnen selbstverständlich nicht nur scheinheilig, sondern in erheblichem Maße auch ernstlich Rechnung tragen.

5.3 Legitimation durch Alltagstheorien; Legitimationsfassaden; Heuchelei; Bigotterie

Organisationen müssen also, um die erforderliche Unterstützung mit Ressourcen aller Art aus der Umwelt zu bekommen, ihre Legitimation nachweisen, und da Organisationen das – anders als andere soziale Systeme – in erster Linie durch Zweckmäßigkeitsnachweise tun müssen, sie dazu aber den institutionell verankerten Mythen der Zweckrationalität eben dieser Umwelt gerecht werden müssen, folgt, paradox und doch zwingend: Sie müssen tun oder zu tun vorgeben, was dort für rational gehalten wird, tatsächliche Effizienz hin oder her. Sie müssen den institutionalisierten Anforderungen der Gesellschaft Genüge tun und Verfahren – Regeln – sowie Ressourcen anwenden, zumindest zum Schein einsetzen, dann also anwenden-und-unterlaufen, deren Einsatz von ihnen erwartet wird. Sie müssen ihre Modernität mittels Computertechnik, ihre Kreditwürdigkeit mittels ordnungsgemäßer Bilanzen, ihre Solidität mittels vorschriftsmäßigen Rechnungswesens und ggf. mittels gesetzlich vorgeschriebener Testate vereidigter Wirtschaftsprüfer zeigen – im Sinne von „demonstrieren", nicht: „wirklich nachweisen", zur Not im Sinne von „so tun als ob" und „mit den Wölfen heulen", im Sinne von: „vorschützen". Das ist die große Botschaft der neo-institutionalistischen Organisationssoziologie von Meyer und Rowan (1977) bis Brunsson (1989). Aber auch die neue Institutionenökonomik mit ihrer Aufmerksamkeit für das *signalling* und für Signal- oder Indikatorrennen (Franck und Müller 2000; Gaitanides 2004) trägt dazu wichtige Einsichten bei.

Organisationen haben nun bei weitem stärkere, drängendere Gründe *und* ganz andere Möglichkeiten, „passende" Legitimationen und legitimierende Alltagstheorien (Hall und Hewitt 1970; Hewitt und Hall 1973) zu erzeugen *und durchzusetzen*. Dafür nämlich braucht es eine Gruppe von Akteuren, die ihre Position in einem größeren institutionellen Rahmen dazu nutzen, eine dominante Koalition zu schmieden, ein „innerbetriebliches" Politiknetzwerk,

- das definieren kann, was in bestimmten Situationen und/oder angesichts bestimmter Probleme „das Richtige" oder „das Gute" ist,

- das dieses „Richtige" in *standard operating procedures* der Schlüsselsegmente des relevanten Handlungssystems übersetzen und diese Verfahren etablieren und
- zum Bestandteil der Weltsicht derer machen kann, die für das Management des Systems zuständig sind (Hall 1993).

So setzen sich Ideen, Konzepte, Metaphern, Alltagstheorien, Ideologien und zugehörige Praktiken durch, Praktiken, die auf diesem Wege mit Legitimation ausgestattet werden, und es ist offensichtlich, dass Organisationen in diesem Interpretations-, Definitions- und Legitimationsspiel die wichtigsten Spielfelder eröffnen und oft genug auch die mächtigsten Spieler sind.

Wo Rationalität zum bloßen Schein zu verkommen droht, da riecht es nach Scheinheiligkeit. Jenes So-tun-als-ob, jenes Vorschützen von Vorwänden, das Erfinden von Ideologien zur Rechtfertigung des eigenen Handelns, die „perverse" Instrumentalisierung von Plänen zur retrograden Sinnstiftung: dies alles, sofern es nur mit klarem Bewusstsein in den Dienst der Legitimationsbeschaffung gestellt wird, versieht Organisationen mit dem Schein der Heiligkeit, und so ist es auch genannt und gar postuliert worden – in dem erwähnten Buch von Nils Brunsson, dessen Titel das Kind schon beim Namen nennt: „The Organization of Hypocrisy" (1989).

Bigotterie ist bekanntlich nicht einfach Heuchelei. Bigotterie ist Heuchelei unter Vortäuschung besonders hoher, heiliger Motive: Frömmelei, Scheinheiligkeit. Wer einfach nur Erstaunen, Bewunderung, Aufmerksamkeit heuchelt, gilt als vergleichsweise harmlos gegenüber jedem Zeitgenossen, der Empörung heuchelt im Namen hoher, gar heiliger Werte. Bigotterie ist das Heucheln *von Tugend*. Sie kommt ohne die Inanspruchnahme einer hohen, einer strengen Moral nicht aus, gegen die sie zugleich verstößt. Bigotterie ist, neu-Frankfurterisch gesprochen, ein performativer Selbstwiderspruch.

Sie ist weit mehr als Heuchelei ein *Konstrukt* der Zurechnung durch *andere*: Niemand erlebt oder erklärt sich selbst für bigott, und wenn er es täte, hätte er seltsamer-, ja: paradoxerweise seiner Bigotterie eben dadurch ein Ende bereitet! Bigotterie ist eine Beobachterkategorie, und sie entpuppt sich als *rekursiver Verweisungszusammenhang*: als regelmäßiges Verfahren der missbilligenden Verweisung auf die Moraldefizite der je anderen, die ihrerseits – Rekursivität – auf diese Fingerzeiger zurückverweisen.

Wenn wir besonders dies letztere nun auf Organisationen beziehen, zeigt sich sofort: Dort können sich zirkuläre Interaktionsstrukturen nach jenem Muster u. U. besonders fest etablieren: „Ich muss mich auf diese organisationale Norm beziehen, weil und in dem Maße, wie die anderen es tun (und muss dazu, wie die anderen, notfalls heucheln)." Denn *erstens* gibt es dort ein Set *organisationaler* Normen, angesichts dessen ein solcher legitimatorischer Rekurs besonders dringend geboten ist, innerhalb der Organisation positiv sanktioniert zu werden pflegt und strategische Vorteile bietet. *Zweitens* sitzen die Leute dort sozusagen so dicht aufeinander (sei es in eher kompetitiven, sei es in eher kooperativen Beziehungen), dass jene zirkuläre Figur der Rekursivität genügend Stoff, genügend Interaktionsfutter bekommt, genügend Anlässe zur Wiederholung und zum Einschleifen dieser *recursive loops* sozialer Praxis. Auch Kooperation und Vertrauen – oder eben Konkurrenz und Misstrauen – pflegen in Organisationen rekursiv konstituiert und stabilisiert zu werden und sind *insoweit* organisational und nicht durch die besondere Psyche der beteiligten Akteure induziert (Ortmann 1995, S. 291 ff.). Und erst via Wiederholung, auf dem Wege des iterativen Durchlaufens immer neuer Spielrunden, befestigen sich solche

Verhaltens- und Beziehungsmuster in Organisationen. Auch Bigotterie, von der wir gesehen haben, dass sie überhaupt nur a) durch die interpretative Zurechnung anderer und b) durch rekursive Konstitution der Scheinheiligkeit des einen durch die des anderen in die Welt kommt und sich dort ausbreitet, auch und gerade sie eignet sich ihres rekursiven inneren Baus wegen gut für die rekursive Stabilisierung in Organisationen. *Drittens* aber und v. a. pflegt es in Organisationen um viel zu gehen: um die strukturellen Restriktionen und Möglichkeiten unseres Handelns, um jene Regeln und beträchtlichen Ressourcen, die maßgeblich sind für unsere Arbeits- und Ausdrucksmöglichkeiten und Lebensbedingungen. Viel steht auf dem Spiel, und nun kann das so formuliert werden: Auf dem Spiel steht die gewohnte rekursive Reproduktion der bisherigen Strukturen, nämlich Regeln, Ressourcenverteilungen und Gewinnchancen. Die aber war nicht neutral. Dass dann drohende Veränderungen in Organisationen heftige Kämpfe auslösen, die unter Einsatz des ganzen Arsenals an Scheinheiligkeit geführt werden, beobachten wir immer und immer wieder.

5.4 Organisationszwecke heiligen die Mittel

Der Zweck neutralisiert nicht nur, er heiligt sogar die Mittel. So ist es tatsächlich, sofern wir hier über faktische Geltung sprechen – ob wir es billigen oder nicht. In der sozialen Praxis der Menschen *haben* Zwecke diese Wirkung, und zwar auch und erst recht, und mit potenzierter „Heiligungs"wirkung, solche Zwecke, die in der Gesellschaft oder jedenfalls innerhalb einer gesellschaftlichen Gruppe als sakrosankt gelten. Das gilt auch und erst recht für Organisationszwecke, weil und insofern sie gesellschaftlich anerkannt, oft sogar hoch anerkannt und mit der ganzen Reputation der Organisation ausgestattet und sodann von einer Kultur des Erfolgs (Merton 1968, S. 186 ff.) getragen sind *und* ihrerseits maßgeblich definieren, was „Erfolg" in der Gesellschaft heißt, ganz besonders aber, weil sie der prominente Ort sind, wo individuelle Akteure Erfolge erzielen können. Organisationszwecke haben eine solche Wirkung, nicht zuletzt, weil sie i. d. R. bereits mit der Eintrittsentscheidung des Organisationsmitglieds akzeptiert werden und danach nur noch schwer in Frage gestellt werden können, und, noch allgemeiner, weil die Form der Organisation in der Moderne wohlinstitutionalisiert ist und den Zwecken von Organisationen daher ein Vorschuss in Gestalt einer Legitimitätsunterstellung eingeräumt wird, ein Kredit, der erst bei flagrantesten Pflichtwidrigkeiten des „Kreditnehmers" gekündigt wird. Das gilt auch für die – gesellschaftlich allerdings weniger unantastbaren – Produktions-, Wachstums- und Gewinnziele von Unternehmen, die ja im übrigen ihren Mitgliedern mit Zuckerbrot und Peitsche, mittels Regelwerken und auf den Wegen der Etablierung von Üblichkeiten oder Selbstverständlichkeiten aufgenötigt werden. Schiere Entrüstung über die „Heiligung" der Mittel bedeutet da theoretische Abrüstung, bedeutet, dass die Wahrheit jenes Satzes nicht wahr oder jedenfalls nicht ernst genommen wird. In dieser Gefahr ist Luhmann nicht, der sich mit den Waffen funktionalistischer Analyse gerüstet hat; der, nicht ohne stilles Vergnügen an der Provokation, trocken sagt: „Der Zweck *soll* das Mittel heiligen ... Das ist seine Funktion" (Luhmann 1973, S. 46; Hervorh. G.O.). Ihm können wir nicht beikommen, solange wir nicht diese Wahrheit anerkannt haben. *Dann* aber können wir einwenden: Das betrifft die *faktische* Geltung. Sich über den moralischen Gehalt jenes Satzes auszuschweigen, kann man kaum anders nennen als stillschweigende Billigung, und da scheiden sich die Geister.

5.5 Legitimation durch Verfahren

Nicht nur heiligt, faktisch, der Zweck die Mittel. Sondern es geht auch eine „Heiligung" der Organisationszwecke von den Mitteln aus, den Mitteln der Organisation, ihren Ressourcen und ihren Verfahren und Programmen. Im Gestrüpp der Regeln, unter dem Druck machtbewehrter Anweisungen, im Sog von Anreizen, unter der Drohung von Sanktionen, angesichts der Entlastung durch moralische Arbeitsteilung, im Glanz hochprofessioneller Prozeduren, in der Aura wissenschaftlich-technischer Verfahren, unter der Autorität organisationaler Tradition und Üblichkeiten, schließlich in der Monotonie der Routine werden die Organisationszwecke gebilligt, selbstverständlich und womöglich unantastbar. *Die Mittel heiligen die Zwecke* (und alle übrigen Wertaspekte des Handlungszusammenhanges), natürlich wiederum „nur" faktisch, nicht im Sinne ethischer Rechtfertigung, aber das ist ein „Nur", das wirklich in Anführungszeichen gesetzt zu werden verdient angesichts der gewaltigen faktischen moralischen Wirkmacht etablierter Verfahren. Wenn aber die Zwecke die Verfahren *und* die Verfahren die Zwecke heiligen, dann haben wir es mit einem Zirkel faktischer Legitimation zu tun, über dessen moralische Dignität damit zwar noch nichts gesagt ist. Noch die übelste Praxis aber betreibt auf dem Wege dieses Zirkels die Selbstausstattung mit Legitimation. Kann Niklas Luhmann das gemeint haben mit seiner Insistenz auf „Legitimation durch Verfahren"?

Nun, zunächst galt seine Analyse *rechtlich geordneten* Verfahren. *Sie*, das ist seine Pointe, sorgen für Legitimation, und zwar ihm zufolge nicht etwa dadurch, dass Kritiker im Laufe des Verfahrens *inhaltlich* hinzulernen und eine innere Bindung an die darin zur Geltung gebrachten Werte und Normen entwickeln, sondern dadurch, dass ihnen die Möglichkeit genommen wird, im Laufe des Verfahrens, v. a. aber danach, Resonanz für ihre Widerworte zu finden – die im Gerichtsprozess, bei der Wahl, im Gesetzgebungsverfahren oder bei Entscheidungsprozessen der Verwaltung Beteiligten, besonders die dabei Unterlegenen. Das ist, wie man sieht, eine extrem kühle, allzu kühle Art der Analyse. *Legitimationsbeschaffung* funktioniert *durch* soziale, kommunikative *Isolation von Widerspruch*, mit Hirschman müsste man sagen: nicht via *exit*, nicht via *voice*, sondern via kommunikativer Isolation der Stimme, die daher kein Gehör mehr finden kann. Luhmann, der ja Jurist war, haben besonders Gerichtsverfahren vor Augen gestanden. Das Problem ist, dass seine Analyse nicht das Diskriminierungsvermögen aufbringt, ja, ausdrücklich darauf verzichtet, das nötig wäre, um zwischen der Stimme eines Querulanten und, sagen wir, der eines verurteilten Republikflüchtigen in der DDR zu unterscheiden. Das macht die Analyse nicht falsch – tatsächlich zeugt sie gerade in ihrer funktionalistischen Kühle von großem Scharfsinn. Es ist ja ein Schlag ins Kontor juristischer Logik, die tatsächliche Funktion von Gerichtsprozessen nicht, jedenfalls nicht primär, als Wahrheitsfindung, als Erarbeitung richtiger – wohlbegründeter oder gar gerechter – Entscheidungen zu bestimmen, sondern als Herstellung von Verbindlichkeit trotz notwendigerweise verbleibender Zweifel. Eben *weil*, inhaltlich gesehen, Kontingenz und Kritik verbleiben, Begründungs- und Überzeugungsdefizite, abweichende Meinungen, und daher Einreden, Widerspruch und Drastischeres wie Protest, Auflehnung, Revolte, Rache drohen, ist es, funktional gesehen, so nötig, Verbindlichkeit herzustellen. Der funktional erforderliche Lernprozess der Beteiligten bezieht sich also für Luhmann (1997a, S. 32 f.) nicht auf die Inhalte der Werte, der Normen, gar der Moral, sondern terminiert in Akzeptanz. „Natürlich bedeutet dies nicht," so erläutert der umsichtige Theoretiker in einer Antwort an seine Kritiker, „dass Argumente faktisch folgenlos sind, belanglos sind, gleichsam nur als interaktionelles Zeremoniell um des Dabeiseins willen aufgeführt werden" (Luhmann 1997a, S. 5). Es brauche beides, argumentativ *und* via Verfahren institutionell gestützte Interaktion, und jedwede Interaktion bleibe auf Moralität angewiesen. Klar ist aber, und darin kann man ihm durchaus noch folgen, dass Luhmann Argumentation und Begründung für weit über- und verfahrenstechnische Akzeptanzabsicherung für weit unterschätzt hält. „Die Interaktionsform des Verfahrens hat", sagt er zunächst noch recht vorsichtig, *„nicht nur* die Funktion, brauchbare Entscheidungsgesichtspunkte herauszufiltern; sie dient auch ganz unmittelbar der Konfliktdämpfung, der Schwächung und Zermürbung der Beteiligten" *et cetera* (ebd., 4; Hervorh. G.O.). Unübersehbar aber ist seine Geringschätzung der ersteren und sein ganz einäugiges Interesse, um nicht zu sagen: Wohlwollen, für die letztere Funktion. Allzu kühl nenne ich diese Analyse, weil die Einsicht in die Notwendigkeit eines Zusammenspiels beider (ebd., S. 5) im Weiteren fast ohne Rest verloren geht, Lippenbekenntnis bleibt, und weil nun aber eine inhaltlich *restlos* entleerte Verbindlichkeit/Akzeptanz den Begriff der Legitimität und den der Legitimation im selben Maße entleeren müsste. Legitimation fiele dann mit erfolgreicher sozialer Isolation aller Illegitimitätsbehauptungen *in eins*. Ganz so weit will Luhmann denn doch nicht gehen. An einer Stelle (ebd., S. 28) schränkt er ein, es gehe bei Legitimität um Hinnahme inhaltlich noch unbestimmter Entscheidungen nur *„innerhalb gewisser Toleranzgrenzen"* (Hervorh. i. Orig.) – über die er dann allerdings kein weiteres Wort mehr verliert. Vielleicht, weil an diesem Rand seiner Aufmerksamkeit nun doch inhaltliche Gründe auftauchen müssten? Gesichtspunkte wie Wahrheit, Gerechtigkeit oder auch nur Billigkeit? Mein Punkt ist, dass solche Gesichtspunkte im Sozialen, in der Praxis der Akteure, nicht nur „nicht belanglos" sind, wie Luhmann ja verbal konzediert.

Wenn man sich aber eisern auf Legitimation im Sinne faktischer Geltung beschränkt, auf die schiere Faktizität eines Als-legitim-Geltens, auf die empirische Tat-Sache, dass in der Moderne Verfahren – weitgehend – zum funktionalen Äquivalent für Moral geraten sind, ja, zur Erübrigung des eigenen moralischen Urteils: *dann* ist ja Luhmanns Formel von der Legitimation durch Verfahren überhaupt nicht zu bestreiten. Dann muss man sie allerdings auch, was Luhmann in seinem berühmten Buch merkwürdigerweise vermeidet, auf Verwaltungsverfahren, und, allgemeiner, auf organisationale Verfahren ausdehnen, darin sozusagen katholischer als der Papst der Systemtheorie. Verfahren *haben* diese Funktion, und das dient, wenn auch nur auf borniert Weise, der Rationalität und Leistungsfähigkeit des Systems. *Das* ist die eigentliche Quelle dieser Sorte Legitimation.

Es ist *die* Quelle der Legitimation, die in und durch Organisation(en) am stärksten sprudelt. Man beachte Luhmanns Pointe: Verfahren sorgen für Legitimation dadurch, dass sie Verbindlichkeit trotz verbleibender Zweifel herstellen – weil sie andere Meinungen verstummen machen oder isolieren. So bleiben diese: unerhört.

6 Legitimation via Recht und Regulation; Moral und Wirtschaftlichkeitsprinzip

Eine Weise der Legitimationssicherung durch Organisationen, und nun zumal: durch Unternehmen, sei abschließend eigens angeführt, weil sie nicht die internen Verhältnisse in Organisationen, sondern ihre institutionelle Umwelt betrifft, ihren großen Einfluss auf

Recht und Politik, und weil das für eine Betriebswirtschaftslehre, die sich als wertfrei versteht, ein spezifisches Problem aufwirft.

Regulationen – und das sind: performativ wirksame, durch Recht und Politik förmlich etablierte Legitimationen – pflegen im Anschluss an die Public-Choice-Theorie Olsons (1965) aus den Aktivitäten von Interessengruppen erklärt zu werden, „die gezielt in den politischen Prozess investieren, um Veränderungen institutioneller Rahmenbedingungen herbeizuführen." (Wenger 1996, S. 426) Das nennt man *rent-seeking*, und es hat einen legitimatorischen, aber auch einen strikt ökonomischen Hautgout. In den Worten von Buchanan et al. (1980, S. iv): „it is meant to describe the resource-wasting activities of individuals in seeking transfers of wealth through the aegis of the state." Unternehmen können insoweit für jene Legitimationsordnung selbst sorgen, an der sie sich sodann messen lassen. Mein Punkt ist nun: Das (einzelwirtschaftliche) Wirtschaftlichkeitsprinzip bietet keine Gewähr für Wertfreiheit. Wenn auf die beschriebene Weise niedrige Sicherheitsstandards etwa für Tiefseebohrungen nach Öl, für Verkehrsflugzeuge oder die Lebensmittelproduktion durchgesetzt werden, dann erhöht das (nicht erst die Rentabilität, sondern schon) die – einzelwirtschaftliche! – Wirtschaftlichkeit der respektiven Produktionen. Als hinreichend sicher geltende Produkte und/oder Produktionsverfahren können dann zu niedrigeren Kosten realisiert werden. Daraus aber folgt: (Einzel-)Wirtschaftlichkeit als Auswahl- oder Identitätsprinzip der Betriebswirtschaftslehre und daher als *raison d'être* des Faches zu nehmen[10], schützt nicht vor Parteinahme. Es bewahrt das Fach nicht vor der unerwünschten Aufgabe, „eigentlich" auch für *solches rent-seeking* das übliche betriebswirtschaftliche Instrumentarium, also im Idealfall: Instrumente der Optimierung des *rent-seeking*, zur Verfügung stellen zu müssen. Dazu ist das Fach, verständlich genug, wegen der damit verbundenen Legitimationsprobleme nicht bereit – und meidet daher das Thema weitgehend[11]. Das indes kann kaum als akzeptabler Umgang damit gelten, einfach, weil es die strategische Einflussnahme auf Regulationen sowie auf Regulations- und Aufsichtsbehörden[12] und überhaupt auf Recht und Politik *gibt*; weil sie eine wichtige Aufgabe des strategischen Managements von Unternehmen ist; und weil sie von großer ökonomischer, politischer und gesellschaftlicher Relevanz ist. Ohne *normative* – und sei es auch nur „praktisch-normative, aber wertfreie" – Bindung an einzelwirtschaftliche Wirtschaftlichkeit *kann* das Fach hingegen, wie es von Seiten der *positiven* politischen Ökonomie vorgeführt wird, sagen und wissenschaftlich analysieren, was ist, nämlich, in den Worten von Sadowski und Kühne (2012, S. 281),

> daß Unternehmen nicht nur auf Märkten tätig sind, sondern in unvermeidlicher Kuppelproduktion (und manchmal auch in ausdrücklich intendierter Produktion, G.O.) politische Anerkennung oder Ablehnung ihres Tuns erzeugen und dass diese politische Kuppelproduktion für Gedeihen und Verderb der Unternehmen wesentlich werden kann.

Als *positive* Wissenschaft muss die Betriebswirtschaftslehre das Thema nicht meiden, weil sie sich als solche nicht mit den Bemühungen der Unternehmen um Legitimationsbeschaffung via Einfluss auf Recht und Politik gemein macht. Dann kann sie das berühmte Stigler-Diktum, Essenz seiner Theorie der Regulation, unterschreiben, ohne ihrerseits in Legitimationsnöte zu geraten:

Regulation is acquired by the industry and is designed and operated primarily for its benefits. (Stigler 1971, S. 3)

Wir haben es daher mit einer moralischen Arbeitsteilung auf Gesellschaftsebene zu tun, die dem Staat, dem Recht und der Politik die Verantwortung für eine Legitimationsordnung aufbürdet, an der jedoch „the industry" tätig mitgewirkt hat. Deren ökonomische Effekte sollte die Betriebswirtschaftslehre unbefangen analysieren können. Allerdings sieht man dann eines um so schärfer: Ethische Absolution im Namen der Wirtschaftlichkeit können die Produktionen und die politischen Kuppelproduktionen der Unternehmen nicht beanspruchen. Das ist der Punkt, an dem die positive Ökonomik an eine Grenze stößt und über sich selbst hinausweist.

Anmerkungen

1 S. zu diesen Konzepten ausführlich: Ortmann (2010); in den Abschn. II, IV und V greife ich auf Argumentationen und Formulierungen daraus zurück.
2 Disposition, nicht Determination. Zum einschlägigen Dispositionsbegriff s. Jansen (2004). Jansens Abgrenzung der Dispositionen von Determination, die er mit Blick auf individuelle Akteure vornimmt, gilt *mutatis mutandis* auch für korporative Akteure.
3 Da gibt es eine starke gedankliche Nähe zu Hobbes – und zu Nietzsche, den sich Freud allerdings Zeit seines Lebens eher vom Halse gehalten hat, und der aber in der „Genealogie der Moral" die Ideen der (Angst vor) Strafe als Ursprung des schlechten Gewissens, der Verinnerlichung (1988a, S. 321 ff.), der Sublimierung (ebd., 303) und auch den Gedanken vorweggenommen hat, dass das Gewissen eine Instanz der „Selbstmisshandlung" (ebd., 326), der „Selbstpeinigung" (ebd., S. 323) ist. Dabei hat auch Nietzsche die Moral zum Gift *und* zum Heilmittel erklärt (ebd., S. 253; s. auch S. 273, 332).

Diese Genealogie – bei beiden scheint Moral von Angst vor einer strafenden Instanz abzustammen, einer Instanz, die verinnerlicht wird – macht auf den ersten Blick den Eindruck eines Reduktionismus – der Erklärung der Moral allein aus dem Geist der Angst vor (äußerer und sodann innerer) Aggression. Gerade in *Das Unbehagen in der Kultur* aber betont Freud (1982, S. 258) auch „den Anteil der Liebe an der Entstehung des Gewissens". Damit ist der Zwieschlächtigkeit aller Moral von ihren genealogischen Anfängen an in der Form eines Ambivalenzkonflikts Rechnung getragen. (So heißt es in der durchaus spekulativen Passage über den Vatermord, begangen durch die Brüderhorde: „. . . Reue war das Ergebnis der uranfänglichen Gefühlsambivalenz gegen den Vater, die Söhne haßten ihn, aber sie liebten ihn auch; nachdem der Haß durch die Aggression befriedigt war kam in der Reue über die Tat[des Vatermordes, [G.O.] die Liebe zum Vorschein, richtete durch Identifizierung mit dem Vater das Über-Ich auf, gab ihm die Macht des Vaters wie zur Bestrafung für die gegen ihn verübte Tat der Aggression, schuf die Einschränkungen, die eine Wiederholung der Tat verhüten sollten." Ebd.). Damit entgeht Freud auch einer hier naheliegenden *petitio principii*, die ja darin liegen könnte, dass Reue über den Vatermord umstandslos angenommen und übersehen wird, dass Reue ein Gewissen, also eine Moralität schon voraussetzt. Das also sieht Freud genau – „Eine solche Reue kann uns also nie dazu verhelfen, den Ursprung des Gewissens und des Schuldgefühls überhaupt zu finden" – und gibt daher die eben zitierte Genealogie der Reue. Reue, Gewissen, Schuldgefühle und Moral als *von Anfang an ambivalent* zu verstehen. Wie viel subtiler und ergiebiger ist diese Analyse im Vergleich zu den frontalen Abweisungen, funktionalistischen Indienstnahmen oder noch so gut gemeinten Postulaten der Moral!

4 Steinmann und Löhr (1994, S. 27 ff.) unterscheiden folgende Gründe für unethisches Handeln in Unternehmungen: (1.) Systemzwänge („Jeder Wettbewerbswirtschaft ist ... qua Funktionsmechanismus die Gefahr der *Erosion von Moralstandards* inhärent." Ebd., 28; Hervorh. i. Orig. fett), (2.) organisationsbedingte Restriktionen und (3.) Orientierung, Bewusstseinslagen und typische Handlungsweisen von Managern. Da gibt es große Schnittmengen zum Folgenden, wie auch mit Waters, der schon 1978 die Relevanz der organisationalen gegenüber der individuellen Ebene betont und sieben „organizational blocks" für Einreden oder Widerstand gegen moralische Zumutungen unterschieden hatte: (1.) „strong role models", (2.) „strict line of control", (3.) „task group cohesiveness", (4.) „ambiguity about priorities", (5.) „separation of decisions", (6.) „division of work" und (7.) „protection from outside intervention". Vgl. ferner die Fallbeispiele bei Paine (1994), die der Unterscheidung von *compliance-* und integritätsbasierten Ethikprogrammen Geltung verschafft hat.

5 Im positiven Falle können diese Schwellen durch moralische Arbeitsteilung auch erhöht werden.

6 Zur weit unterschätzten Wirkmacht jenes „Universums der Selbstverständlichkeit", die Husserl Lebenswelt genannt hat, jetzt: Blumenberg (2011).

7 Allerdings nicht ganz so blind, wie sie es nach Luhmann sein müssten; s. dazu Martens (1995).

8 Vom griechischen *adiáphora*: Dinge, die in ethischer Hinsicht neutral sind.

9 Performative Sprechakte *sensu* Austin (1965) sind solche, die eine Wirklichkeit nicht beschreiben, sondern schaffen. Paradigmatische Beispiele: „Hiermit erkläre ich die Sitzung für eröffnet", „... Herrn X zum Abteilungsleiter", „... Frau Y und Herrn Z zu Mann und Frau". Sinn*setzung* meint dann: performativ wirksame Etablierung von Antworten auf die Frage „What does this mean"?. Mit Blick auf die Frage der Legitimation: Antworten auf die Frage: „Was ist – zählt als, gilt als – legitim?" Zum Beispiel: Was gilt als akzeptables und daher legitimerweise in Kauf zu nehmendes Risiko (etwa von Kraftwerken, Tiefseebohrungen nach Öl, Raumfahrten oder Lebensmittelproduktionen)? Performativ wirksame Antworten werden heutzutage von Organiastionen gegeben oder dominiert – ausgestattet mit deren Kommunikationsmacht (dazu ausführlich Ortmann 2011).

10 Vgl. für viele: Bea et al. (2004, S. 54 ff.).

11 So auch Picot (2006, V) und Picot und Landgrebe (2009, S. 128), die selbst, besonders mit ihren Arbeiten zur Regulation der Telekommunikationsmärkte, Ernst gemacht haben mit der hier postulierten Forschung.

12 Dass Regulations- und Aufsichtsbehörden oft „industry-minded" agieren, hat die *capture theory* (schon früh: Bernstein 1955; Quirk 1981) dargetan. Zusammenfassend zur *rent-seeking theory*, *capture theory* und zum Verhältnis von strategischem Management, Recht und Politik: Ortmann und Zimmer (1998).

Literatur

Albach H (2005) Betriebswirtschaftslehre ohne Unternehmensethik. ZfB 75:808–831
Albach H (2007) Betriebswirtschaftslehre ohne Unternehmensethik – Eine Erwiderung. ZfB 77:195–206
Anders G (1980) Die Antiquiertheit des Menschen. Band I: Über die Seele im Zeitalter der zweiten industriellen Revolution. Durch ein Vorwort erweiterte 5. Aufl. C.H. Beck, München
Austin JL (1965) How to do things with words. Clarendo, Oxford
Baecker D (1998) Poker im Osten. Probleme der Transformationsgesellschaft. Merve, Berlin

Bauman Z (1992) Dialektik der Ordnung. Die Moderne und der Holocaust. Europäische Verlagsanstalt, Hamburg
Bea FX, Friedl B, Schweitzer M (2004) Allgemeine Betriebswirtschaftslehre. Bd. 1: Grundfragen. 9. Aufl. UTB, Stuttgart
Beck U (1986) Risikogesellschaft. Auf dem Weg in eine andere Moderne. Suhrkamp, Frankfurt a. M.
Beck U (1988) Gegengifte. Die organisierte Unverantwortlichkeit. Suhrkamp, Frankfurt a. M.
Bernstein MH (1955) Regulation by independent commission. Princeton University Press, Princeton
Blumenberg H (2011) Theorie der Lebenswelt (Hrsg. v. M Sommer). Suhrkamp, Frankfurt a. M.
Brunsson N (1989) The organization of hypocrisy. Talk, decisions, and action in organizations. Wiley, Chichester
Buchanan J, Tollison R, Tullock G (Hrsg) (1980) Toward a theory of the rent-seeking society. Texas A & M University economics series, College Station
Coleman JS (1979) Macht und Gesellschaftsstruktur. Übersetzt u. m. e. Nachwort von V. Vanberg. Mohr Siebeck, Tübingen
Coleman JS (1986) Die asymmetrische Gesellschaft. Vom Aufwachsen mit unpersönlichen Systemen. Mit einem Vorwort von A. Flitner. Beltz, Weinheim
Douglas M (1991) Wie Institutionen denken. Suhrkamp, Frankfurt a. M.
Franck E, Müller JC (2000) Problemstruktur, Eskalationsvoraussetzungen und eskalationsfördernde Bedingungen sogenannter Rattenrennen. Zfbf 52:3–26
Freud S (1982) Das Unbehagen in der Kultur. In: Studienausgabe, Bd. IX. Fischer, Frankfurt a. M., S 191–270
Gaitanides M (2004) Is there no business like showbusiness – Manager, die Stars der Moderne? In: Müller-Christ G, Hülsmann M (Hrsg) Modernisierung des Managements. Festschrift für Andreas Remer zum 60. Geburtstag. Gabler, Wiesbaden, S 179–208
Geser H (1989) Interorganisationelle Normkulturen. In: Haller M, Nowottny HJ, Zapf W (Hrsg) Kultur und Gesellschaft. Verhandlungen des 24. Deutschen Soziologentags, des 11. Österreichischen Soziologentags und des 8. Kongresses der Schweizerischen Gesellschaft für Soziologie in Zürich 1988. Campus, Frankfurt a. M., S 211–223
Geser H (1990) Organisationen als soziale Akteure. Z Soz 19(6):401–417
Girard R (1992) Ausstoßung und Verfolgung. Eine historische Theorie des Sündenbocks. Fischer, Frankfurt a. M.
Hall P (1993) Policy paradigms, social learning, and the state. The case of economic policymaking in Britain. Comp Polit 25(3):275–296
Hall P, Hewitt JP (1970) The quasi-theory of communication and the management of dissent. Soc Probs 18:17–27
Hart O (1995) Firms, contracts, and financial structure. Oxford University Press, Oxford
Hewitt JP, Hall PM (1973) Social problems, problematic situations, and quasi-theories. Am Soc Rev 38(3):367–374
Hirschman AO (1970) Exit, voice, and loyalty. Responses to decline in firms, organizations, and states. Harvard University Press, Cambridge
Homann K, Blome-Drees F (1992) Wirtschafts- und Unternehmensethik. Vandenhoeck, Göttingen
Jansen L (2004) Dispositionen und ihre Realität. In: Halbig C, Suhm C (Hrsg) Was ist wirklich? Realismusdebatten in der neueren Philosophie. Ontos, Frankfurt a. M., S 118–137
Klatetzki T (2007) Keine normalen Organisationen. Z Soz 36(4):302–312
Kren GM, Rappaport L (1980) The holocaust and the crisis of human behaviour. Holmes & Meier Pub, New York
Kühl S (2005) Ganz normale Organisationen. Organisationssoziologische Interpretationen simulierter Brutalitäten. Z Soz 34(2):90–111
Löhr A (1991) Unternehmensethik und Betriebswirtschaftslehre. Verlag für Wissenschaft und Forschung, Stuttgart

Luhmann N (1973) Zweckbegriff und Systemrationalität. Suhrkamp, Frankfurt a. M.
Luhmann N (1997a) Legitimation durch Verfahren. Suhrkamp, Frankfurt a. M.
Luhmann N (1997b) Die Gesellschaft der Gesellschaft. Suhrkamp, Frankfurt a. M.
Martens W (1995) Die Selbigkeit des Differenten. Über die Erzeugung und Beschreibung sozialer Einheiten. Soz Syst 1(2):301–321
Merton RK (1968) Social theory and social structure. Free Press, New York
Meyer JW, Rowan B (1977) Institutionalized organizations. Formal structure as myth and ceremony. Am J Sociol 83(2):340–363
Milgram S (1974) Obedience to authority. An experimental view. Harper & Row, New York (dt: Das Milgram- Experiment. Reinbek: Rowohlt, 1982)
Nietzsche F (1988a) Jenseits von Gut und Böse. Zur Genealogie der Moral. Kritische Studienausgabe Bd. 5, 3. Aufl. dtv, München
Ortmann G (1995) Formen der Produktion. Organisation und Rekursivität. Westdeutscher, Opladen
Ortmann G (2003) Regel und Ausnahme. Paradoxien sozialer Ordnung. Suhrkamp, Frankfurt a. M.
Ortmann G (2010) Organisation und Moral. Die dunkle Seite. Velbrück Wissenschaft, Weilerswist
Ortmann G (2011) Die Kommunikations- und Exkommunikationsmacht in und von Organisationen. Betriebswirtschaft 71:355–378
Ortmann G, Zimmer M (1998) Strategisches Management, Recht und Politik. Betriebswirtschaft 58: 747–769
Olson M (1965) The logic of collective action. Public goods and the theory of groups. Harvard University Press, Cambridge
Paine RS (1994) Managing for organizational integrity. Harv Bus Rev 72(2):106–117
Perrow C (1987) Normale Katastrophen. Die unvermeidlichen Risiken der Großtechnik. Campus, Frankfurt a. M.
Pfeffer J, Salancik GR (1978) The external control of organizations. A resource dependence perspective. Longman Higher Education, New York
Picot A (2006) Konvergenz und Restrukturierung der Telekommunikations- und Medienindustrie. Neue Geschäftsmodelle, neue Akteure. In: Hess T, Doeblin S (Hrsg) Turbulenzen in der Telekommunikations- und Medienindustrie. Springer, Berlin, S 1–35
Picot A, Landgrebe J (2009) „Regulation is acquired by the industry and is designed and operated primarily for its benefit"? A test of proactive vs. reactive corporate regulatory management in German Telecommunications. In: Schäfer K, Burghof HP, Johanning L, Wagner HF, Rodt S (Hrsg) Risikomanagement und kapitalmarktorientierte Finanzierung. Festschrift für Bernd Rudolph. Knapp, Frankfurt a. M., S 127–150
Quirk PJ (1981) Industry Influence in Federal Regulatory Agencies. Princeton University Press, Princeton
Sadowski D (2002) Personalökonomie und Arbeitspolitik. Schäffer-Poeschel, Stuttgart
Sadowski D, Kühne K (2012) Codes of Conduct: Eine Quelle transnationalen Arbeitsrechts. In: Duschek S u. a. (Hrsg) Organisationen regeln. Die Wirkmacht korporativer Akteure. Springer VS, Wiesbaden, 277–297
Searle JR (1997) Die Konstruktion der gesellschaftlichen Wirklichkeit. Zur Ontologie sozialer Tatsachen. Rowohlt, Reinbek
Steinmann H (1973) Zur Lehre von der „Gesellschaftlichen Verantwortung der Unternehmensführung" – zugleich eine Kritik des Davoser Manifests. Wirtschaftswissensch Stud 2:467–473
Steinmann H, Löhr A (1994) Grundlagen der Unternehmensethik. 2., überarb. u. erw. Aufl. Schäffer-Poeschel, Stuttgart
Stigler GJ (1971) The theory of economic regulation. Bell J Econ Manage Sci 2:3–21
Thiel D (1993) Platons Hypomnemata. Die Genese des Platonismus aus dem Gedächtnis der Schrift. Alber, Freiburg
Thielemann U (2010) Wettbewerb als Gerechtigkeitskonzept. Kritik des Neoliberalismus. Metropolis, Marburg

Thielemann U, Weibler J (2007) Betriebswirtschaftslehre ohne Unternehmensethik? Vom Scheitern einer Ethik ohne Moral. Z Betriebswirt 77:179–194
Ulrich P (1986) Transformation der ökonomischen Vernunft. Haupt, Bern
Waters JA (1978, Spring) Catch 20.5: corporate morality as an organizational phenomenon. Org Dynam 6(1977/1978):3–19
Weber M (1972) Wirtschaft und Gesellschaft. Fünfte, revidierte Auflage. Mohr-Siebeck, Tübingen
Weick KE (1995) Sensemaking in Organizations. Sage, Thousand Oaks
Wenger E (1996) Kapitalmarktrecht als Resultat deformierter Anreizstrukturen. In: Sadowski D, Czap H, Wächter H (Hrsg) Regulierung und Unternehmenspolitik. Methoden und Ergebnisse der betriebswirtschaftlichen Rechtsanalyse. Gabler, Wiesbaden, S 419–458
Wiesenthal H (1990) Unsicherheit und Multiple-Self-Identität. Eine Spekulation über die Voraussetzungen strategischen Handelns. Discussion Paper 90/2 des Max-Planck-Instituts für Gesellschaftsforschung. Max-Planck-Instituts für Gesellschaftsforschung, Köln
Williamson OE (1983) Credible commitments. Using hostages to support exchange. Am Econ Rev 73(4):519–540
Willke H, Willke G (2008) Corporate moral legitimacy and the legitimacy of morals. A critique of Palazzo/Scherer's communicative framework. J Bus Ethics 81(1):27–38
Zimmerman DH (1969a) Record-keeping and the intake process in a public welfare agency. In: Wheeler St (Hrsg) On record. Files and dossiers in American life. Russell Sage Foundation, Beverly Hills, S 319–354
Zimmerman DH (1969b) Tasks and troubles. The practical bases of work activities in a public assistance agency. In: Hansen PA (Hrsg) Explorations in sociology and counselling. Houghton Mifflin Harcourt Publishing, Boston, S 237–266
Zimmerman DH (1971) The practicalities of rule use. In: Douglas JD (Hrsg) Understanding everyday life. Toward the reconstruction of sociological knowledge. Routledge & Kegan Paul, London, S 221–238

The moral division of labour – Organizations suppress the moral point of view and produce or fabricate legitimation

Abstract: In modernity, organizations are the most powerful actors. All the more important is the "dark side" of organizational morality. While organizations, on the one hand, ensure or claim to ensure efficiency and reliance they have, on the other, a considerable potential to suppress the moral point of view and to produce or fabricate legitimation. The paper concentrates on this dark side—on problems of the moral division of labor, the organization of hypocrisy, legitimation through procedures, rent-seeking and the related corporate power vis-à-vis law, regulation and politics.

Keywords: Ethics · Legitimation · Morality · Organization · Rent-seeking

ZfB-SPECIAL ISSUE 6/2012

Warum Steuermoral? – Zur Explikation, Relevanz und Vorteilhaftigkeit von Steuermoral

Ute Schmiel

Zusammenfassung: Gegenstand dieses Beitrags ist die Explikation, die Untersuchung der Relevanz und die Analyse der Vorteilhaftigkeit von Steuermoral. Steuermoral wird als Verzicht auf Steuerhinterziehung und als Verzicht auf bestimmte Sachverhaltsgestaltungen verstanden. Für diese Explikation von Steuermoral spricht, dass die Steuerzahlung als elementarer Bestandteil eines fiktiven Gesellschaftsvertrags gedeutet werden kann. Im Sinne einer deontologischen Ethik ist sie auf die Maxime „pacta sunt servanda" zurückzuführen. Steuermoral ist relevant, weil Steuerhinterziehung und Sachverhaltsgestaltungen durch das Steuerrecht nicht umfassend verhindert werden können. Die Umsetzung des Gesellschaftsvertrags erfordert deshalb eine Handlungsregel „Steuerzahlung". Die Realisierung einer Handlungsregel „Steuerzahlung" würde erleichtert, wenn die Steuerzahlung vorteilhaft wäre. Akzeptiert man das wirtschaftliche Einkommen als Approximation des finanziellen Nutzens aus dem Gesellschaftsvertrag, ist die Steuerzahlung grundsätzlich *absolut* vorteilhaft. Im Verhältnis zur (unmoralischen) Steuernichtzahlung kann die Steuerzahlung *relativ* vorteilhaft oder nachteilig sein. Die Vorteilhaftigkeit der Steuerzahlung kann darin bestehen, dass die (unmoralische) Steuernichtzahlung bei Aufdeckung sanktioniert wird. Die Vorteilhaftigkeit der Steuerzahlung kann auch daraus resultieren, dass diese eine Beeinträchtigung des Gesellschaftsvertrags verhindert.

Schlüsselwörter: Gesellschaftsvertrag · Steuerhinterziehung · Steuermoral · Steuervermeidung

JEL Classification: A13 · M10 · M14

© Springer Fachmedien Wiesbaden 2012

Prof. Dr. U. Schmiel (✉)
Lehrstuhl für Unternehmensbesteuerung, Fakultät für Wirtschaftswissenschaften,
Universität Duisburg-Essen, Campus Essen,
Universitätsstraße 11, 45141 Essen, Deutschland
E-Mail: Ute.Schmiel@uni-due.de

1 Einleitung

Ist Steuerhinterziehung unmoralisch? Sollten Steuerpflichtige auf bestimmte Sachverhaltsgestaltungen, bspw. auf die Gründung einer funktionslosen Briefkastengesellschaft im niedrig besteuernden Ausland allein zur Minimierung der Steuerlast oder auf die zweifache Anrechnung einer nur einfach abgeführten Kapitalertragsteuer, aus moralischen Gründen verzichten? Moral wird hier in Anlehnung an Otfried Höffe verstanden. Danach stellt Moral den „für die Daseinsweise der Menschen konstitutiven ... normativen Grundrahmen für das Verhalten v. a. zu den Mitmenschen, aber auch zur Natur u[-nd] zu sich selbst dar", einen der „Willkür der einzelnen entzogenen Komplex von Handlungsregeln, Wertmaßstäben, auch Sinnvorstellungen" (Höffe 2008a, S. 211, und zur Moral als Teil der Rahmenordnung Homann 1990, S. 38–42, Homann 1993, S. 48–53, Homann 1998, S. 35). Steuermoral wäre in dieser Deutung eine Handlungsregel – u. U. umfasst sie auch einen Komplex von Handlungsregeln – im Hinblick auf das Verhalten von Menschen bezogen auf die Besteuerung. Gegenstand dieses Beitrags ist die Beantwortung der Frage, ob Steuermoral als Handlungsregel im Hinblick auf die Besteuerung argumentativ gestützt werden kann.

Im (steuer-)ökonomischen Schrifttum wird Steuermoral in der Perspektive einer Gestaltungsempfehlung – welche Argumente sprechen für Steuermoral? – nur vereinzelt thematisiert. Typischerweise wird Steuermoral in erklärender Sicht betrachtet, d. h. es wird untersucht, ob Wirtschaftssubjekte steuermoralisch handeln bzw. wodurch die Steuermoral beeinflusst wird (siehe bspw. Hundsdoerfer 1996, Torgler 2007, Schöbel 2008). Eine Ausnahme bildet Dieter Schneider, der die Auffassung vertritt, Steuerhinterziehung sei aufgrund der Verschwendung von Steuergeldern und der ungleichmäßig ausgestalteten Steuergesetze nicht unmoralisch (Schneider 1997, S. 490, Steuermoral in der Perspektive einer Gestaltungsempfehlung wird auch kurz von Kirchgässner 2003, S. 221–228 erörtert). Ebenso wenig ist es nach Dieter Schneider „ethisch bedenklich ..., alle gesetzlich zulässigen Wege zu nutzen, einer Steuerzahlung in rechtlich zulässiger Weise auszuweichen" (Schneider 1985, S. 349). Dieser Position von Dieter Schneider wird hier die Auffassung entgegengesetzt, dass Argumente für Steuermoral sprechen (siehe ansatzweise bereits Schmiel 2010, S. 468 f.). Steuermoral wird als Handlungsregel, Steuern zu zahlen und Steuerzahlung als „Verzicht auf Steuerhinterziehung und bestimmte Sachverhaltsgestaltungen" expliziert (Sachverhaltsgestaltungen werden üblicherweise im Zusammenhang mit Steuermoral nicht in den Blick genommen, siehe Kirchgässner 2003, S. 221–228).

Vorschläge zu Handlungsregeln oder zu einem Komplex von Handlungsregeln sind in Anlehnung an Hans Albert „im Lichte realisierbarer Alternativen" (Albert 2001, S. 293) zu betrachten. Auch das Steuerrecht sanktioniert Steuerhinterziehung und so genannte unangemessene Sachverhaltsgestaltungen. Vor diesem Hintergrund stellt sich die Frage, ob Steuermoral neben gesetzlichen Regelungen überhaupt *relevant* ist oder ob in einer „ökonomisch perfekten Steuerrechtsordnung" eine solche Handlungsregel obsolet würde. Die hier vorgelegte Analyse zeigt, dass Steuermoral im geltenden Steuerrecht benötigt wird. Entgegen mancher Stimmen im ökonomischen Schrifttum, die unangemessene Sachverhaltsgestaltungen auf ein nicht adäquates Steuerrecht zurückführen (Wagner 1986, S. 37–47, mit Einschränkungen Schneider 1985, S. 349–350, 353–355), könnte auf Steuermoral auch dann nicht verzichtet werden, wenn das Steuersystem anders ausgestaltet wäre. Steuermoral ist damit letztlich alternativlos. Hierin liegt ein weiterer Grund für Steuermoral.

Für Steuermoral als Handlungsregel im Hinblick auf die Besteuerung lassen sich zwar gute Gründe anführen. Es lässt sich aber kritisch einwenden, dass die *Realisierbarkeit* einer Handlungsregel, Steuern zu zahlen, fraglich ist. Denn Steuerpflichtige müssten diese guten Gründe akzeptieren. Eine differenzierte – über das bisherige Schrifttum hinausgehende – Betrachtung zeigt jedoch, dass Steuermoral durchaus individuell vorteilhaft sein kann. Diese mögliche individuelle Vorteilhaftigkeit könnte die Realisierbarkeit dieser Handlungsregel, Steuern zu zahlen, erleichtern.

Diese Ergebnisse sind an das in diesem Beitrag zugrunde gelegte kritisch-rationalistische Wissenschaftsverständnis gebunden, das in Kap. 2 konkretisiert wird. Gegenstand des Kap. 3 ist die Explikation von Steuermoral, in Kap. 4 wird die Relevanz von Steuermoral und in Kap. 5 die Vorteilhaftigkeit von Steuermoral untersucht.[1] Kap. 6 fasst die Ergebnisse des Beitrags zusammen.

2 Wissenschaftstheoretische Verortung

Die hier vorgelegte Analyse erfolgt aus einer an Hans Albert (Albert 2000, S. 7–16) und Volker Gadenne (Gadenne 2002) angelehnten kritisch-rationalistischen Perspektive. Demzufolge wird die Methodologie der kritischen Prüfung auch auf Steuermoral appliziert. Es geht nicht darum, letztbegründete Aussagen zur Steuermoral zu formulieren und diese mit einem Allgemeinvertretungsanspruch zu verbinden. Vielmehr werden in verschiedenen Perspektiven Argumente für Steuermoral vorgetragen und Argumente gegen Steuermoral analysiert, es werden Widersprüche erörtert und es wird nach der Realisierbarkeit von Steuermoral gefragt. Die hier vorgelegte Explikation von Steuermoral und die vorgetragenen Argumente werden als kritisierbarer Vorschlag verstanden, der zur kritischen Diskussion gestellt wird (Albert 2001, S. 289–302).

Aus der hier eingenommenen kritisch-rationalistischen Position folgt weiter, dass – entgegen der typischen Position in der Betriebswirtschaftlichen Steuerlehre (siehe den Überblick bei Hundsdoerfer et al. 1996, S. 76–78) – in Anlehnung an Dieter Schneider (Schneider 1995, S. 1–24, Schneider 2001, S. 370–378, 452–465, Schneider 2002, S. 102 f., 255–274, Schneider 2006, S. 268 f.) eine Welt unter realistischer Unsicherheit und ungleich verteiltem Wissen zugrunde gelegt wird. Realistische Unsicherheit meint, dass auch nicht in das Entscheidungskalkül einbezogene Zustände eintreten können. Unter Ungleichverteilung des Wissens wird hier ebenfalls in Anlehnung an Dieter Schneider verstanden, dass das unvollständige Wissen einer menschlichen Gesellschaft bei dem Einzelnen nur z. T. und regelmäßig jeweils in anderer Form vorhanden ist als bei einem anderen (Schneider 1995, S. 13). Unter Berücksichtigung realistischer Unsicherheit und ungleich verteilten Wissens werden hier die folgenden erfahrungswissenschaftlichen Hypothesen über das Handeln von Wirtschaftssubjekten vertreten:

- Wirtschaftssubjekte verfügen über unvollständiges Wissen und sind sich dessen bewusst. Unvollständiges Wissen besteht nicht allein aufgrund der Vielzahl möglicher Handlungsalternativen. Unvollständiges Wissen meint darüber hinaus, dass zum Entscheidungszeitpunkt die Menge möglicher Handlungsalternativen nicht feststeht. Die

Erklärung wirtschaftlichen Handelns greift deshalb zu kurz, wenn sie auf die optimale Auswahl aus bestehenden Alternativen beschränkt wird (Witt 1987, S. 9–30, 104–148, Witt 2004, S. 36). Vielmehr lernen Wirtschaftssubjekte, so dass sie Handlungsmöglichkeiten nicht nur erkennen, sondern durch kreatives Handeln auch schaffen (Langlois 1986, S. 225–230, Schubert 2006, S. 31 f.).

- Auch wenn Wirtschaftssubjekte nicht unbedingt im neoklassischen Sinne optimieren, wird als erfahrungswissenschaftliche Aussage zugrunde gelegt, dass Wirtschaftssubjekte unter sonst gleichen Bedingungen ein höheres wirtschaftliches Einkommen einem niedrigeren wirtschaftlichen Einkommen vorziehen (Langlois 1986, S. 252). Anders als unter neoklassischen Bedingungen existiert unter realistischer Unsicherheit nicht *die eine* wirtschaftliche Einkommensdefinition.[2] Vielmehr sind verschiedene Zielgrößen denkbar, von denen es vernünftig sein kann, diese betriebswirtschaftlichen Entscheidungen zugrunde zu legen. Das schließt nicht aus, dass einige Wirtschaftssubjekte auch unter realistischer Unsicherheit auf der Grundlage neoklassisch fundierter Kalküle entscheiden, die – wie bspw. das Kapitalwertkriterium – Sicherheit oder stochastische Unsicherheit voraussetzen.

Diese erfahrungswissenschaftlichen Hypothesen über das wirtschaftliche Handeln von Wirtschaftssubjekten sind Ausdruck eines evolutorischen Ansatzes, der im methodologischen Individualismus verankert ist. Unter methodologischem Individualismus wird hier in Anlehnung an Karl Popper eine Position verstanden, nach der „alle sozialen Phänomene, insbesondere das Funktionieren der sozialen Institutionen, immer als das Resultat der Entscheidungen, Handlungen, Einstellungen menschlicher Individuen verstanden werden sollten und daß wir nie mit einer Erklärung aufgrund sogenannter „Kollektive" ... zufrieden sein dürfen" (Popper 1992, S. 116, s. a. Gethmann 1995, S. 226 f., und zu seiner Bedeutung für die ökonomische Theorie Witt 1987, S. 14–17). Im (steuer-)ökonomischen Schrifttum wird ein methodologischer Individualismus mit einem individualistischen Unternehmensverständnis verknüpft.[3] Gemäß einem individualistischen Unternehmensverständnis ist die Unternehmenspolitik abhängig von den Zielen der hinter dem Unternehmen stehenden (potentiellen) Eigenkapitalgeber (Schmidt und Terberger 1997, S. 40–43, Wagner 2000, S. 112 f., Richter und Furubotn 2003, S. 3, Schneider 2006, S. 264–267). Für die hinter dem Unternehmen stehenden Eigenkapitalgeber ist die Unternehmenserhaltung lediglich Mittel zum Zweck ihrer persönlichen Einkommenserzielung. Gewährleistet bspw. eine Unternehmensbeteiligung keine angemessene Verzinsung mehr, folgt hieraus die Beteiligungsveräußerung oder, wenn der Liquidationswert des Unternehmens den Fortführungswert übersteigt, die Unternehmenszerschlagung (Hax und Marschdorf 1983, S. 115–117, Schmidt und Terberger 1997, S. 55–66).

Weil die hier vertretenen Hypothesen zum wirtschaftlichen Handeln im methodologischen Individualismus gründen (Witt 1987, S. 14–17) und die Explikation von Steuermoral an diese theoretischen Überlegungen anknüpft, erfordert es die Kohärenz, auch die Explikation von Steuermoral auf die hinter dem Unternehmen stehenden Eigenkapitalgeber zu beziehen: Unternehmen werden zwar als korporative Akteure verstanden (siehe bereits Vanberg 1983, S. 55–58, Suchanek 2007, S. 116–122), die hier vorgelegte Explikation von Steuermoral sowie die Relevanz und (bedingte) Vorteilhaftigkeit von Steuermoral wird aber zurückgeführt auf die Explikation, Relevanz und (bedingte) Vorteilhaftigkeit der hinter dem Unternehmen stehenden Eigenkapitalgeber (siehe zu einer solchen, auf

Individuen zurückzuführenden Verantwortung von Unternehmen Zimmerli und Aßländer 1996, S. 302–305, hingegen für eine darüber hinausgehende und hier abgelehnte Systemverantwortung von Unternehmen Heidbrink 2011, S. 195 f.).

3 Was ist Steuermoral?

Nach der hier eingenommenen und in Kap. 2 skizzierten kritisch-rationalistischen Position kann Steuermoral nicht letztbegründet werden. Es können lediglich gute Gründe für Steuermoral angeführt werden. Weil Moral hier als „normativer Grundrahmen" (Höffe 2008a, S. 211) verstanden wird, bezieht sich Steuermoral in diesem Beitrag auf die Verhaltens*weise* und nicht auf die Verhaltens*motivation*, sie wird nicht als Gegensatz zu eigeninteressiertem Handeln verstanden (Vanberg 1997, Suchanek 2004, S. 84–92, Suchanek 2007, S. 134–149). Das Handeln gegen den eigenen Vorteil ist weder notwendig noch hinreichend für steuermoralisches Handeln (ein solches Moralverständnis schwingt aber mit bei Schreyögg 2008, S. 131–133, Schmiel 2010, S. 468). Gegen die Gleichsetzung von nicht eigeninteressiertem Handeln mit (steuer-)moralischem Handeln spricht bereits, dass diese Deutung widersprüchlich wird, sobald Vorteilhaftigkeit nicht eindeutig definiert ist: Wenn ein Steuerpflichtiger nicht gemäß dem unterstellten Vorteilhaftigkeitskalkül handelt, heißt das nicht zwingend, dass er *gegen* seinen Vorteil handelt, es kann genauso bedeuten, dass er einem *anderen* Vorteilhaftigkeitskalkül folgt.

Steuermoral setzt die Erhebung von Steuern voraus. Grundsätzlich können Argumente angeführt werden, dass die Erhebung von Steuern im Interesse des *einzelnen Steuerpflichtigen* liegt. Dies lässt sich – bezogen auf die deutsche Wirtschaftsordnung – mithilfe eines fiktiven Gesellschaftsvertrags *illustrieren*, in dem die Gesellschaftsmitglieder vereinbart haben,

- öffentliche Güter, und zwar zuallererst Institutionen eines freiheitlich-demokratisch verfassten Staates und einer marktwirtschaftlichen Wirtschaftsordnung, zur Verfügung zu stellen (siehe zum Markt als öffentliches Gut Buchanan 1999, S. 33),
- diese durch Steuern zu finanzieren und grundsätzlich
- die Steuerlast in Anlehnung an das *deutsche* Steuerrecht zumindest in einem ersten Schritt nach dem Grundsatz der Gleichmäßigkeit der Besteuerung aufzuteilen, wobei gesetzliche Durchbrechungen zulässig sind. Gleichmäßigkeit der Besteuerung beinhaltet, dass gleiche Sachverhalte gleich und ungleiche Sachverhalte (relativ gleich) ungleich in die Bemessungsgrundlage einfließen (siehe Schmiel 2011, S. 120, und zur Gleichmäßigkeit als elementarem Besteuerungsgrundsatz Lang 2010, S. 82–87).[4]

Wenn man davon ausgehen kann, dass ein solcher Gesellschaftsvertrag im Vergleich zu einem Zustand ohne öffentliche Güter jedem Individuum Kooperationsvorteile bietet (siehe Homann 1999, S. 53–60, Höffe 2008b, S. 106 f.) und wenn man zugleich berücksichtigt, dass ein marktwirtschaftlich verfasster Staat keine andere Möglichkeit der Einnahmenerzielung hat (Tipke 2000a S. 228–230), erscheint ein *hypothetischer* Konsens über diesen Gesellschaftsvertrag und damit verknüpft über die Erhebung von Steuern möglich.[5]

Wenn aufgrund der individuellen Kooperationsvorteile von einem *hypothetischen Konsens* über den Gesellschaftsvertrag ausgegangen werden kann, ist dies ein Argument dafür, dass Steuerpflichtigen Rechte und Pflichten aus dem Gesellschaftsvertrag entstehen (ähnlich Kirchgässner 2003, S. 224). Die Steuerzahlung ist dann die Erfüllung des Gesellschaftsvertrags durch die Gesellschaftsmitglieder. Zumindest im Sinne einer deontologischen Ethik könnte man eine Handlungsregel Steuerzahlung als Ausdruck einer Maxime „pacta sunt servanda" verstehen (Höffe 2008c, S. 230 f.).

Fraglich ist allerdings, wie Steuerzahlung zu explizieren ist, mithin wann Steuerpflichtige ihre Vertragspflichten erfüllen und wann sie diese verletzen. Die Konkretisierung von „Steuerzahlung" erfolgt hier ausgehend von einer folgerichtigen Umsetzung des Gesellschaftsvertrags. Offensichtlich erfüllen Steuerpflichtige ihre Vertragspflichten nicht, wenn sie vorsätzlich verhindern, dass eine materiell-rechtlich entstandene Steuerschuld dem Fiskus bekannt wird und damit erhoben werden kann. Steuerhinterziehung ist mithin eine Verletzung der Vertragspflichten (ähnlich auch Kirchgässner 2003, S. 226). Neben Steuerhinterziehung konterkarieren aber auch bestimmte steuerlich motivierte Sachverhaltsgestaltungen die Umsetzung des Gesellschaftsvertrags (siehe ansatzweise auch Schmiel 2010, S. 468 f.): Sachverhaltsgestaltungen vermeiden ebenso wie die Steuerhinterziehung die Steuerzahlung. Der Unterschied besteht darin, dass steuerlich motivierte Sachverhaltsgestaltungen schon das materiell-rechtliche Entstehen einer Steuerschuld verhindern. Steuerlich motivierte Sachverhaltsgestaltungen stehen in Konflikt mit der Vereinbarung, Steuern *gleichmäßig* aufzuerlegen: Der Steuerpflichtige wählt bspw. eine Gestaltung, die aus seiner Sicht zwar einer anderen gleicht, aber in der Besteuerung vorteilhafter ist. Wenn ein Steuerpflichtiger auf der Grundlage des Kapitalwertkriteriums aus mehreren Maschinen, die vor Steuern einen identischen Kapitalwert haben, die Maschine mit dem höchsten Kapitalwert nach Steuern wählt, dann vermutlich deshalb, weil die im Hinblick auf die Rendite gleichen Investitionsobjekte aus seiner Sicht ungleich besteuert werden.

Obwohl steuerlich motivierte Sachverhaltsgestaltungen damit zum Ausdruck bringen, dass die Besteuerung aus Sicht des Steuerpflichtigen ungleichmäßig ist, handelt es sich nicht generell um eine Verletzung der Vertragspflichten, sondern es ist zu differenzieren: Zunächst ist zu berücksichtigen, dass Gleichmäßigkeit der Besteuerung nicht eindeutig definiert ist. Dies belegen bereits *wissenschaftliche* Kontroversen, bspw. die, ob Gleichmäßigkeit der Besteuerung durch eine Einkommensbesteuerung (Schneider 2002, S. 231–274) oder eine Konsumbesteuerung (Wagner 2003, S. 377 f.) realisiert wird, ob bei einer Einkommensbesteuerung im Rahmen der Steuerbilanz das Maßgeblichkeitsprinzip greifen soll (siehe bspw. Wehrheim und Fross 2010, Schmiel 2011) oder nicht (Schneider 2008, Siegel 2008) oder ob Gleichmäßigkeit der Besteuerung eine rechtsformneutrale Besteuerung erfordert (Siegel 2007, anderer Ansicht hingegen Schneider 2004).

Eine Verletzung der Vertragspflichten wird deshalb erst zu konstatieren sein, wenn im Hinblick auf den konkreten Sachverhalt nicht nur aus Sicht des *betroffenen Steuerpflichtigen* eine ungleichmäßige Besteuerung vorliegt, sondern wenn diese im Hinblick auf den vorliegenden Sachverhalt *offensichtlich* oder zumindest *weitgehend unstrittig* ist. Aber auch nicht jede Sachverhaltsgestaltung, die eine offensichtlich ungleichmäßige oder zumindest weitgehend unstrittig ungleichmäßige Besteuerung nutzt, ist eine Vertragsverletzung. Die ungleichmäßige Besteuerung im Rahmen steuerlicher Wahlrechte und die ungleichmäßige Besteuerung von Entscheidungsalternativen, die ein Steuerpflichtiger erwartbar bei seiner Entscheidung in den Blick nimmt, sind dem Verantwortungsbereich des Gesetzgebers zuzurechnen. Ist bspw. zu erwarten, dass der Steuerpflichtige verschiedene Maschinen in seinem Investitionskalkül berücksichtigt und trifft der Steuerpflichtige seine Investitionsentscheidung aufgrund fehlender Rangfolgeinvarianz der Besteuerung, ist dies zwar Ausdruck einer ungleichmäßigen Besteuerung. Diese Ungleichmäßigkeit wird aber offensichtlich von dem Gesetzgeber und damit – sofern man von etwaigen Prinzipal-Agenten-Konflikten zwischen Gesetzgeber und Gesellschaftsmitgliedern zunächst abstrahiert – von den Gesellschaftsmitgliedern akzeptiert. Denn wenn Steuerpflichtige erwartbar so entscheiden werden, hätte der Gesetzgeber dieses Handeln antizipieren können. Gleiches gilt bspw., wenn Rechtsformen, die Steuerpflichtige üblicherweise bei der Rechtsformwahl miteinander vergleichen, ungleichmäßig besteuert werden. Wenn der Gesetzgeber diese steuerlich motivierten Sachverhaltsgestaltungen gebilligt hat, kann es sich nicht um eine Verletzung von Vertragspflichten handeln.

Eine Verletzung von Vertragspflichten liegt vielmehr erst vor,

- wenn der Steuerpflichtige eine Sachverhaltsgestaltung wählt, mit der er jenseits steuerlicher Wahlrechte eine offensichtlich ungleichmäßige oder zumindest weitgehend unstrittig ungleichmäßige Besteuerung nutzt und
- wenn der Steuerpflichtige diese Sachverhaltsgestaltung ohne Besteuerung erst gar nicht in die Vorteilhaftigkeitsbetrachtung unterschiedlicher Entscheidungsalternativen aufgenommen hätte, weil sie ohne Berücksichtigung der Besteuerung keine vernünftige Gestaltungsalternative gewesen wäre. Denn dann wäre sie für den Gesetzgeber und für die Gesellschaftsmitglieder nicht erwartbar.

Dies wäre der Fall, wenn ein Steuerpflichtiger eine Kapitalgesellschaft im Ausland allein deshalb gründet, um die Abschirmwirkung bei der Besteuerung von Kapitalgesellschaften zu nutzen. Eine solche vertragsverletzende Sachverhaltsgestaltung wäre auch der zwischen Verkäufer und Käufer abgesprochene Leerverkauf von Aktien kurz vor dem Dividendenstichtag unter Einschaltung einer ausländischen Bank, um eine doppelte Anrechnung nur einfach abgeführter Kapitalertragsteuer zu erreichen. Es ist nicht davon auszugehen, dass eine solche ungleichmäßige Besteuerung von den Gesellschaftsmitgliedern akzeptiert ist. Diese Gestaltungen sind so abwegig, dass die Gesellschaftsmitglieder weder damit rechnen konnten noch mussten, dass Steuerpflichtige diese Gestaltung in Betracht ziehen (siehe zur Gleichmäßigkeit der Besteuerung im Kontext unangemessener Sachverhaltsgestaltungen auch Drüen 2008, S. 157–159).

In zahlreichen Fällen ist es unbestimmt, ob eine offensichtlich ungleichmäßige oder zumindest weitgehend unstrittig ungleichmäßige Besteuerung vorliegt und ob Steuerpflichtige die Gestaltung auch ohne Besteuerung in ihr Kalkül gezogen hätten oder nicht. Dass die Qualifizierung einer Sachverhaltsgestaltung als unmoralisch im Sinne von vertragsverletzend im Vergleich zur Steuerhinterziehung vage ist, lässt sich nicht verhindern. Es geht dabei aber weniger um justitiable Regelungen als vielmehr darum, das Bewusstsein zu verankern, dass nicht alles gesetzlich Zulässige moralisch ist (Freimann 2009, S. 436). Vielmehr erstreckt sich unternehmerische Verantwortung auch auf die Steuerplanung (mit anderem Akzent Christensen und Murphy 2004). Anhaltspunkte für die Frage, ob eine unmoralische Sachverhaltsgestaltung vorliegt, gibt dann auch das aus der „goldenen Regel" geborene Gedankenexperiment, wie der betroffene Steuerpflichtige die Sachverhaltsgestaltung bei einem anderen Steuerpflichtigen bewerten würde.

Diesem Ergebnis widerspricht die Auffassung von Dieter Schneider. Danach ist Steuerhinterziehung nicht unmoralisch – und noch weniger sind es steuerlich motivierte Sachverhaltsgestaltungen –, weil Steuergelder verschwendet werden und die Besteuerung nach deutschem Recht *ungleichmäßig* ist (Schneider 1997, Schneider 2002, S. 95 f., ähnlich wohl allgemein Kirchgässner 2010, S. 5). Ausgehend von einer folgerichtigen Umsetzung des Gesellschaftsvertrags ist diesem Einwand jedoch entgegenzuhalten, dass die Verpflichtung zur Steuerzahlung als Verpflichtung der Gesellschaftsmitglieder untereinander anzusehen ist. Von diesem „Prinzipalvertrag" ist die Beauftragung politischer Agenten zur Bereitstellung öffentlicher Güter und zur adäquaten Ausgestaltung der Verteilung der Steuerlast grundsätzlich zu trennen. Die Verschwendung von Steuergeldern und die Ungleichmäßigkeit der Besteuerung sind grundsätzlich *unmittelbar*, nicht aber durch Steuerhinterziehung oder durch vertragsverletzende Sachverhaltsgestaltungen zu sanktionieren. Denn sie betreffen nicht den „Vertrag" der Steuerbürger untereinander, sondern den „Vertrag" zwischen Steuerbürgern und Exekutive, i. A. der Steuerbürger öffentliche Güter bereitzustellen und eine gleichmäßige Steuerlastverteilung zu gewährleisten (Schmiel 2005, S. 165–168).

Des Weiteren sind die Möglichkeiten zur Steuerhinterziehung und zu Sachverhaltsgestaltungen ungleich verteilt, so dass Steuerhinterziehung und vertragsverletzende Sachverhaltsgestaltungen nicht jedem Steuerpflichtigen als Sanktionsinstrument zur Verfügung stünden. Diese Möglichkeiten unterscheiden sich erheblich in Abhängigkeit von der Art der Einkünfteerzielung. Die Möglichkeiten zur Steuerhinterziehung und zu Sachverhaltsgestaltungen sind grundsätzlich bei unternehmerischen Einkünften im Vergleich zu anderen Einkünften höher, aber auch innerhalb der unternehmerischen Einkünfte sehr unterschiedlich. Schließlich besteht das Problem, die Vertragserfüllung der Agenten im Hinblick auf eine angemessene Verwendung der Steuergelder und eine der Gleichmäßigkeit entsprechende Besteuerung objektiviert beurteilen zu können. Denn es wurde bereits deutlich, dass Gleichmäßigkeit der Besteuerung keineswegs eindeutig definiert ist. Fraglich ist darüber hinaus auch, wie viele Steuerrechtsnormen ungleichmäßig sein müssten, um Steuerhinterziehung und vertragsverletzende Sachverhaltsgestaltungen zu rechtfertigen. Dies zeigt die Schwierigkeit, einen die Steuerhinterziehung und bestimmte Sachverhaltsgestaltungen rechtfertigenden Regelverstoß an verwirklichte Ungleichmäßigkeit zu binden.

Diese Argumente sprechen grundsätzlich gegen Steuerhinterziehung und vertragsverletzende Sachverhaltsgestaltungen als zulässige Sanktionsinstrumente (ablehnend zum individuellen Widerstandsrecht gegen das Handeln politischer Agenten auch Kirchgässner 2003, S. 227, siehe aber modifiziert Kirchgässner 2010, S. 5). Von einem solchen individuellen Widerstandsrecht wird man nur ausgehen können, wenn die Steuerverschwendung oder die *umfassend* ungleichmäßige Besteuerung eindeutig sind und den Gesellschaftsmitgliedern keine geeigneten Instrumente zur Verfügung stehen, die Agenten *unmittelbar* zu sanktionieren. Zugleich zeigt sich aber die Relevanz – und dieser Aspekt der Besteuerungsmoral wird in Kap. 6 noch einmal aufgegriffen – eines gleichmäßig ausgestalteten Steuersystems für die vollumfängliche Umsetzung und die Aufrechterhaltung des Gesellschaftsvertrags.

Was ist Steuermoral? Die Antwort auf diese Frage lautet, dass Steuermoral als Handlungsregel, Steuern zu zahlen, zu verstehen ist. Steuerzahlung wird als Verzicht auf Steuerhinterziehung und auf vertragsverletzende Sachverhaltsgestaltungen expliziert. Vertragsverletzend sind nach hier vertretener Ansicht Sachverhaltsgestaltungen, mit denen der Steuerpflichtige jenseits steuerlicher Wahlrechte eine offensichtlich ungleichmäßige oder zumindest weitgehend unstrittig ungleichmäßige Besteuerung nutzt, die er ohne Besteuerung erst gar nicht in die Vorteilhaftigkeitsbetrachtung unterschiedlicher Entscheidungsalternativen aufgenommen hätte, weil diese ohne Berücksichtigung der Besteuerung keine vernünftigen Gestaltungsalternativen gewesen wären. Für dieses Steuermoralverständnis spricht, dass die Steuerzahlung als elementarer Bestandteil eines fiktiven Gesellschaftsvertrags illustriert werden kann und im Sinne einer deontologischen Ethik auf die Maxime „pacta sunt servanda" zurückzuführen ist.

4 Ist Steuermoral relevant?

In Kap. 3 wurde Steuermoral als Handlungsregel, Steuern zu zahlen und Steuerzahlung als Verzicht auf Steuerhinterziehung und auf vertragsverletzende Sachverhaltsgestaltungen expliziert. Vorschläge zu Handlungsregeln oder zu einem Komplex von Handlungsregeln sind nach hier vertretener Auffassung in Anlehnung an Hans Albert im Lichte von Alternativen zu betrachten (Albert 2001, S. 293). Auch das Steuerrecht sanktioniert Steuerhinterziehung und so genannte unangemessene Sachverhaltsgestaltungen. Vor diesem Hintergrund stellt sich die Frage, ob Steuermoral neben gesetzlichen Regelungen überhaupt *relevant* ist oder ob in einer „ökonomisch perfekten Steuerrechtsordnung" Steuermoral obsolet würde.

Obwohl zu erwarten ist, dass der Gesellschaftsvertrag für den einzelnen Steuerpflichtigen im Vergleich zu einem Zustand ohne öffentliche Güter Kooperationsvorteile mit sich bringt, können Steuerpflichtige ein Interesse daran haben, Steuern zu hinterziehen oder vertragsverletzende Sachverhaltsgestaltungen zu wählen. Dies ist bspw. der Fall, wenn der betroffene Steuerpflichtige davon ausgehen kann, dass andere Steuerpflichtige ihre Steuern zahlen und er kostenlos an öffentlichen Gütern partizipieren kann (siehe Gaertner 1988, S. 117–124 und später Kap. 5).

In diesem Licht erhält der in § 370 AO kodifizierte Straftatbestand der Steuerhinterziehung den Zweck, die Umsetzung des Gesellschaftsvertrags zu verbessern: Die Steuerhinterziehung wird sanktioniert, führt also im Fall ihrer Aufdeckung zu zusätzlichen Auszahlungen, so dass die Steuerzahlung im Vergleich zur Steuerhinterziehung vorteilhaft werden soll (Schmiel 2005). Einschränkend ist aber zu berücksichtigen, dass in einer Welt unter realistischer Unsicherheit und ungleich verteiltem Wissen nicht davon ausgegangen werden kann, dass jede Steuerhinterziehung aufgedeckt wird. Demzufolge ist es möglich, dass einige Steuerpflichtige in ihrem individuellen Kalkül in Abhängigkeit von ihrer Zielgröße das Risiko, einer Steuerstraftat überführt zu werden, als so gering einschätzen, dass die Steuerhinterziehung gegenüber der Steuerzahlung weiterhin vorteilhaft bleibt. Damit wird deutlich, dass auch unter Berücksichtigung des geltenden Steuerstrafrechts Steuermoral relevant ist. Steuermoral ist relevant, weil unter realistischer Unsicherheit und Ungleichverteilung des Wissens eine vollumfängliche Aufdeckung von Steuerstraftaten nicht möglich ist.

Sachverhaltsgestaltungen, die der Steuerpflichtige nur aufgrund der Besteuerung in sein Entscheidungskalkül aufnimmt, werden durch ein Steuersystem verursacht, das die Rangfolge der Vorteilhaftigkeit dieser Sachverhalte verändern kann. Wäre ein entscheidungsneutrales Steuerrecht realisierbar, in dem betriebswirtschaftliche Entscheidungen durch die Besteuerung nicht verzerrt würden, gäbe es für solche Sachverhaltsgestaltungen keinen Raum (Wagner 1986, S. 37–47, allerdings (noch) mit Vorbehalten hinsichtlich der

Realisierbarkeit einer entscheidungsneutralen Besteuerung, siehe hingegen Wagner 1992, S. 4 f., mit Einschränkungen Schneider 1985, S. 349–350, 353–355, nach dessen Auffassung aber zumindest einige Steuerumgehungen vorhersehbar sind und deshalb durch den Gesetzgeber vermeidbar wären). Gegen das Postulat, ein entscheidungsneutrales Steuersystem einzuführen, spricht jedoch, dass es zum einen widersprüchlich und zum anderen nicht umsetzbar ist. Das Postulat ist widersprüchlich, weil es aus einem übergeordneten neoklassischen Effizienzziel (Wagner 1992, S. 4 f.) und damit aus einem Modell abgeleitet wird, in dem Marktversagen und demzufolge öffentliche Güter sowie ihre Finanzierung durch Steuern nicht definiert sind (Wenger 1986, S. 136–138; Schmiel 2010, S. 464 f.).

Nicht realisierbar ist das Ziel einer neoklassisch fundierten entscheidungsneutralen Besteuerung, weil neoklassisch explizierte Entscheidungsneutralität einen vollkommenen Kapitalmarkt unter Sicherheit bzw. unter stochastischer Unsicherheit voraussetzt. Unter diesen Prämissen entscheiden Wirtschaftssubjekte immer auf der Grundlage des Kapitalwertmodells oder eines daraus abgeleiteten Modells. Wird der Kapitalwert besteuert, beeinflusst die Besteuerung die Rangfolge der Entscheidungen nicht, andernfalls kommt es zum Einfluss der Besteuerung auf Entscheidungen, die als Steuerwirkungen bezeichnet werden (Schneider 2002, S. 97–121, Wagner 2004, S. 239–245). Diese Eliminierung realistischer Unsicherheit und Ungleichverteilung des Wissens ist jedoch unrealistisch. Überdies sind zahlreiche weitere Beobachtungstatbestände, bspw. das Entstehen von Unternehmen, das Vorhandensein von Liquiditätsproblemen bis hin zur Illiquidität sowie die entsprechenden Institutionen zu ihrer Bekämpfung erst in einer Welt unter realistischer Unsicherheit und Ungleichverteilung des Wissens erklärbar (Schneider 2001, S. 375 f., Schneider 2009, S. 133–136, und im Hinblick auf Insolvenztatbestände Zisowski 2001, S. 56–59). Die Zielsetzung eines neoklassisch explizierten entscheidungsneutralen Steuersystems verstößt damit gegen das Brückenprinzip, nach dem Sollen Können impliziert, eine Zielsetzung also *realisierbar* sein muss (Albert 2000, S. 44). Weil unter realistischer Unsicherheit weder die eine Zielgröße existiert, nach der Wirtschaftssubjekte tatsächlich entscheiden, noch theoretisch fundiert die eine Zielgröße bestimmt werden kann, nach der Wirtschaftssubjekte entscheiden sollen, wenn sie rational handeln wollen, ist eine entscheidungsneutrale Ausgestaltung des Steuersystems nicht möglich. Allenfalls ist es denkbar, ausgewählte Steuerwirkungen zu verringern. Dabei können Steuerwirkungen unter realistischer Unsicherheit nicht neoklassisch fundiert expliziert werden. Erforderlich ist vielmehr eine Theorie, in der realistische Unsicherheit berücksichtigt wird. Ebenso wenig kann das Ziel, ausgewählte und unter realistischer Unsicherheit explizierte Steuerwirkungen zu verringern, aus neoklassischer Effizienz abgeleitet werden, es bedarf vielmehr einer Begründung, die mit der erfahrungswissenschaftlichen Annahme realistischer Unsicherheit vereinbar ist.

Vor diesem Hintergrund ist § 42 AO als allgemeine Missbrauchsvermeidungsvorschrift zu sehen. § 42 AO sanktioniert neben speziellen Missbrauchsvermeidungsvorschriften den Missbrauch von Gestaltungsmöglichkeiten generell. Juristisch ist dabei streng zwischen Missbrauch nach § 42 AO und Steuerhinterziehung zu unterscheiden, weil ein Missbrauch nach § 42 AO i. d. R. nicht die Tatbestandsvoraussetzungen der Steuerhinterziehung nach § 370 AO erfüllt. Unter Missbrauch versteht § 42 Abs. 2 AO, dass „eine unangemessene rechtliche Gestaltung gewählt wird, die beim Steuerpflichtigen oder einem Dritten im Vergleich zu einer angemessenen Gestaltung zu einem gesetzlich nicht vorgesehenen Steuervorteil führt." Die Sanktion besteht darin, dass die Besteuerungsfolge nicht an den realisierten Sachverhalt, sondern an das eigentlich Gewollte anknüpft. Dadurch tritt der mit dem Gestaltungsmissbrauch beabsichtigte Vorteil nicht ein. Durch die Sanktion wird die Umsetzung des Gesellschaftsvertrags verbessert. Indiz für unangemessene Gestaltungen ist, wenn die Gestaltungen „ohne Berücksichtigung der beabsichtigten steuerlichen Effekte unwirtschaftlich, umständlich, kompliziert, schwerfällig, gekünstelt, überflüssig, ineffektiv oder widersinnig" erscheinen (zu § 42 Anwendungserlass AO, s. a. Hey 2009, S. 1046). Dies gilt bspw. für die bereits erwähnte Gründung einer funktionslosen Briefkastengesellschaft im niedrig besteuernden Ausland (Ratschow 2009, § 42 AO, Rz. 137–144).

Allerdings ist nicht zu erwarten, dass jede Gestaltung, die möglicherweise unmoralisch ist, sanktioniert wird. Dies liegt daran, dass nicht jede unmoralische Sachverhaltsgestaltung von § 42 AO erfasst wird. Beispielsweise fällt vermutlich nicht jede Gestaltung, mit der eine doppelte Kapitalertragsteueranrechnung erzielt wird, unter § 42 AO, weil es an der Unangemessenheit der Gestaltung fehlt (Podewils 2010, S. 396). Selbst wenn eine neue Sachverhaltsgestaltung, d. h. eine Gestaltung, die die Rechtsprechung noch nicht im Zusammenhang mit § 42 AO beschäftigt hat, unangemessen im Sinne des § 42 AO sein könnte, ist im Vorfeld nicht sicher, ob § 42 AO Anwendung findet oder nicht. Dies liegt darin begründet, dass § 42 AO „notwendigerweise ein beachtlicher Grad an Unbestimmtheit immanent" ist (Drüen 2008, S. 161). Damit besteht bei neuen Sachverhaltsgestaltungen keine Sicherheit darüber, ob sie von § 42 AO erfasst werden. Diese Unsicherheit bzgl. der Rechtsanwendung mag einige Steuerpflichtige vor solchen Sachverhaltsgestaltungen abschrecken, andere aber gerade hierzu ermutigen. Vor diesem Hintergrund ist Steuermoral auch im Zusammenhang mit vertragsverletzenden Sachverhaltsgestaltungen relevant. Darüber hinaus wird deutlich, dass Steuermoral als Handlungsregel, Steuern zu zahlen, nicht identisch ist mit einer moralischen Pflicht, Gesetze einzuhalten. So ist es denkbar, dass ein Steuerpflichtiger grundsätzlich die Handlungsregel, Steuern zu zahlen, beachten will, aber im steuerjuristischen Sinne leichtfertig handelt, weil er bspw. die durch einen Berater erstellte Steuererklärung nicht auf ihre Richtigkeit hin überprüft und damit die Tatbestandsvoraussetzung der leichtfertigen Steuerverkürzung nach § 378 AO erfüllt (Jäger 2009, § 378 AO, Rz. 20). Ebenso wenig ist ausgeschlossen, dass aus steuermoralischen Gründen auf eine Sachverhaltsgestaltung verzichtet wird, die – wie sich im Nachhinein herausstellt – gesetzlich zulässig gewesen wäre.

Steuermoral, expliziert als Handlungsregel, Steuern zu zahlen, ist somit relevant, weil Steuerhinterziehung und vertragsverletzende Sachverhaltsgestaltungen durch das Steuerrecht nicht vollumfassend verhindert werden können (insoweit könnte man im Hinblick auf die Unvollständigkeit gesetzlicher Regelungen eine Parallele zum Konzept unvollständiger Verträge ziehen, siehe Homann 1998, S. 36–38). Die vollumfängliche Umsetzung des Gesellschaftsvertrags erfordert eine Handlungsregel Steuerzahlung (siehe zur Notwendigkeit von Moral allgemein Buchanan 1999, S. 25). Im Hinblick auf diese vollumfängliche Umsetzung des Gesellschaftsvertrags ist Steuermoral alternativlos. Hierin liegt ein weiterer Grund für Steuermoral.

5 Ist Steuermoral vorteilhaft?

Steuermoral wurde als Handlungsregel expliziert, Steuern zu zahlen und damit auf Steuerhinterziehung und auf vertragsverletzende Sachverhaltsgestaltungen zu verzichten. Für eine solche Handlungsregel, Steuern zu zahlen, spricht, dass sich diese im Sinne einer deontologischen Ethik auf die Maxime „pacta sunt servanda" zurückführen lässt und dass Steuermoral für die Umsetzung des Gesellschaftsvertrags relevant ist. Im Hinblick auf die *Realisierbarkeit* einer Handlungsregel Steuerzahlung lässt sich aber kritisch einwenden, dass Steuerpflichtige diese guten Gründe akzeptieren und die Bereitschaft haben müssten, wegen dieser guten Gründe Steuern zu zahlen. Auch wenn empirische Studien steuermoralisches Handeln belegen (siehe bspw. zu Überblicken Torgler 2003, S. 289–297, Schöbel 2008, S. 139–152, Kirchgässner 2010, S. 10–20), ist nicht davon auszugehen, dass für alle Wirtschaftssubjekte diese guten Gründe ausreichen, um Steuern zu zahlen. Die Realisierung einer Handlungsregel Steuerzahlung würde erleichtert, wenn die Steuerzahlung vorteilhaft wäre. Kontraktualistisch formuliert, könnte von einem *hypothetischen Konsens* über die Handlungsregel Steuerzahlung ausgegangen werden, wenn eine solche Handlungsregel jedem Individuum Kooperationsvorteile bietet (siehe Homann 1999, S. 53–60, Höffe 2008b, S. 106 f.). Es geht also darum, auszuloten, ob die Steuerzahlung im Sinne einer deontologischen Ethik geboten und individuell vorteilhaft zugleich sein kann. Eine solche Vorteilhaftigkeit wäre ein weiterer Grund für eine Handlungsregel Steuerzahlung. Anders als bei Karl Homann wird hier die individuelle Vorteilhaftigkeit für eine Handlungsregel Steuerzahlung auf der Ebene der Rahmenordnung jedoch nicht vorausgesetzt (Homann 1997, S. 14, Homann 1998, S. 26, Homann 1999, S. 60–65). Anders als bei Karl Homann werden hier verschiedene Argumente für Steuermoral angeführt, es erfolgt keine Beschränkung auf eine kontraktualistische Argumentation.

Die Beantwortung der Frage, ob die Steuerzahlung vorteilhaft ist, setzt die Messbarkeit des durch die Steuerauszahlung hervorgerufenen Nutzens voraus. Eine solche Quantifizierbarkeit des Nutzens aus öffentlichen Gütern unterstellen die Ansätze, die die Steuerzahlungsentscheidung von Steuerpflichtigen – in erklärender Perspektive – als soziales Dilemma modellieren. Diese gehen davon aus, dass das gesamte Steueraufkommen gemäß einem angenommenen Faktor einen gesellschaftlichen Nutzen aus öffentlichen Gütern generiert. Der individuelle Anteil eines jeden Gesellschaftsmitglieds entspricht dem durchschnittlichen gesellschaftlichen Nutzen. Somit wird eine identische Nutzenfunktion der Gesellschaftsmitglieder unterstellt (Hardin 1982, S. 92–100, Gaertner 1988, S. 120–122, Schmiel 2005, S. 161, und zu einer solchen Bewertung öffentlicher Güter in der empirischen Steuermoralforschung Torgler 2003, S. 287–289).

Grundsätzlich ist zwischen *absoluter* und *relativer Vorteilhaftigkeit* der Steuerzahlung zu unterscheiden: *Absolut vorteilhaft* wäre die Steuerzahlung, wenn der individuelle Nutzen aus öffentlichen Gütern die Steuerauszahlung übersteigt. *Absolut nachteilig* wäre die Steuerzahlung hingegen im umgekehrten Fall, nämlich wenn die Steuerauszahlung größer ist als der individuelle Nutzen aus öffentlichen Gütern. Denkbar ist eine *absolut* nachteilige Steuerzahlung v. a. dann, wenn der betroffene Steuerpflichtige das Trittbrettfahren anderer Steuerpflichtiger finanziert. Allerdings würde eine *absolut* nachteilige Steuerzahlung den hypothetischen Konsens des Gesellschaftsvertrags in Frage stellen. Diese Bewertung des Nutzens aus öffentlichen Gütern stellt jedoch eine unzulässige Vereinfachung dar. Es lässt sich nicht begründen, dass alle Steuerpflichtigen öffentlichen Gütern den gleichen Nutzen beimessen. Daher ist die Messung eines *durchschnittlichen individuellen* Nutzens aus öffentlichen Gütern kritisch zu beurteilen. Vielmehr müsste der Nutzen aus öffentlichen Gütern und damit der Nutzen des Gesellschaftsvertrags *individuell* bestimmt werden. Für die Messung *absoluter* Vorteilhaftigkeit müsste zumindest ermittelt werden können, ob der *individuelle Nutzen aus öffentlichen Gütern die individuelle Steuerzahlung übersteigt.* Fraglich ist jedoch, wie dieser individuelle Nutzen gemessen werden kann.

Hier wird die folgende Bewertung vorgeschlagen, die ebenfalls annahmegebunden ist, jedoch nicht von einer identischen Nutzenfunktion der Gesellschaftsmitglieder ausgeht: Beschränkt man – wie in der Betriebswirtschaftslehre üblich (siehe bspw. König und Wosnitza 2004, S. 9–31) – die Nutzenmessung aus öffentlichen Gütern für das einzelne Gesellschaftsmitglied auf den *finanziellen* Nutzen, so lässt sich der individuelle finanzielle Nutzen aus öffentlichen Gütern, genauer aus dem Gesellschaftsvertrag, der das Angebot öffentlicher Güter konstituiert, durch das wirtschaftliche Einkommen approximieren.[6] Denn ohne den Gesellschaftsvertrag wäre es für das Gesellschaftsmitglied nicht möglich, Einkommen zu erzielen. Dabei ist zu berücksichtigen, dass es – wie in Kap. 2 herausgestellt – unter realistischer Unsicherheit keine eindeutige Definition des „wirtschaftlichen Einkommens" gibt. Vielmehr sind verschiedene Definitionen denkbar, was auch nicht zuletzt die in Kap. 3 angeführte wissenschaftliche Kontroverse über das adäquate *realisierte* wirtschaftliche Einkommen, das der Besteuerung zugrunde zu legen ist, zeigt (Schneider 2008, Siegel 2008, Wehrheim und Fross 2010, Schmiel 2011). Wäre dann die Steuerzahlung auf einen Teil des Einkommens beschränkt, das als *eine* Definition wirtschaftlichen Einkommens akzeptiert werden kann, wäre die Steuerzahlung, anders als nach der oben skizzierten Konzeption zur Messung des durchschnittlichen individuellen Nutzens aus öffentlichen Gütern, zumindest in einer objektivierten Form immer *absolut* vorteilhaft. Offensichtlich wäre das der Fall, wenn ausschließlich das wirtschaftliche Einkommen besteuert würde und der maximale Durchschnittssteuersatz unter 100 % läge. Eine Ausbeutung des Steuerpflichtigen durch das Trittbrettfahren anderer Steuerpflichtiger wäre zwar möglich, würde aber nicht zu einem *absoluten* Nachteil führen. Der schlechteste Fall wäre der, dass kein Gesellschaftsvertrag zustande kommt bzw. bestehen bleibt und somit kein wirtschaftliches Einkommen erzielt wird. In diesem Fall entstünde aber auch keine Steuerzahlung.

Während nach diesem Bewertungskonzept bei entsprechend ausgestaltetem Steuerrecht die Steuerzahlung *absolut* betrachtet immer vorteilhaft ist, kann die Steuerzahlung gegenüber der (unmoralischen) Steuernichtzahlung, die zum einen die Steuerhinterziehung und zum anderen bestimmte – in Kap. 3 als unmoralisch qualifizierte – Sachverhaltsgestaltungen umfasst, *relativ* vorteilhaft oder nachteilig sein. Die Unterschiede der Steuerzahlung im Vergleich zur (unmoralischen) Steuernichtzahlung beruhen auf drei (z. T. gegenläufigen) Effekten: *Erstens* entsteht i. d. R. durch die Steuerzahlung des betroffenen Wirtschaftssubjektes ein höheres Angebot öffentlicher Güter oder bei einem gleichbleibenden Angebot öffentlicher Güter wird der Steuersatz gesenkt. Wenn jedoch auch ohne die Steuerzahlung des betroffenen Wirtschaftssubjektes öffentliche Güter angeboten werden, ist der individuelle Nutzen des aus der individuellen Steuerauszahlung entstandenen Mehrangebots öffentlicher Güter i. d. R. kleiner als die individuelle Steuerauszahlung. Ebenso wäre der Effekt aus der Steuersatzsenkung kleiner als die individuelle Steuerauszahlung.

Deshalb ist bezogen auf diesen „Trittbrettfahrereffekt" die Steuerzahlung im Vergleich zur (unmoralischen) Steuernichtzahlung i. d. R. nachteilig.

Ein *zweiter* Unterschied zwischen Steuerzahlung und (unmoralischer) Steuernichtzahlung resultiert aus etwaigen Strafen, Geldbußen, sozialen Kosten – bspw. psychische Belastungen, Verlust des gesellschaftlichen Ansehens, das Empfinden von Schuld (Schöbel 2008, S. 91–93) –, wenn die (unmoralische) Steuernichtzahlung aufgedeckt und als strafrechtliche Steuerhinterziehung oder unagemessene Steuergestaltung im Sinne des § 42 AO qualifiziert wird. Im Hinblick auf diesen „Sanktionseffekt" ist die Steuerzahlung gegenüber der (unmoralischen) Steuernichtzahlung vorteilhaft, sofern eine Aufdeckung und eine Qualifizierung als strafrechtliche Steuerhinterziehung oder unangemessene Steuergestaltung im Sinne des § 42 AO wahrscheinlich sind. Wäre hingegen nicht von einer Aufdeckung und einer Qualifizierung als strafrechtliche Steuerhinterziehung oder unangemessene Steuergestaltung im Sinne des § 42 AO auszugehen, wäre im Hinblick auf diesen „Sanktionseffekt" Steuerzahlung einerseits und (unmoralische) Steuernichtzahlung andererseits gleich zu beurteilen.

Ein *dritter* Unterschied ist darin begründet, dass die (unmoralische) Steuernichtzahlung des betroffenen Wirtschaftssubjektes bei *anderen Steuerpflichtigen* Reaktionen auslösen kann, die sich auf das Angebot öffentlicher Güter oder bei gleichbleibendem Angebot auf den Steuersatz auswirken. Die eigene Steuerzahlung ist im Vergleich zur (unmoralischen) Steuernichtzahlung vorteilhaft, wenn die anderen Steuerpflichtigen sich hierdurch zur Steuerzahlung veranlasst sehen und sich dies merklich auf das Angebot öffentlicher Güter oder bei gleichbleibendem Angebot auf die Höhe des Steuersatzes auswirkt. Umgekehrt ist die (unmoralische) Steuernichtzahlung nachteilig, wenn diese andere Steuerpflichtige ebenfalls zur (unmoralischen) Steuernichtzahlung motiviert und sich hieraus die Konsequenz eines geringeren oder fehlenden Angebots an öffentlichen Gütern oder ein höherer Steuersatz ergibt. Dieser „Gesellschaftsvertragseffekt" wird implizit als bedeutsam angesehen, wenn Steuerhinterziehung – in erklärender Perspektive – als soziales Dilemma dargestellt wird (siehe Gaertner 1988, S. 112–128, Schmiel 2005, S. 159–163). Dass sich Wirtschaftssubjekte durch das Handeln anderer beeinflussen lassen, wird gestützt durch die empirische Forschung zu reziprokem Handeln (siehe Falk 2003, S. 155–158, und die empirische Steuermoralforschung Torgler 2003, S. 287–289).

Dieser „Gesellschaftsvertragseffekt" wird hingegen implizit von dem Schrifttum ignoriert, das die Steuerzahlungsentscheidung allein von dem zu erzielenden Vorteil aus der (unmoralischen) Steuernichtzahlung und der zu erwartenden Sanktion („Sanktionseffekt") abhängig macht (Allingham und Sandmo 1972, Hundsdoerfer 1996, S. 87–338). Denn dann wird unterstellt, dass das Angebot öffentlicher Güter unverändert bleibt. Implizit wird dabei angenommen, dass aufgrund der Sanktion von Steuerhinterziehung und Gestaltungsmissbrauch sowie der ungleich verteilten – weil einkünfteabhängigen – Möglichkeiten zur (unmoralischen) Steuernichtzahlung immer ein Mindeststeueraufkommen und ein Mindestangebot öffentlicher Güter entsteht. Die (unmoralische) Steuernichtzahlung des betroffenen Wirtschaftssubjektes könnte somit nach dieser Auffassung niemals zum Zusammenbruch des Angebots an öffentlichen Gütern beitragen. Wenn Steuern wie hier als elementarer Bestandteil eines (fiktiven) Gesellschaftsvertrags verstanden werden, ist zwar zu erwarten, dass Wirtschaftssubjekte, denen die Möglichkeit zur (unmoralischen) Steuernichtzahlung versperrt bleibt, Steuern zahlen, auch wenn sie den berechtigten Eindruck haben, dass ein Großteil anderer Steuerpflichtiger (unmoralisch) nicht zahlt. Legt man jedoch reziprokes Verhalten von Steuerpflichtigen zugrunde, ist zu vermuten, dass Wirtschaftssubjekte, denen die Möglichkeit zur (unmoralischen) Steuernichtzahlung versperrt ist, *andere legale oder illegale Möglichkeiten* wählen werden, dem Gesellschaftsvertrag ihre Zustimmung zu entziehen, wenn sie davon ausgehen müssen, dass andere Steuerpflichtige nicht zahlen. Beispielsweise ist es denkbar, dass diese Wirtschaftssubjekte die Garantie des Privateigentums oder die Ungleichverteilung von Einkommen und Vermögen nicht mehr akzeptieren und entsprechend handeln.[7] Steuerzahlung als Handlungsregel kann somit Beeinträchtigungen des Gesellschaftsvertrags verhindern, sie wäre insoweit *relativ* vorteilhaft. Die Steuerzahlung kann als (ausbeutungsoffene) Investition in die Aufrechterhaltung des Gesellschaftsvertrags verstanden werden (Suchanek und Waldkirch 1999, S. 10–16). Die Steuerzahlung soll dann dazu führen, dass andere Wirtschaftssubjekte ebenfalls zur Aufrechterhaltung des Gesellschaftsvertrags beitragen, und zwar sowohl durch Steuerzahlung als auch durch anderes vertragskonformes Handeln. Offensichtlich ist es aber schwierig, abzuschätzen, ob bei (unmoralischer) Steuernichtzahlung des betroffenen Wirtschaftssubjektes aufgrund der Rückwirkungen auf das Handeln anderer Steuerpflichtiger mit einer Beeinträchtigung des Gesellschaftsvertrags zu rechnen ist oder nicht (siehe zu Auslösern einer Delegitimation von Gesellschaftsverträgen Homann 1999, S. 70 f.).

Die Steuerzahlung kann *individuell* vorteilhaft sein. Sie wäre *absolut* vorteilhaft, wenn man das wirtschaftliche Einkommen als Approximation des Nutzens aus öffentlichen Gütern akzeptiert und wenn die Steuerzahlung kleiner ist als das wirtschaftliche Einkommen. Steuerzahlung kann im Verhältnis zur (unmoralischen) Steuernichtzahlung aufgrund etwaiger Sanktionen vorteilhaft sein. Darüber hinaus kann der Vorteil der Steuerzahlung gegenüber der (unmoralischen) Steuernichtzahlung darin bestehen, dass eine Beeinträchtigung des Gesellschaftsvertrags vermieden wird. Die Realisierung einer Handlungsregel Steuerzahlung setzt damit nicht unbedingt voraus, dass Steuerpflichtigen gemäß der Maxime „pacta sunt servanda" handeln, weil sie diese als richtig anerkennen. Vielmehr wird die Realisierung einer Handlungsregel Steuerzahlung erleichtert, weil die Steuerzahlung unter bestimmten Voraussetzungen vorteilhaft ist.

6 Zusammenfassung und Ausblick

Warum Steuermoral? – so lautet die Ausgangsfrage dieses Beitrags. Diese Frage nach Argumenten für Steuermoral als Handlungsregel wird im (steuer-)ökonomischen Schrifttum nur vereinzelt gestellt. Steuermoral in der Perspektive einer Gestaltungsempfehlung zu untersuchen, ist damit weitgehend neu. Dieter Schneider erörtert diese Frage ebenfalls und nimmt eine sehr kritische Haltung zur Steuermoral ein: Weder Steuerhinterziehung noch Steuervermeidung durch Sachverhaltsgestaltungen seien unmoralisch (Schneider 1997, S. 490, Schneider 1985, S. 349). In diesem Beitrag werden hingegen im Sinne einer Methodologie der kritischen Prüfung (Albert 2001, S. 289–302) Argumente angeführt, die für Steuermoral sprechen. Die hier vorgelegte Explikation von Steuermoral und die vorgetragenen Argumente sind in diesem Sinne ein Vorschlag, der zur kritischen Diskussion gestellt wird.

Die Beantwortung der Ausgangsfrage dieses Beitrags – Warum Steuermoral? – erfordert die Beantwortung der Frage: „Was ist Steuermoral?". Ausgehend von einem kritisch-rationalistischen Wissenschaftsverständnis, der erfahrungswissenschaftlichen Annahme realistischer Unsicherheit, einem individualistischen Unternehmensverständnis und einem Moralverständnis, das sich auf die Verhaltens*weise* und nicht auf die Verhaltens*motivation* bezieht, gelangt der Beitrag zu der folgenden Explikation: Steuermoral wird als Verzicht auf Steuerhinterziehung und – diese Explikation unterscheidet sich von dem sonst vorgetragenen Steuermoralverständnis (siehe Kirchgässner 2003, S. 226) – als Verzicht auf bestimmte Sachverhaltsgestaltungen verstanden. Hierunter fallen Sachverhaltsgestaltungen, mit denen der Steuerpflichtige jenseits steuerlicher Wahlrechte eine offensichtlich ungleichmäßige oder zumindest weitgehend unstrittig ungleichmäßige Besteuerung nutzt, die er ohne Besteuerung erst gar nicht in die Vorteilhaftigkeitsbetrachtung unterschiedlicher Entscheidungsalternativen aufgenommen hätte, weil diese ohne Berücksichtigung der Besteuerung keine vernünftigen Gestaltungsalternativen gewesen wären. Dabei geht es weniger um justitiable Regelungen, wann Sachverhaltsgestaltungen unmoralisch sind, als vielmehr darum, das Bewusstsein zu vermitteln, dass nicht alles gesetzlich Zulässige moralisch ist. Für diese Explikation von Steuermoral spricht, dass die Steuerzahlung als elementarer Bestandteil eines fiktiven Gesellschaftsvertrags illustriert werden kann und – wenn man dem folgt – im Sinne einer deontologischen Ethik auf die Maxime „pacta sunt servanda" zurückzuführen ist. Wenn jedoch eindeutig die politischen Agenten ihrer Verpflichtung nicht nachkommen – mithin eindeutig Steuergelder verschwenden oder das Steuersystem offensichtlich umfassend ungleichmäßig ausgestaltet ist – und den Gesellschaftsmitgliedern keine geeigneten Instrumente zur Verfügung stehen, die Agenten *unmittelbar* zu sanktionieren, ist eine Handlungsregel Steuerzahlung nicht mehr argumentativ zu stützen.

Vor dem Hintergrund, dass das Steuerrecht in § 370 AO die Steuerhinterziehung und in § 42 AO so genannte unangemessene Sachverhaltsgestaltungen regelt, schließt sich als *zweite* – bisher ebenfalls nicht erörterte – Frage an, ob individuelle Steuermoral überhaupt *relevant* ist. Steuermoral ist nach hier vetretener Auffassung relevant, weil Steuerhinterziehung und vertragsverletzende Sachverhaltsgestaltungen in einer Welt unter realistischer Unsicherheit und Ungleichverteilung des Wissens durch das Steuerrecht nicht vollumfassend verhindert werden können. Die vollumfängliche Umsetzung des Gesellschaftsvertrags erfordert eine Handlungsregel Steuerzahlung. Im Hinblick auf diese vollumfängliche Umsetzung des Gesellschaftsvertrags ist Steuermoral letztlich alternativlos. Hierin liegt nach hier vertretener Auffassung ein weiterer Grund für Steuermoral.

Im Hinblick auf die *Realisierbarkeit* einer Handlungsregel Steuerzahlung lässt sich kritisch einwenden, dass Steuerpflichtige diese guten Gründe akzeptieren und die Bereitschaft haben müssten, wegen dieser guten Gründe Steuern zu zahlen. Deshalb würde die Realisierung einer Handlungsregel Steuermoral erleichtert, wenn Steuermoral individuell vorteilhaft wäre. Gemäß der hier vorgenommenen Analyse ist – entgegen dem Schrifttum, das die Einflüsse auf steuermoralisches Handeln in erklärender Perspektive erörtert – zwischen *absoluter* und *relativer* Vorteilhaftigkeit zu differenzieren. Die Steuerzahlung ist *absolut* vorteilhaft, sofern man das wirtschaftliche Einkommen als Approximation des finanziellen Nutzens aus dem Gesellschaftsvertrag anerkennt und sofern die Steuerauszahlung kleiner ist als das wirtschaftliche Einkommen. Unter realistischer Unsicherheit ist jedoch das wirtschaftliche Einkommen nicht eindeutig definiert. Deshalb ist die Steuerzahlung in *objektivierter Form absolut* vorteilhaft, wenn die Steuerzahlung auf einen Teil desjenigen Einkommens beschränkt ist, das als *eine* Definition wirtschaftlichen Einkommens akzeptiert werden kann. Dann ist es zwar möglich, dass der Steuerzahler das Trittbrettfahren anderer Steuerpflichtiger finanziert, die Ausbeutung reicht aber nicht so weit, dass sein wirtschaftliches Einkommen negativ wird. Die *absolut* vorteilhafte Steuerzahlung kann *relativ* betrachtet im Verhältnis zur (unmoralischen) Steuernichtzahlung vorteilhaft oder nachteilig sein. Mögliche Vorteilhaftigkeit resultiert *erstens* daraus, dass bei Aufdeckung einer (unmoralischen) Steuernichtzahlung diese mit Konsequenzen verbunden ist. Mögliche Vorteilhaftigkeit ist *zweitens* denkbar, wenn die Steuerzahlung im Vergleich zur (unmoralischen) Steuernichtzahlung die Beeinträchtigung des Gesellschaftsvertrags verhindert.

Steuerzahlung als Handlungsregel und absolute Vorteilhaftigkeit der Steuerzahlung sind somit an eine – auf das wirtschaftliche Einkommen bezogene – gleichmäßige Ausgestaltung des Steuerrechts geknüpft. Die gleichmäßige Ausgestaltung der Steuergesetze ist Teil einer *Besteuerungsmoral* der politischen Agenten (siehe hierzu Tipke 2000b, zur Gerechtigkeitsbindung allgemein Höffe 2008b, S. 107). Diese Besteuerungsmoral entfaltet überdies Wechselwirkungen zur *relativen* Vorteilhaftigkeit der Steuerzahlung: Wenn Steuerpflichtige sich gerecht behandelt fühlen, entstehen im Zusammenhang mit der (unmoralischen) Steuernichtzahlung höhere soziale Kosten. Darüber hinaus wird vermutlich durch entsprechende Besteuerungsmoral die Bereitschaft zunehmen, in den Gesellschaftsvertrag zu investieren (siehe zum Einfluss der Besteuerungsmoral auf das Handeln von Steuerpflichtigen Schöbel 2008, S. 139–152, Kirchgässner 2010, S. 10–18). Unter realistischer Unsicherheit ist jedoch – so wurde in Kap. 3 deutlich – Gleichmäßigkeit der Besteuerung nicht eindeutig definiert. Es ist generell nicht möglich, optimale Rechtsregeln aus Prämissen in einem strengen Sinne zu deduzieren (Wegner 1995, S. 74). Besteuerungsmoral müsste unter realistischer Unsicherheit deshalb neu formuliert werden: Statt Gleichmäßigkeit der Besteuerung bestimmter Steuerrechtsregeln apodiktisch zu behaupten, müsste die Begrenztheit des Wissens gegenüber den Steuerpflichtigen offengelegt und die Schwierigkeit der Ausgestaltung eines gleichmäßigen Steuerrechts problematisiert werden. Die Verantwortung hierfür tragen nicht nur die politischen Agenten, sondern auch deren (wissenschaftliche) Berater.

Warum Steuermoral? Die Antwort auf die Ausgangsfrage dieses Beitrags lautet damit: Weil Steuerzahlung im Sinne einer deontologischen Ethik moralisch, Steuermoral alternativlos und Steuermoral unter bestimmten Voraussetzungen zumindest absolut vorteilhaft ist.

Danksagung: Ich danke drei anonymen Gutachtern für ihre konstruktive Kritik.

Anmerkungen

1   Siehe zur Explikation Radnitzky 1992. Gemeint ist hier zumindest eine Explikation im Sinne der dort angegebenen Standarddefinition, derzufolge ein Begriff durch einen ihm „an Exaktheit überlegenen Begriff ... ersetzt wird" (S. 73).

2   Diese hier verwandte offene Einkommensdefinition ist nicht mit dem offenen Vorteilsbegriff zu verwechseln, den Karl Homann in Anlehnung an Gary S. Becker verwendet (Homann 2002, S. 103) und der über finanzielle Vorteile hinausgeht.

3   Ein anderes Unternehmensverständnis ergäbe sich u. U., wenn zwar auf die Eigenkapitalgeber abgestellt, zugleich aber berücksichtigt wird, dass man es im Rahmen eines Unternehmens mit „Individuen zu tun hat, die nicht separat für sich, sondern *gemeinsam* oder *organisiert* – eben *korporativ* – handeln" (Vanberg 1983, S. 55, Hervorhebung im Original).

4   Neben Gleichmäßigkeit der Besteuerung kennt das deutsche Steuerrecht auch eine Umverteilung durch die Besteuerung, insbesondere durch Tarifvorschriften. Diese setzt aber voraus, dass das Erwerbseinkommen als Ausgangsgröße für die steuerliche Bemessungsgrundlage der Gleichmäßigkeit der Besteuerung entspricht (s. Hundsdoerfer et al. 2008, S. 70 f.). Fragen und Problembereiche der Umverteilung können deshalb in diesem Beitrag unberücksichtigt bleiben.

5   Der Gesellschaftsvertrag ist hier als Metapher (Höffe 2008b, S. 107) zu verstehen. Es wird nicht behauptet, dass die Steuererhebung aus den individuellen Zielen der Steuerpflichtigen deduziert werden kann. Eine solche entscheidungstheoretische Deduktion scheitert bereits an der hier zugrunde gelegten realistischen Unsicherheit.

6   Letztlich wird dann die Vorgehensweise bei der Gesamtbewertung von Unternehmen auf die Bewertung öffentlicher Güter appliziert.

7   Fraglich ist aber, ob Wirtschaftssubjekte auch dann reziprok handeln, wenn sich dadurch ihr Einkommen verringert. Dann müssten die in Kap. 2 vorgelegten Hypothesen revidiert werden.

Literatur

Albert H (2000) Kritischer Rationalismus. Mohr Siebeck, Tübingen
Albert H (2001) Rationalität und Wirtschaftsordnung. In: Albert H (Hrsg) Lesebuch. Mohr Siebeck, Tübingen, S 264–302
Allingham MG, Sandmo A (1972) Income tax evasion: a theoretical analysis. J Public Econ 1:323–338
Buchanan JM (1999) Moral und Gemeinschaft in der offenen Ordnung des Marktes. In: Vanberg V (Hrsg) Freiheit, Wettbewerb und Wirtschaftsordnung. Haufe, Berlin, S 13–36
Christensen J, Murphy R (2004) The social irresponsibility of corporate tax avoidance: taking CSR to the bottom line. Development 47(3):37–44
Drüen K (2008) Unternehmerfreiheit und Steuerumgehung. Steuer und Wirtschaft 85:154–166
Falk A (2003) Homo Oeconomicus versus Homo Reciprocans: Ansätze für ein neues Wirtschaftspolitisches Leitbild? Perspekt Wirtschaftspolitik 4(1):141–172
Freimann J (2009) Recht, Markt und Moral als Treiber einer nachhaltigen Unternehmensführung. In: Antoni-Komar I et al (Hrsg) Neue Konzepte der Ökonomik – Unternehmen zwischen Nachhaltigkeit, Kultur und Ethik, Festschrift für Reinhard Pfriem. Metropolis, Marburg, S 417–438
Gadenne V (2002) Hat der kritische Rationalismus noch etwas zu lehren? In: Böhm JM et al (Hrsg) Karl Poppers kritischer Rationalismus heute. Mohr Siebeck, Tübingen, S 58–78
Gaertner W (1988) Untergrundwirtschaft, Steuerhinterziehung und Moral. In: Hesse H (Hrsg) Wirtschaftswissenschaft und Ethik. Duncker und Humblot, Berlin, S 109–130
Gethmann CF (1995) „Individualismus, methodolgischer". In: Mittelstraß J (Hrsg) Enzyklopädie Philosophie und Wissenschaftstheorie, Bd 2. Metzler, Stuttgart, S 226 f.
Hardin R (1982) Collective action. Johns Hopkins University Press, Baltimore
Hax H, Marschdorf H (1983) Anforderungen an ein Insolvenzrecht aus betriebswirtschaftlicher Sicht. Betriebswirtschaftliche Forsch Prax 35:112–130

Heidbrink L (2011) Der Verantwortungsbegriff der Wirtschaftsethik. In: Aßländer M (Hrsg) Handbuch Wirtschaftsethik. Metzler, Stuttgart, S 188–197

Hey J (2009) Gestaltungsmissbrauch im Steuerecht nach der Neufassung des § 42 AO und dem dazu ergangenen BMF-Erlass. Betriebs-Berater, S 1044–1048

Höffe O (2008a) „Moral". In: Höffe O (Hrsg) Lexikon der Ethik, 7. Aufl. Beck, München, S 211–213

Höffe, Otfried (2008b) „Gesellschaftsvertrag". In: Höffe O (Hrsg) Lexikon der Ethik, 7. Aufl. Beck, München, S 106 f.

Höffe O (2008c) „normative Ethik". In: Höffe O (Hrsg) Lexikon der Ethik, 7. Aufl. Beck, München, S 230–232

Homann K (1990) Wettbewerb und Moral. Jahrb Christl Sozialwissenschaften 31:34–56

Homann K (1993) Wider die Erosion der Moral durch Moralisieren. In: Beaufort J et al (Hrsg) Moral und Gesellschaft. Röll, Dettelbach, S 47–68

Homann K (1997) Sinn und Grenze der ökonomischen Methode in der Wirtschaftsethik. In: Aufderheide D, Dabrowski M (Hrsg) Wirtschaftsethik und Moralökonomik. Berlin, S 11–42

Homann K (1998) Normativität angesichts systemischer Sozial- und Denkstrukturen. In: Gaertner W (Hrsg) Wirtschaftsethische Perspektiven IV. Duncker und Humblot, Berlin, S 17–50

Homann K (1999) Die Legitimation von Institutionen. In: Korff W (Hrsg) Handbuch der Wirtschaftsethik, Bd 2. Gütersloher Verlagshaus, Gütersloh, S 50–95

Homann K (2002) Die Bedeutung von Dilemmastrukturen für die Ethik. In: Lütge C (Hrsg) Vorteile und Anreize. Mohr Siebeck, Tübingen, S 94–106

Hundsdoerfer J (1996) Die Steuerhinterziehung und ihre Integration in betriebswirtschaftliche Entscheidungsmodelle. Verlag für Betriebswirtschaft und Steuern, Köln

Hundsdoerfer J et al (2008) Forschungsergebnisse in der Betriebswirtschaftlichen Steuerlehre – eine Bestandsaufnahme. Z Betriebswirtschaft 78:61–138

Jäger M (2009) § 378 AO. In: Klein F (Hrsg) Abgabenordnung. Beck, München

Kirchgässner G (2003) Moralische Aspekte der Besteuerung. In: Rose M (Hrsg) Integriertes Steuer- und Sozialsystem. Physica-Verlag, Heidelberg, S 215–241

Kirchgässner G (2010) Tax morale, tax evasion, and the shadow economy. http://www1.vwa.unisg.ch/RePEc/usg/dp2010/DP-1017-Ki.pdf. Zugegriffen: 7. Mai 2011

König R, Wosnitza M (2004) Betriebswirtschaftliche Steuerplanungs- und Steuerwirkungslehre. Physica-Verlag, Heidelberg

Lang J (2010) § 4 Rechtsstaatliche Ordnung des Steuerrechts. In: Tipke K, Lang J (Hrsg) Steuerrecht. Schmidt, Köln, S 69–137

Langlois RN (1986) Rationality, institutions, and explanation. In: Langlois RN (Hrsg) Economics as a process. Cambridge University Press, Cambridge, S 225–255

Podewils F (2010) Doppelte Steuererstattung durch „Dividenden-Stripping" – Lukrative Aktiengeschäfte um den Dividendenstichtag. AG 11:391–397

Popper KR (1992) Die offene Gesellschaft und ihre Feinde, Bd II. 7. Aufl. Mohr Siebeck, Tübingen

Radnitzky G (1992) Artikel „Explikation". In: Seiffert H, Radnitzky G (Hrsg) Handlexikon zur Wissenschaftstheorie. DTV, München, S 73–80

Ratschow E (2009) § 42 AO. In: Klein F (Hrsg) Abgabenordnung. Beck, München

Richter R, Furubotn EG (2003) Neue Institutionenökonomik, 3. Aufl. Mohr Siebeck, Tübingen

Schmidt RH, Terberger E (1997) Grundzüge der Investitions- und Finanzierungstheorie, 4. Aufl. Gabler, Wiesbaden

Schmiel U (2005) Steuerhinterziehung als Straftatbestand – eine Analyse in wirtschaftsethischer Perspektive. Z Wirtsch Unternehmensethik 6:155–172

Schmiel U (2010) Betriebswirtschaftliche Steuerlehre und Wirtschafts-/Unternehmensethik. Unternehm 64:460–482

Schmiel U (2011) Entspricht eine steuerliche Gewinnermittlung nach den Grundsätzen ordnungsmäßiger Bilanzierung dem Leistungsfähigkeitsprinzip? Z Steuern Recht 8:119–125

Schneider D (1985) Steuergerechtigkeit durch Regelungen gegen Steuervermeidung – ein „Gefangenendilemma" des Steuerrechts. Steuer Wirtschaft 62:345–355
Schneider D (1995) Betriebswirtschaftslehre, Bd 1. Grundlagen, 2. Aufl. Oldenbourg, München
Schneider D (1997) Steuervermeidung – eine Kavaliersdelikt? Der Betrieb 50:485–490
Schneider D (2001) Betriebswirtschaftslehre, Bd 4: Geschichte und Methoden der Wirtschaftswissenschaft. Oldenbourg, München
Schneider D (2002) Steuerlast und Steuerwirkung. Oldenbourg, München
Schneider D (2004) Steuervereinfachung durch Rechtsformneutralität? Betr 29:1517–1521
Schneider D (2006) Reform der Unternehmensbesteuerung: Niedrigere Steuersätze für zurückbehaltene Gewinne oder höhere Finanzierung aus Abschreibungen? Betriebswirtschaftliche Forsch Prax 58:262–274
Schneider D (2008) Steuerbetriebswirtschaftliche Gewinnermittlung statt des Entwurfs einer BilMoG-elpackung. In: Schmiel U, Breithecker V (Hrsg) Steuerliche Gewinnermittlung nach dem Bilanzrechtsmodernisierungsgesetz. Schmidt, Berlin, S 283–300
Schneider D (2009) „Finanzierungsneutralität der Besteuerung" als politischer Wunsch und als Widersprüchlichkeit in der erklärenden Theorie, oder: Quo vadis, Arqus. Z Betriebswirtschaftliche Forsch 61:126–137
Schöbel E (2008) Steuerehrlichkeit. Haag und Herchen, Frankfurt a. M.
Schreyögg G (2008) Unternehmensethik zwischen guten Taten und Korruption – Perspektive für die Betriebswirtschaftslehre. In: Scherer AG, Picot A (Hrsg) Unternehmensethik und Corporate Social Responsibility – Herausforderungen an die Betriebswirtschaftslehre, Z Betriebswirtschaftliche Forsch Sonderheft 58, S 116–135
Schubert C (2006) Die rechtliche Steuerung urbanen Wandels. Mohr Siebeck, Tübingen
Siegel T (2007) Rechtsformneutralität – ein klares und begründetes Ziel. In: Winkeljohann N et al (Hrsg) Rechnungslegung, Eigenkapital und Besteuerung, Festschrift für Dieter Schneeloch. Vahlen, München, S 271–289
Siegel T (2008) Leistungsfähigkeitsprinzip und steuerliche Gewinnermittlung. In: Schmiel U, Breithecker V (Hrsg) Steuerliche Gewinnermittlung nach dem Bilanzrechtsmodernisierungsgesetz. Schmidt, Berlin, S 301–331
Suchanek A (2004) Ökonomische Unternehmensethik. In: Arnold V (Hrsg) Wirtschaftsethische Perspektiven VII. Berlin, S 79–101
Suchanek A (2007) Ökonomische Ethik, 2. Aufl. Mohr Siebeck, Tübingen
Suchanek A, Waldkirch R (1999) Das Konzept der offenen Verträge, Diskussionsbeitrag Nr. 128 der Katholischen Universität Eichstätt, Ingolstadt
Tipke K (2000a) Die Steuerrechtsordnung, Bd 1: Wissenschaftsorganisatorische, systematische und grundrechtlich-rechtsstaatliche Grundlagen, 2. Aufl. Schmidt, Köln
Tipke K (2000b) Besteuerungsmoral und Steuermoral. Westdt. Verlag, Wiesbaden
Torgler B (2003) To evade taxes or not to evade: that is the question. J Socio-Econ 32:283–302
Torgler B (2007) Tax Compliance and Tax Morale. Northampton
Vanberg V (1983) Der individualistische Ansatz zu einer Theorie der Entstehung und Entwicklung von Institutionen. Jahrbu Neue Politische Ökonomie 2:50–69
Vanberg V (1997) Moral und Interesse, Ethik und Ökonomik. In: Hegselmann R, Kliemt H (Hrsg) Moral und Interesse. Oldenbourg, München, S 167–181
Wagner FW (1986) Der gesellschaftliche Nutzen einer betriebswirtschaftlichen Steuervermeidungslehre. Finanzarchiv NF 44:32–54
Wagner FW (1992), Neutralität und Gleichmäßigkeit als ökonomische und rechtliche Kriterien steuerlicher Normkritik. Steuer Wirtsch 69:2–13
Wagner FW (2000) Unternehmenssteuerreform und Corporate Governance. Steuer Wirtsch 77:109–120
Wagner FW (2003) Die real existierende Einkommensteuer ist eine konsumorientierte Besteuerung. In: Ahlheim M et al (Hrsg) Steuerpolitik – Von der Theorie zur Praxis, Festschrift für Manfred Rose. Springer, Berlin, S 369–390

Wagner FW (2004) Gegenstand und Methoden betriebswirtschaftlicher Steuerforschung. Steuer Wirtsch 81:237–250

Wegner G (1995) Regelwahl, Regelbefolgung und ökonomische Entwicklung. In: Wagner A, Lorenz H (Hrsg) Studien zur Evolutorischen Ökonomik III. Duncker und Humblot, Berlin, S 59–76

Wenger E (1986) Einkommensteuerliche Periodisierungsregeln, Unternehmenserhaltung und optimale Einkommensbesteuerung, Teil II. Z Betriebswirtschaft 56:132–151

Wehrheim M, Fross I (2010) Wider die Aushöhlung des Maßgeblichkeitsprinzips. Steuer Wirtsch 87:195–203

Witt U (1987) Individualistische Grundlagen der evolutorischen Ökonomik. Mohr Siebeck, Tübingen

Witt U (2004) Beharrung und Wandel – ist wirtschaftliche Evolution theoriefähig? Erwägen Wissen Ethik (EWE) 15(2): 33–45

Zimmerli WCh, Aßländer M (1996) Wirtschaftsethik. In: Nida-Rümelin J (Hrsg) Angewandte Ethik. Kröner, Stuttgart, S 291–344

Zisowski U (2001) Grundsätze ordnungsgemäßer Überschuldungsrechnung. Schmidt, Bielefeld

Why tax morale is necessary: explication, relevance and advantageousness of tax morale

Abstract: The subject of this article is the explication, investigation of the relevance and the analysis of the advantages of tax morale. Tax morale is defined as the rejection of tax evasion and also as the rejection of special tax avoidance strategies. One argument in favor for tax morale is that tax payment can be interpreted as an elementary component of a fictitious social contract. In accordance with deontology ethics it can be traced back to the maxim "pacta sunt servanda". Tax morale is relevant because tax evasion and tax avoidance strategies cannot be fully prevented by the tax law. The implementation of a social contract therefore requires a regulation for tax payment. The realization of a tax payment regulation would be simplified if tax payment would be beneficial. If economic income is accepted as an approximation of the financial utility from the social contract, the tax payment is absolutely beneficial in principle. In relation to the (immoral) non-payment of taxes, tax payment can be relatively advantageous or disadvantageous. One possible advantage is that (immoral) non-payment of taxes can result in punishment when detected. Another result of tax payment is the prevention of an impairment of the social contract.

Keywords: Social contract · Tax evasion · Tax morale · Tax avoidance

ZfB-SPECIAL ISSUE 6/2012

Individuelle Freiheit als Grundlage normativer Ökonomik

Ansatzpunkte zur Beurteilung der ethischen Legitimität unternehmerischen Handelns in einer globalisierten Welt

Dominik van Aaken

Zusammenfassung: In der wissenschaftlichen Auseinandersetzung um den adäquaten theoretischen Zugang zur Behandlung unternehmensethischer Fragestellungen stehen ökonomische Ansätze zunehmend in der Kritik. Kernpunkt der Kritik ist deren behauptete begrenzte Eignung im Hinblick auf ethisch-normative Urteile. Ausgangspunkt der vorliegenden Argumentation ist die Feststellung, dass ökonomische Theorien mit der Betonung individueller Freiheit eine grundlegende Wertung vornehmen. Ziel des Beitrags ist es, diese Basiswertung explizit auszuweisen und darauf aufbauend weitere Wertungen abzuleiten, die auch zur Beurteilung der Legitimität unternehmerischen Handelns in einer globalisierten Welt herangezogen werden können. Grundlegend ist dabei die Idee, dass die individuelle Freiheit jedes Einzelnen dazu führt, dass die von Unternehmen geschlossenen Verträge nur dann als ethisch gerechtfertigt angesehen werden können, wenn diese auf einem freiwilligen Einverständnis der Individuen beruhen.

Schlüsselwörter: Unternehmensethik · CSR · Normative Ökonomik · Freiheit · Verträge

JEL Classification: A13 · B41 · I31

© Springer Fachmedien Wiesbaden 2012

Dr. D. van Aaken (✉)
Institut für Produktionswirtschaft und Controlling, Ludwig-Maximilians-Universität München,
Ludwigstr. 28, 80539 München, Deutschland
E-Mail: aaken@bwl.lmu.de

1 Motivation

In der wissenschaftlichen Auseinandersetzung um den adäquaten theoretischen Zugang zur Behandlung unternehmensethischer Fragestellungen stehen ökonomische Ansätze zunehmend in der Kritik. Diese begreifen die Übernahme gesellschaftlicher Verantwortung als eine von vielen Möglichkeiten für Unternehmen, ihren Gewinninteressen nachzugehen (vgl. z. B. McWilliams und Siegel 2001; Orlitzky et al. 2011; Suchanek 2007). Ethik und Ökonomik werden als prinzipiell kompatibel gesehen: Statt verantwortliches Handeln als profitmindernd zu konzeptualisieren, geht die Ökonomik davon aus, dass gesellschaftlich erwünschtes Verhalten grundsätzlich zu mehr Profitabilität führen kann (Homann 1994, 1999). Liegen hingegen keine Anreize für Unternehmen vor, sich verantwortungsvoll zu verhalten, argumentieren ökonomische Theorien für eine Änderung der institutionellen Ordnung. Klassischerweise bedeutet dies, dass insbesondere der Staat durch entsprechende Gesetzgebungen die Rahmenordnung so verändern soll, dass Unternehmen Anreize haben, sich gesellschaftlich zu engagieren (Friedman 1962/2002; Sundaram und Inkpen 2004).

Kernpunkt der Kritik an ökonomischen Zugängen zur Unternehmensverantwortung ist deren begrenzte Eignung im Hinblick auf ethisch-normative Urteile. Im deutschsprachigen Raum ist solche Kritik insbesondere aus Perspektive der integrativen Wirtschaftsethik entwickelt worden (vgl. bspw. Ulrich 1987, 2009). In jüngerer Zeit wird auch in hochrangigen internationalen Publikationen angezweifelt, dass das ökonomische Paradigma sich für eine adäquate Konzeptualisierung unternehmerischer Verantwortung eignet (Gond et al. 2009; Hanlon 2008; Scherer und Palazzo 2007). Es wird davon gesprochen, dass die Ökonomik ein grundlegendes „normatives Defizit" (Margolis und Walsh 2003) aufweist, aufgrund dessen der ökonomische Ansatz zur normativen Fundierung unternehmerischer Verantwortung nicht geeignet sei. Dieses Defizit sei in Zeiten der Globalisierung besonders augenscheinlich. Die unter Ökonomen weit verbreitete Auffassung einer Trennung von Staat als einzigem politischen Akteur und Unternehmen als rein ökonomischen Akteuren werde durch den schwindenden Einfluss politischer Akteure auf Unternehmen fragwürdig (vgl. auch Steinmann 2012). Insofern führe eine Verortung von Ethik in eine Rahmenordnung, die ökonomisches Handeln kanalisieren soll und damit Unternehmen auf der Handlungsebene von ethischer Verpflichtung freistellt, nicht zu gesellschaftlich erwünschten Ergebnissen, sondern nur zu einer Reproduktion herrschender gesellschaftlicher Machtstrukturen (Banerjee 2003; Kuhn und Deetz 2008). Aufgrund eines fehlenden ethischen Fundaments sei die Ökonomik also nicht in der Lage, Unternehmen in einer globalisierten Welt normative Orientierung zu vermitteln (Scherer und Palazzo 2007).

Zwar kann man den Kritikern der Ökonomik durchaus in ihrer Diagnose zustimmen, dass in der herrschenden Diskussion zum Thema Unternehmensverantwortung die ökonomischen Beiträge eine normative Fundierung vermissen lassen, worauf auch von Ökonomen immer wieder hingewiesen worden ist (vgl. bspw. Hosmer und Chen 2001). Allerdings ist die mangelnde Diskussion der normativen Grundlagen ökonomischen Denkens nicht darauf zurückzuführen, dass es diese nicht geben würde. Ausgangspunkt des vorliegenden Beitrags ist die Feststellung, dass ökonomische Theorien mit der Betonung individueller Freiheit eine grundlegende Wertung vornehmen. Diese kann zwar nicht aus der ökonomischen Logik selbst heraus *begründet* werden, wird aber systematisch zur *conditio sine qua non* ökonomischer Argumentation erhoben. Ziel des vorliegenden Beitrags ist es, diese Basiswertung explizit auszuweisen und darauf aufbauend weitere Wertungen abzuleiten, die auch zur Beurteilung der Legitimität unternehmerischen Handelns in einer globalisierten Welt herangezogen werden können.

Damit steht dieser Beitrag nicht in der Tradition positiver ökonomischer Forschungen. Es geht also *nicht* um die Fragestellung, unter welchen Bedingungen sich Unternehmen in gesellschaftlicher erwünschter Weise verhalten, noch um das daran anschließende Problem, wie man Unternehmen dazu bringen kann, sich für ethische Ziele und Wertvorstellungen zu engagieren. Dieser Beitrag untersucht stattdessen die Frage, welche Verantwortung Unternehmen aus ökonomischer Perspektive übernehmen *sollten*.[1] Damit trägt er zur *normativen* Theoriebildung bei. Normative Theorien zeichnen sich durch ein miteinander in Beziehung gesetztes, in Sätzen ausgedrücktes Wissen über Werte aus (von Kutschera 1998, S. 42 ff.). Dieses Wissen über Werte soll helfen, empirische Gegebenheiten hinsichtlich ihrer ethischen Legitimität beurteilen zu können.

Um die Frage nach der Verantwortung von Unternehmen in einer globalisierten Welt zu beantworten, wird zunächst in Abschnitt zwei erläutert, welcher Status dem Wert der individuellen Freiheit in ökonomischen Ansätzen zugesprochen wird. Während in einigen ökonomischen Arbeiten Freiheit als Mittel zur Erreichung anderer, höher gestellter Werte angesehen wird, bewerten viele Ökonomen Freiheit als einen eigenständigen, nichtrelativierbaren Wert. Auch wenn der vorliegende Beitrag letztere Position als Ausgangspunkt seiner Argumentation nimmt, geht es im Folgenden nicht darum, diese grundlegende Wertung zu begründen, sondern vielmehr darum, auf Grundlage dieser normativen Basis weitere Wertungen abzuleiten (Küpper 2011, S. 189 ff.), die zur Beurteilung der Legitimität unternehmerischen Handelns herangezogen werden können. Zentral ist dabei die Idee, dass die individuelle Freiheit jedes Einzelnen dazu führt, dass die von Unternehmen geschlossenen Verträge nur dann als ethisch gerechtfertigt angesehen werden können, wenn diese auf einem freiwilligen Einverständnis der Individuen beruhen. Wird die individuelle Freiheit vorausgesetzt, werden Verträge nur zustande kommen, wenn die Akteure diesen freiwillig zustimmen. Die sich daraus ergebenen Konsequenzen werden in drei Schritten erläutert.

Zunächst ist zu klären, unter welchen Bedingungen man davon ausgehen kann, dass eine Zustimmung freiwillig erfolgt (Abschn. 3). Zwar ist es unmöglich, Kriterien anzugeben, die eine *genaue* Unterscheidung zwischen freiwilligen und nicht freiwilligen Entscheidungen erlauben; dennoch lassen sich einige Klassen von Entscheidungen als klar erzwungen und damit nicht legitim auszeichnen. Weiterhin können Vertragsschlüsse nur als freiwillige Entscheidungen rekonstruiert werden, wenn diese von den beteiligten Parteien informiert getroffen wurden. Welche Anforderungen damit verbunden sind, wird in Abschn. 4 analysiert. Abschn. 5 untersucht schließlich, unter welchen Voraussetzungen externe Effekte unternehmerischer Tätigkeit gerechtfertigt sind. Auch wenn Verträge freiwillig geschlossen wurden, können diese aus ethischer Sicht nicht legitim sein, da die Konsequenzen Dritte schädigen. Der Beitrag endet mit einer grafischen Zusammenfassung der Argumentation und einem Ausblick (Abschn. 6), der das Zusammenspiel normativer und positiver Forschung reflektiert.

2 Freiheit als intrinsischer Wert

Es ist generell Aufgabe der normativen Ökonomik, Methoden und Kriterien bereitzustellen, mit denen wirtschaftliche Tatbestände in ihrer Vorzugswürdigkeit beurteilt werden können (Mongin 2006, S. 20). Zwar kann man feststellen, dass relativ selten explizit über den Status von Freiheit reflektiert wird (Fleurbaey et al. 1998; Walsh 2008, S. 207), dennoch hat sich eine lebendige Debatte um den Status, die Konzeptualisierung und Messbarkeit von Freiheit zumindest im Grenzgebiet zwischen Ökonomik und Philosophie entfacht (vgl. bspw. Carter und Kramer 2008; Dowding und van Hees 2008; Sugden 2006, 2010).

Die Bedeutung, die Begriffen wie z. B. freier Markt oder freier Handel in der normativen Ökonomik zukommt, ist ein Indiz dafür, dass Freiheit ein zentraler Begriff dieser Analysen ist. So wird die Vorzugswürdigkeit der Marktwirtschaft u. a. damit begründet, dass sie – im Gegensatz zur Zentralverwaltungswirtschaft – die Freiheit der Individuen respektiert (vgl. bspw. Hayek 1944/2001; Nozick 1974; Rothschild 1992): Die Allokation und Distribution von Gütern kommt aufgrund freiwilliger Markttransaktionen zustande und nicht aufgrund staatlicher Steuerung. Insofern schafft der Markt eine „coordination without coercion" (Friedman 1962/2002, S. 15). Da Markttransaktionen auf dem freiwilligen Einverständnis der Vertragspartner beruhen, ist die Bewertung des Marktes als ein „herrschaftsfreier Koordinationsmechanismus" (Vaubel 2007, S. 113), in der normativen Ökonomik weit verbreitet.

Unabhängig von der zentralen Bedeutung, welche der individuellen Freiheit in der normativen Ökonomik generell zugeschrieben wird, lassen sich die verschiedene Ansätze danach unterscheiden, ob sie individueller Freiheit einen *instrumentellen* oder auch einen *intrinsischen* Wert beimessen. In einer instrumentellen Konzeption wird Freiheit als Instrument zur Erreichung eines anderen, höheren Wertes gesehen. So verwenden Ökonomen den Freiheitsbegriff instrumentell, wenn sie z. B. soziale Wohlfahrt als letztendlichen Wert proklamieren (vgl. bspw. Coase 1960; Harsanyi 1955). Freiheit wird dann als ein Mittel angesehen, soziale Wohlfahrt zu fördern, da freie Entscheidungen es ermöglichen, diejenigen Handlungsalternativen zu wählen, welche – vermittelt über Märkte – die soziale Wohlfahrt erhöhen. Der Status, den individuelle Freiheit in diesen Theorien einnimmt, wird dementsprechend davon abhängig gemacht, in wie weit Freiheit zur Verwirklichung sozialer Wohlfahrt beiträgt.

Ausgangspunkt der vorliegenden Argumentation sind dagegen die ökonomischen Ansätze, die individueller Freiheit nicht nur einen instrumentellen, sondern auch einen *intrinsischen* Wert beimessen (vgl. z. B. Buchanan 1986; Hausman und McPherson 1993; Sen 1987; Sugden 2010). Mit anderen Worten: Freiheit ist nicht nur ein Instrument um bspw. die soziale Wohlfahrt zu steigern, sondern ein grundlegender Wert, der durch andere Werte nicht aufgehoben werden kann. Nach dieser Auffassung steht nichts über dem individuellen Interesse, keine überindividuelle moralische Pflicht, der man folgen muss (Gloria-Palermo und Palermo 2005, S. 69). Jedes Individuum soll sein Leben nach seinen Wertmaßstäben gestalten können. Insofern werden dem Individuum keine Werte, bspw. die einer Gemeinschaft oder Gesellschaft vorgeschrieben. Freiheit als intrinsischer Wert impliziert die freiwillige Wahl jedes Einzelnen, sich in Gemeinschaften zu engagieren. Es ist einzig dem Individuum und nicht einem Kollektiv überlassen, welche Werte es in seinem Leben verfolgen möchte.

Die vorgenommene Wertung, Freiheit als intrinsischen Wert anzusehen, soll nicht inhaltlich bestimmen, was die von Individuen anzustrebenden Werte sein sollen (Buchanan 1986; Engelen 2007). Vielmehr wird die individuelle Freiheit jedes Einzelnen als eine grundsätzliche *Bedingung* für die Verwirklichung individueller Lebenspläne begriffen. So mag es das Ziel eines Individuums sein, eine bestimmte Position in Wirtschaft oder Politik einzunehmen, zu möglichst viel Reichtum zu gelangen oder das Hungerleiden in der dritten Welt zu bekämpfen. Aus Sicht der Individuen spiegeln diese Ziele die höchsten Werte wider, die sie in ihrem Leben verwirklicht sehen wollen. Freiheit als intrinsischen Wert zu begreifen, bedeutet nun nicht, Individuen Freiheit als letzten Wert vorzuschreiben und damit ihre eigenen Wertvorstellungen abzuwerten. Unabhängig davon, wie die Lebenspläne der einzelnen Individuen aussehen, die Freiheit der Individuen wird immer als Voraussetzung dafür gedacht, dass diese ihre Lebenspläne auch umsetzen können. In diesem Sinne schrieb Bay (1970, S. 18 f.):

> Men obviously want many different things in life—love, new experiences, travel, long life, and so on. A peculiar characteristic of the freedom value seems to be that it tends to enter other values as a necessary ingredient. Freedom is the soil required for the full growth of other values.

Der intrinsische Wert der Freiheit leitet sich damit nicht daraus ab, dass Individuen diesen Wert in ihrem eigenen Leben schätzen, sondern daraus, dass Freiheit eine Voraussetzung dafür ist, dass Individuen ihre persönlichen Wertvorstellungen umsetzen können (Sen 1988). Mit anderen Worten: Je mehr der Handlungsspielraum der Individuen durch Zwang determiniert ist, desto weniger können sie ihre unterschiedlichen individuellen Werte zur Geltung bringen.

Fasst man Freiheit als intrinsischen Wert auf, bedeutet dies nicht, dass keine Einschränkungen der individuellen Freiheit nötig bzw. möglich sind. So gehen Vertreter dieser Position davon aus, dass die Freiheit des Einzelnen und damit seine Möglichkeit, bestimmte Lebenspläne zu verfolgen, grundsätzlich durch die Freiheit des Anderen beschränkt ist (Vaubel 2007). Wie Mack (1999) gezeigt hat, wird dies als eine notwendige Einschränkung der individuellen Freiheit interpretiert. Sie ist darauf zurückzuführen, dass die Verwirklichung von individuellen Lebensplänen systematisch der Gefahr ausgesetzt ist, durch Eingriffe Anderer verhindert zu werden. Wenn es aber jedem gestattet ist, die Lebenspläne anderer zu verhindern, macht es keinen Sinn, individuelle Freiheit überhaupt als intrinsischen Wert zu proklamieren. Geht man also davon aus, dass jedes einzelne Individuum die Freiheit haben soll, sein Leben nach seinen Wertvorstellungen zu gestalten, ist der Schutz vor Eingriffen Dritter als eine notwendige Bedingung dieser Position anzuerkennen (Buchanan 1990, S. 12–16).

Weitere Einschränkungen der individuellen Freiheit sind aus der individuellen Freiheit des Einzelnen selbst heraus begründbar. Dies bedeutet, dass jedes Individuum seine Freiheit einschränken kann, solange es seinem eigenen Interesse bzw. seinen eigenen Lebensvorstellungen entspricht. Freiheit kann also gegen andere Güter getauscht werden. So ist es auch unproblematisch, wenn Individuen bspw. Arbeitsverträge unterzeichnen, welche ihre individuelle Freiheit einschränken. In diesem Fall tauschen Arbeitnehmer u. a. einen Teil ihrer Freiheit gegen andere Güter, die sie schätzen. Freiheit als intrinsischen Wert zu verstehen, schließt also nicht aus, dass Individuen ihre Freiheit instrumentell nutzen.

Wichtig ist allerdings, dass eine Einschränkung der Freiheit nur dann legitim ist, wenn dies auf einem freiwilligen Einverständnis der betreffenden Akteure beruht, die Einschränkung der Freiheit also als Ausdruck ihrer Freiheit gewertet werden kann.[2]

Fasst man Freiheit mit Buchanan, Hayek und anderen Ökonomen als einen intrinsischen Wert auf, bedeutet dies, dass es einzig dem Individuum und nicht einem Kollektiv überlassen ist, welche Werte es in seinem Leben verfolgen möchte, vorausgesetzt sein Handeln schränkt die Freiheit Anderer nicht ein. Aus dieser Position lässt sich eine normative Basis ableiten, von der aus auch die ethische Legitimität unternehmerischen Handelns beurteilt werden kann. Konzeptualisiert man das organisationale Geschehen als ein Netzwerk von Verträgen (Easterbrook und Fischel 1991), muss es die grundlegende Forderung einer solchen Position sein, dass die vom Unternehmen geschlossenen Verträge freiwillig unterzeichnet werden sollten. Nur eine freiwillige Vertragsunterzeichnung macht es möglich, einen Vertrag als Ausdruck der individuellen Freiheit der beteiligten Individuen zu interpretieren.

Diese Anforderung an unternehmerisches Handeln gilt unabhängig von den Gesellschaftssystemen, in denen Unternehmen tätig sind. Während man davon ausgehen kann, dass in demokratischen Gesellschaftssystemen die Einhaltung dieser Anforderung durch das Rechtssystem weitestgehend sicher gestellt sein wird, ist dies unter nichtdemokratischen Systemen anders zu bewerten. Insofern impliziert das Fehlen demokratischer Gesellschaftsstrukturen kein ‚moralisches Pflichtenvakuum' unternehmerischen Handelns. Unternehmen sind *für die mit ihnen geschlossenen Verträge* verantwortlich. Diese müssen unabhängig von der Gesellschaftsstruktur, in die sie eingebettet sind, immer als freiwillig geschlossen interpretiert werden können, da sie sonst nicht ein Wollen freier Individuen darstellen können.

3 Freiheit und Freiwilligkeit von Verträgen

Verträge sind aus dieser normativen Grundposition heraus immer dann gerechtfertigt, wenn sie auf einem freiwilligen Einverständnis der Individuen beruhen. Selbst unter der (vorläufigen) Annahme, dass die Parteien, die einen Vertrag miteinander abschließen, beide in ausreichendem Maße informiert sind und die nötige Informationsverarbeitungskapazität besitzen, um diese Informationen zu verwerten, bleibt die Frage, ab wann man berechtigter Weise davon ausgehen darf, dass Individuen einem Vertrag *freiwillig* zugestimmt haben. Dies hängt wesentlich davon ab, wie man das Konzept der individuellen Freiheit fasst.

Der Freiheitsbegriff ist von vielen verschiedenen Perspektiven aus diskutiert worden. Ökonomische Ansätze verstehen unter Freiheit typischerweise die *Handlungsfreiheit* eines Individuums.[3] Diese ist umso größer, je mehr die äußeren Umstände es zulassen, dass das Individuum seine Handlungsabsichten in die Tat umsetzen kann (Wildfeuer 2006) bzw. je größer sein potentiell nutzbarer Möglichkeitsspielraum ist (Seebass 1996, S. 763). Sein Handlungsspielraum lässt sich durch die bekannte Unterscheidung von negativer und positiver Freiheit genauer bestimmen. *Negative* Freiheit zielt auf die Abwesenheit von Einschränkungen, Hemmnissen und Zwängen. Die negative Freiheit ist somit umso größer, je weniger andere Individuen direkt oder indirekt (z. B. durch Gesetze) jemandem vorgeben, was er zu tun hat (Berlin 1995, S. 58). Eine *positive* Freiheit impliziert die Fähigkeit, die gebotenen Möglichkeiten tatsächlich nutzen zu können. Es ist also nicht die Freiheit *von* Zwängen, sondern die Freiheit *zu* handeln. Damit zielt der positive Freiheitsaspekt insbesondere auf das Vorhandensein von Ressourcen ab, die es dem Individuum erlauben, seine Pläne umzusetzen (Sugden 2010, S. 49).

Ökonomen in der Tradition Hayeks (1960/2011) setzen Freiheit mit negativer Freiheit gleich. Im historischen Kontext Hayeks ist ein solches Verständnis nachvollziehbar; die Fokussierung auf nur einen Aspekt der Freiheit wird aber dem Begriff der Freiheit als Handlungsfreiheit nicht gerecht (Seebass 1996). So hat schon Max Weber (Weber 1921/2002, S. 439) darauf aufmerksam gemacht, dass eine pure Freiheit von Zwang noch keinen Wert darstellt. Ein solcher könne erst dann angenommen werden, wenn eine zumindest minimale Möglichkeit besteht, die Freiheit auch zu nutzen. Negative Freiheit lässt dem Individuum zwar die Freiheit von äußerem Zwang. Sie allein befähigt es aber nicht, auch tatsächlich in die Welt einzugreifen: „Denn was sind Rechte, ohne die Möglichkeit, sie zu nutzen?" (Berlin 1995, S. 48). Ohne zumindest minimale Ressourcenausstattung kann keine Rede davon sein, dass ein Individuum frei ist (Ladwig 2007, S. 881; Sen 1988; van Parijs 1998). Umgekehrt gilt dasselbe für eine Verabsolutierung des positiven Freiheitsaspekts: Zur Verfügung stehende Ressourcen erweitern den potentiellen Handlungsspielraum jedes Einzelnen, sind aber nicht freiheitsfördernd, wenn Zwang die Individuen an der Verwirklichung ihres Wollens hindert. Positive und negative Freiheit sind daher keine Gegensätze, sondern bedingen sich gegenseitig (Ladwig 2007, S. 884; Sen 1987): Das Vorhandensein negativer Freiheit ist *Voraussetzung* dafür, das eine Zunahme positiver Freiheit überhaupt zu einer Zunahme an Freiheit führt. So ist bspw. eine Schenkung von signifikanten Vermögenswerten (Erhöhung der positiven Freiheit) für das beschenkte Individuum nicht freiheitserhöhend, wenn es keinerlei Möglichkeiten hat, diese Vermögenswerte in seinem Sinne zu verwerten. Umgekehrt gilt dasselbe: Das Vorhandensein positiver Freiheit ist *Voraussetzung* dafür, dass eine Erhöhung der negativen Freiheit freiheitsfördernd wirkt. Eine Abschaffung von legalen Restriktionen, die ein Individuum daran hindern, Vermögenswerte zu verkaufen, wirkt nur dann freiheitsfördernd, wenn es tatsächlich Vermögenswerte besitzt.

Dementsprechend geben die negative und die positive Freiheitsbestimmung zusammen dem Begriff der Freiheit als Handlungsfreiheit seine Bedeutung. Ein Individuum ist in dem Maße frei, in dem es keinen Zwängen ausgeliefert ist und es gleichzeitig die Möglichkeit hat, seine Lebenspläne zu verwirklichen. In diesem Sinne ist es eine Verkürzung des Begriffs Freiheit, wenn man z. B. behauptet, dass ein Mensch frei sei, eine Familie zu gründen, da das Gesetz es ihm nicht verbiete. MacCallum (1967, S. 329) schrieb dazu:

> It is important to know, [...], whether a man is free from legal restrictions to raise a family. But of course social or economic ‚arrangements' may be such that he still could not raise a family if he wanted to. Thus, merely to say that he is free to raise a family, when what is meant is only that he is free from legal restrictions to raise a family, is to invite misunderstandings.

Für die Legitimität unternehmerischen Handelns hat diese Freiheitsbestimmung weitreichende Konsequenzen. Zum einen können Verträge nur dann als ein freiwilliges Einverständnis beider Akteure rekonstruiert und damit ethisch gerechtfertigt werden, wenn beide Vertragspartner im Sinne der negativen Freiheit zum Vertragsabschluss nicht gezwungen worden sind. Verträge müssen daher einen gegenseitigen Vorteil widerspiegeln, sie müssen für alle Vertragspartner *Gelegenheiten* und keine *Zwänge* darstellen. So ist ein für einen Akteur A günstiger Vertrag mit B, der mithilfe einer Drohung von A zustande gekommen ist, dementsprechend nicht legitim. Paradigmatisch ist der Fall, in dem ein Räuber A einen Passanten B mit einer Pistole bedroht und ihm die Wahl zwischen seinem Leben und der Herausgabe seines Geldes lässt. A bringt B in eine Situation, in der B nur noch zwischen zwei für ihn schlechten Alternativen wählen kann. Von einem freiwilligen Einverständnis zwischen A und B kann keine Rede sein. Im Gegenteil, A zwingt B, da A die Handlungsalternativen von B einschränkt und dies B schlechter als vor dem Vertragsangebot stellt (Zimmerman 1981).

Zum anderen sind Verträge im Sinne des positiven Freiheitsaspekts nur dann gerechtfertigt, wenn beide Vertragspartner die *Ressourcen* haben, den Vertrag abzulehnen. Dies ist nicht der Fall, wenn der eine Vertragspartner A das Monopol einer Ressource besitzt, die B unbedingt benötigt. In diesem Fall kann B aus der ungleichen Machtverteilung asymmetrische Nutzenvorteile erzielen, die *nicht* berechtigt sind, obwohl er A nicht physisch dazu zwingt, den Vertrag einzugehen. Nozick (1969) führt das Beispiel eines gekenterten Bootes an, dessen Bootsführer seit Stunden auf einem wenig frequentierten, großen See schwimmt. Kurz vor dem Ertrinken taucht ein anderes Boot auf, dessen Kapitän dem Ertrinkenden anbietet, ihn für US$ 10.000 zu retten. Aus Sicht des negativen Freiheitsaspekts ist der Vertrag als freiwillig und damit moralisch legitim zu werten, da nach Erfüllung des Vertrages beide Parteien – im Vergleich zur Situation ohne Vertragsabschluss – besser gestellt sind. Aus Sicht des positiven Freiheitsaspekts ist der Vertrag in Nozicks Bootbeispiel allerdings nicht legitim, da der Ertrinkende nicht die Ressourcen hat, den Vertrag abzulehnen.

Ein im Kontext unternehmerischen Handelns intensiv diskutiertes Beispiel sind Arbeitsverträge in sog. Sweatshops (vgl. bspw. Snyder 2010; Zwolinski 2007). Sweatshops zeichnen sich dadurch aus, dass in ihnen unter menschenunwürdigen Bedingungen gearbeitet wird (Radin und Calkins 2006, S. 262 f.). Unter der Annahme, dass die Betreiber von Sweatshops niemanden mit Drohungen zur Arbeit zwingen (vgl. aber bspw. Ballet et al. im Druck; Rivoli 2003), und auch die Umstände nicht verursacht haben, in denen sich die Akteure vor Vertragsabschluss befinden, wäre aus Sicht der Vertreter eines rein negativen Freiheitsbegriffs an der Legitimität eines Sweatshop-Arbeitsvertrages nichts auszusetzen. Sie würden vielmehr von einem freiwilligen Einverständnis der Arbeitnehmer zum Arbeitsvertrag ausgehen, da weder Handlungsalternativen beschränkt worden sind, noch die Situation, unter denen sich ein Akteur entscheidet, in einem Sweatshops zu arbeiten, von den Betreibern verursacht wurde (wie in dem oben angeführten Fall des Raubüberfalls). Das Arbeiten in einem Sweatshop stellt also eine *Möglichkeit* dar, es erweitert die Handlungsalternativen der Individuen im Zeitpunkt der Entscheidung (wie in Nozicks Fall des Schiffbrüchigen). Damit gehen Vertreter dieser Position letztendlich davon aus, dass Arbeitnehmer die Bedingungen eines Arbeitsvertrages nicht annehmen müssen; sie können sich jederzeit bessere Angebote suchen (vgl. zu dieser Argumentation schon Coase 1937).

Anders muss die Situation unter Berücksichtigung eines positiven Freiheitsbegriffs bewertet werden. Dieser sieht ein freiwilliges Einverständnis nicht schon dann als gegeben an, wenn bei Einwilligung die zur Verfügung stehenden Handlungsalternativen vorher nicht eingeschränkt wurden und der Vertrag jeden Beteiligten besser stellt. Die Freiwilligkeit einer Handlung kann trotz *Hinzufügung* einer weiteren Handlungsoption beschränkt sein. Die Fälle, in denen einem Vertragspartner ein Angebot („offer") gemacht wird, und die dennoch als Zwang zu werten sind, kann man auch als „freedom enhancing coercive offers", also als freiheitsfördernde Zwangsangebote bezeichnen (Feinberg 1990, S. 233). Diese Zwangsangebote führen dazu, dass ein Akteur eine neu zur Verfügung stehende und damit freiheitsfördernde Handlungsoption wählt, dieses aber dennoch als Zwang zu klassifizieren ist, da ihm die nötigen Ressourcen fehlen, das Angebot abzulehnen.

Im Beispiel der Sweatshops kann das zur Verfügung Stellen der Alternative „unter menschenunwürdigen Bedingungen" zu arbeiten, zunächst einmal als eine Freiheitsförderung gewertet werden. Die Menge der Handlungsalternativen wird nicht eingeschränkt, sondern erweitert. Wählt ein Akteur diese Option, ist davon auszugehen, dass er die Arbeit in einem Sweatshop gegenüber den ihm zur Verfügung stehenden Alternativen präferiert. Die Schlussfolgerung, dass diese Handlung freiwillig erfolgt, ist jedoch nur gerechtfertigt, wenn der Akteur die Möglichkeit hatte, eine andere Handlungsalternative zu wählen. Eine freie Wahl impliziert damit, dass man nicht nur zwischen zwei sehr schlechten Alternativen wählen kann (wie z. B. menschenunwürdiges Arbeiten oder Sterben), sondern sich zumindest eine Option bietet, die dem Individuum keinen existentiellen Schaden zufügt.

Die Verfügbarkeit von Ressourcen zieht damit die Grenzlinie zwischen Verträgen, die als freiwillig oder erzwungen gedacht werden müssen. Zu dem Umfang dieser Ressourcen gibt es in der Literatur verschiedene Vorschläge, von denen insbesondere Sens (1987, 2010) und Nussbaums (Nussbaum und Sen 1993; Nussbaum 2004) Entwürfe Prominenz erlangt haben. Allerdings fundieren Sen und Nussbaum ihre Forderungen auf einer Theorie des guten Lebens (Sugden 1993, 2006) und beschränken damit die Offenheit der Präferenzen, ein in der Ökonomik fest verankertes Prinzip. Möchte man an diesem Prinzip festhalten, kann man keine Antworten auf die Frage geben, was ein Leben generell lebenswert macht, sondern nur fordern, dass die *Minimalbedingungen* zu erfüllen sind, die als Voraussetzung für eine individuelle Lebensgestaltung gesehen werden können. Rawls (1999, S. 79) hat diese Bedingungen als „primary social goods" bezeichnet; Streeten (1984), Dasgupta (1986) und andere als „basic needs". Diese können als von jedem Individuum gewollt gedacht werden. Sie schreiben niemanden bestimmte Lebenspläne vor; sie sind vielmehr als *Voraussetzung* zur Verwirklichung individueller Lebensentwürfe zu werten. Dabei spielen finanzielle Ressourcen eine dominante Rolle (Sugden 2010). Für Unternehmen bedeutet dies, dass Verträge nur dann einen gegenseitigen Vorteil ausdrücken und damit als gerechtfertigt angesehen werden können, wenn die beteiligten Individuen die Ressourcen dazu haben, diese Verträge auch ablehnen zu können, d. h. insbesondere ohne ihre eigene Existenz zu gefährden. Falls die Vertragspartner nicht über diese Ressourcen verfügen, besteht die Pflicht, diese hypothetisch anzunehmen und ihre Verträge dementsprechend zu gestalten.

Damit kommt Unternehmen zwar nicht die politische Aufgabe zu, die staatlichen Regulierungsdefizite, die in Zeiten der Globalisierung offensichtlich sind, auszugleichen und somit gewissermaßen den Staat als politischen Akteur zu substituieren (Scherer und Palazzo 2007). Sie tragen allerdings Verantwortung für ihr eigenes Handeln. Diese Verantwortung konkretisiert sich darin, dass die von einem Unternehmen geschlossenen Verträge auf einem freiwilligen Einverständnis der Vertragsparteien beruhen müssen. Dieses Einverständnis kann man nur dann als gegeben annehmen, wenn die Vertragspartner die nötigen

Ressourcen haben, den Vertrag auch abzulehnen, und damit über eine vom angebotenen Vertrag unabhängige Sicherheit verfügen (Sen 1981). Falls diese Sicherheit nicht gegeben ist, kann man nicht davon sprechen, dass Märkte auf dem Konzept des freien Austauschs basieren, da ein freier Austausch auf der Freiheit der beteiligten Akteure beruht. Walsh (2008, S. 208) schreibt dazu:

> Massive numbers of people in the poor world, if offered a trade which gives them conditions of semi-starvation, are in no position to refuse it. The notion of 'free' trade as being possible between the poor and rich worlds is simply absurd. Even Nozick saw the necessity of modifying his system of consequence-independent libertarian rights because it would lead to catastrophic moral horrors.

Auch wenn gezeigt wurde, dass Unternehmen es zur Voraussetzung ihrer Vertragsgestaltungen machen sollten, dass der Vertragspartner über die für eine freiwillige Entscheidung notwendigen Ressourcen verfügt, ist die Einschätzung, ab welchem Umfang dies der Fall ist, sehr schwierig. Folgt man dem Prinzip der Offenheit der Präferenzen, ist es nicht möglich, zu bestimmen, was ein Leben lebenswert macht. Dementsprechend kann es auch nicht darum gehen, dass Unternehmen alle möglichen individuellen Bedürfnisse ihrer Vertragspartner antizipieren und diese in ihren Vertragsgestaltungen berücksichtigen sollen. Im Sinne der Rawlschen „primary social goods" geht es um einen Umfang an Ressourcen, der *unabhängig* von den individuellen Lebensplänen von jedem Individuum als gewollt gedacht werden kann.

Dieser Umfang an Ressourcen wird relativ zu den gesellschaftlichen Verhältnissen zu beurteilen sein; insofern ist es z. B. gerechtfertigt, in unterschiedlichen Lebenswelten unterschiedliche Löhne für dieselbe Arbeit zu bezahlen (Arnold und Bowie 2003, S. 238). Zudem ist die Notwendigkeit abhängig von den politischen und sozialen Gesellschaftsverhältnissen: So kann man davon ausgehen, dass in demokratischen Gesellschaftssystemen mit einer Grundsicherung der Bürger die moralischen Anforderungen an die Vertragsgestaltungen durch die politischen Systeme gewährleistet wird. Unter diesen Bedingungen verliert eine hypothetische Unterstellung von Ressourcen an Bedeutung. Anders ist dies in gesellschaftlichen Strukturen ohne entsprechende Grundsicherungssysteme zu bewerten. Wenn keine Grundsicherung vorhanden ist, reicht ein *aktueller* Konsens zwischen den Vertragsparteien für die ethische Legitimität des Vertrags nicht aus. Hier bietet es sich bspw. an, Maßstäbe und Berechnungsmethoden der Vereinten Nationen heranzuziehen und damit Löhne zu zahlen, die ein menschenwürdiges Leben der Arbeiter in den jeweiligen Ländern ermöglicht (Herr und Kazandziska 2011; Nations 2003).[4] Zahlen Unternehmen diese Löhne nicht, kann nicht davon gesprochen werden, dass die Arbeitsverträge freiwillig unterzeichnet worden sind; die moralische Legitimität unternehmerischen Handelns kann sich dann nicht aus dem Wert der Freiheit ableiten.

4 Informiertheit als Voraussetzung freiwilliger Verträge

Auch wenn Verträge auf einem Einverständnis zwischen A und B beruhen, können sie aus Sicht einer normativen Position, welche die Freiwilligkeit der Transaktionen voraussetzt, illegitim sein. Selbst radikale Vertreter einer freien Marktwirtschaft erkennen an, dass bestimmte Anforderungen an die Informiertheit der Vertragspartner gegeben sein müssen, damit man ein Einverständnis als freiwillig charakterisieren kann. So schrieb Friedman (1962/2002, S. 13):

> The possibility of co-ordination through voluntary co-operation rests on the elementary—yet frequently denied—proposition that both parties to an economic transaction benefit from it, provided the transaction is bi-laterally voluntary and informed.

Dass eine Transaktion keinen gegenseitigen Vorteil ausdrückt, obwohl beide Parteien dieser ohne Zwang zustimmen, kann insbesondere zwei Gründe haben: Zum einen eine mangelnde Informiertheit und zum anderen eine mangelnde Informationsverarbeitungskapazität einer oder beider Parteien. Bei der Bestimmung beider Kriterien sind Unschärfen in Kauf zu nehmen. Dies liegt insbesondere darin begründet, dass Entscheidungen wohl nur in Extremfällen unter vollständiger Informiertheit rational getroffen werden können. Insofern ist eine Forderung nach vollständiger Informiertheit von Entscheidungen nicht hilfreich.

Ab wann man davon ausgehen kann, dass eine Vertragspartei eine *ausreichende Informationsverarbeitungskapazität* aufweist, ist in manchen Fällen relativ eindeutig zu beurteilen. So wird man es nicht mit einer freiwilligen und informierten Entscheidung zu tun haben, wenn der eine Vertragspartner 10 Jahre alt ist oder andere Merkmale wie Betrunkenheit, Drogeneinfluss, starke Schmerzen oder eine offensichtliche geistige Behinderung aufweist, so dass die geistige Reife (akut) fehlt. Jenseits dieser offensichtlichen Fälle ist eine Beurteilung der Informationsverarbeitungskapazität aus Perspektive eines ökonomischen Ansatzes schwierig, da er klassischerweise zu Fragen nach dem Zustandekommen des Willens keine Stellung bezieht (Gul und Pesendorfer 2008). Die offensichtlichen Fälle definieren aber Mindestanforderungen, die an jede Transaktion zu stellen sind. Denn letztendlich geht es bei dem Kriterium der Informationsverarbeitungskapazität nicht nur darum, ob ein Vertragspartner generell die *Kompetenz* hat, die Vertragsbedingungen zu verstehen (wie bspw. im Falle von Kindern), sondern auch darum, dass er tatsächlich die *Möglichkeit* hat, diese zu verstehen (wie im Falle eines Betrunkenen). Dies bedeutet aber auch, dass nicht nur Verträge, die mit offensichtlich nicht geschäftsfähigen Akteuren abgeschlossen werden, ethisch nicht legitim sind, sondern dass auch Verträge, die unter Zuhilfenahme von bestimmten Verkaufstechniken wie der künstlichen Erzeugung von Zeitdruck zustande kommen, nicht auf einem freiwilligen Einverständnis der Akteure beruhen.

Eine *mangelnde Informiertheit* kann sich auf den Gegenstand, auf wesentliche Inhalte oder auf Risiken des Vertrages beziehen (Feinberg 1990; Hermalin et al. 2007; Trebilock 1993). Zum einen kann eine Vertragspartei über den *Gegenstand des Vertrages* mangelnde Informationen besitzen. Dies bedeutet, dass beide Parteien einem Vertrag freiwillig zustimmen, aber nur, da sein Inhalt völlig unterschiedlich interpretiert wird. Es sind Situationen vorstellbar, in denen ein Vertrag geschlossen wird, den die eine Vertragspartei, z. B. aufgrund mangelnder Sprachkenntnisse, nicht verstehen konnte. Übertragen auf den unternehmerischen Kontext hat dies zur Konsequenz, dass die unternehmerische Verantwortung sich in Prozeduren von Vertragsverhandlungen niederschlägt, die eine falsche Interpretation des Vertragsinhaltes vermeiden helfen. Dabei werden diese Prozeduren, wie z. B. die Anwesenheit von „neutralen" Zeugen oder ein explizites Abfragen von Vertragsinhalten in Fragebögen (Feinberg 1990, S. 273), mit den kulturellen Unterschieden der Vertragspartner und dem Gewicht der Vertragsinhalte für die beteiligten Parteien an Bedeutung gewinnen. Im schon angesprochenen Beispiel der Sweatshops ist die Unterzeichnung des Arbeitsvertrages für Arbeitnehmer i. d. R. von existentieller Bedeutung. Damit ist auch der Schaden sehr hoch, der durch eine unzureichende Informiertheit über den Vertragsgegenstand bei ihnen entstehen kann. Die Pflichten zur Prüfung eines gegenseitigen Verstehens des Vertragsgegenstandes sind insofern höher anzulegen als bspw. in häufig eingesetzten Kaufverträgen.

Ferner kann sich die mangelnde Informiertheit auf *wesentliche Vertragsinhalte* beziehen. Dabei stimmt ein Vertragspartner einer Transaktion in dem Glauben zu, sich besser zu stellen, obwohl die dies ermöglichenden Konditionen im Vertrag nicht enthalten sind. Ein Vertrag kommt nur dann ausreichend informiert zustande, wenn von beiden Vertragspartnern diejenigen Informationen, die *wesentlich* für den Vertrag sind, explizit festgehalten werden. In vielen Fällen ist es offensichtlich, was eine wesentliche oder unwesentliche Information ist (Feinberg 1990, S. 274 f.). So ist es relativ eindeutig, dass bspw. die Entlohnung als wesentlicher Bestandteil des Arbeitsvertrages ausdrücklich geregelt sein muss. Zudem kann man aus dem positiven Freiheitsbegriff ableiten, dass an die Offenlegung von Vertragsinhalten besonders hohe Hürden zu legen sind, wenn diese für den Vertragspartner existentiell wichtig sind. Dementsprechend ist nicht davon auszugehen, dass ein informiertes Einverständnis zur Arbeit in einem Sweatshop vorliegt, wenn der Arbeitsvertrag zwar wesentliche Bestandteile, wie die Höhe der Entlohnung aufweist, bspw. aber keine Angaben zu Zeitpunkten der Auszahlung, den Arbeitszeiten oder den in der Produktion eingesetzten (gesundheitsschädlichen) Stoffen macht (Varley 1998).

Darüber hinaus kann sich eine mangelnde Freiwilligkeit aus der mangelnden Information über *Risiken des Vertrages* herleiten. Grundsätzlich ist man bei Vertragsabschlüssen aufgrund ihrer Zukunftsbezogenheit mit Risiken konfrontiert. Insofern gibt es eine systematische Unsicherheit in Verträgen, die es nicht rechtfertigt, daraus eine die Freiwilligkeit des Vertragsabschlusses reduzierende mangelnde Informiertheit anzunehmen. Verträge beruhen zum großen Teil auf unterschiedlichen Bewertungen von Unsicherheit und der Fähigkeit, diesen zu begegnen. Insofern sind Verträge auch dann als freiwillig und informiert einzuschätzen, wenn ein Vertragspartner sich in seiner Einschätzung des Risikos getäuscht hat. Dagegen herrscht eine mangelnde Informiertheit vor, wenn ein Vertragspartner die Existenz und den möglichen Umfang der Risiken nicht kannte (Feinberg 1990, S. 278). Dies bedeutet nicht, dass die Einschätzung des Risikos durch die Vertragspartner gemeinsam erfolgen muss, oder dass Verträge nur dann gerechtfertigt sind, wenn beide Vertragspartner eine vergleichbare Risikoeinschätzung haben. Allerdings muss beiden Vertragspartnern klar sein, welche Risiken sie tragen und welche Konsequenzen dies im schlechtesten Fall haben kann. Dabei erhöhen insbesondere negative *irreversible* Konsequenzen die Aufklärungspflicht der Vertragsparteien (Feinberg 1990, S. 120 f.) Um auf das Beispiel der Sweatshops zurückzukommen, sind Verträge, die nicht auf das Vorhandensein von Gesundheitsrisiken z. B. durch die geforderten Arbeitszeiten oder die eingesetzten Produktionsstoffe hinweisen, demnach nicht legitim. Zudem muss durch entsprechende Regelungen gewährleistet sein, dass die Arbeitnehmer die Konsequenzen dieser Risiken für sich abschätzen können. Es sind viele Beispiele dokumentiert, in denen dies nicht sichergestellt wurde (vgl. bspw. Arnold und Bowie 2003; Varley 1998) und dementsprechend Unternehmen ihrer Verantwortung nicht nachgekommen sind.

5 Externe Effekte als Grenzen der Vertragsfreiheit

Die moralische Legitimität von Verträgen ist nicht nur durch die Bedingungen der Informiertheit und Freiwilligkeit des Vertragsschlusses bestimmt. Oftmals weisen die aus Verträgen legitimierten Handlungen externe Effekte auf, d. h. Konsequenzen für andere Parteien, die nicht am Vertragsabschluss beteiligt waren. Im vorliegenden Zusammenhang ist die Betrachtung sog. negativer externer Effekte von besonderem Interesse. Diese finden seit langem ausführliche Beachtung (Coase 1960; Pigou 1920/2005) und wurden insbesondere in den 60–80er Jahren des 20. Jahrhunderts u. a. in der politischen Ökonomie intensiv diskutiert (Baumol 1976; Tullock 1982; Wheaton 1972). Negative externe Effekte lassen sich klassischerweise als ein Auseinanderfallen von privaten und sozialen Interessen beschreiben, die dadurch entstehen, dass

> one person A, in the course of rendering some service, for which payment is made, to a second person B, incidentally also renders (...) disservice to other persons (...), of such a sort that payment cannot exacted from the benefited parties or compensation enforced on behalf of the injured parties. (Pigou 1920/2005, S. 183)

Externe Effekte tauchen insbesondere aufgrund unklar bzw. gar nicht definierter Eigentumsrechte auf. So kann es sein, dass Eigentumsrechte so definiert sind, dass nicht eindeutig zu beurteilen ist, ob eine bestimmte Handlung gerechtfertigter Weise als Eingriff in die Eigentumsrechte des einen Akteurs oder als berechtigte Nutzung der Eigentumsrechte des anderen Akteurs zu interpretieren sind. Zum anderen können Eigentumsrechte gar nicht definiert sein, womit öffentliche Güter entstehen, deren Charakter zu einer ineffizienten Allokation von Ressourcen führt. Negative externe Effekte sind nichts Außergewöhnliches. Tatsächlich kann man sie fast bei jeder Art von Interaktion zwischen Individuen feststellen (Feinberg 1985, S. 6 f.). Aus Sicht der Wohlfahrtstheorien werden negative externe Effekte immer dann akzeptiert, wenn deren Beseitigung zu so hohen Transaktionskosten führen würde, dass dadurch die soziale Wohlfahrt gemindert würde (Coase 1960, S. 34). Akzeptiert man hingegen individuelle Freiheit als intrinsischen Wert, sind Verträge – in einem ersten Zugriff – immer dann nicht zu rechtfertigen, wenn mit ihnen ein Schaden für Dritte einhergeht und dieser von den Betroffenen nicht freiwillig akzeptiert wurde. Die bekannteste Formulierung dieses Prinzips stammt von Mill (1859/2001, S. 13):

> That principle is, that the sole end for which mankind are warranted, individually or collectively, in interfering with the liberty of action of any of their number, is self-protection. That the only purpose for which power can be rightfully exercised over any member of a civilized community, against his will, is to prevent harm to others.

Offensichtlich muss der Begriff „Schaden" mit konkretem Inhalt gefüllt werden, da damit kaum gemeint sein kann, dass jede von einer dritten Person empfundene negative Auswirkung einer Handlung als ein zu unterbindender negativer Effekt zu werten ist. Ansonsten wäre faktisch kaum ein Handeln legitim. Die Forderung, dass negative externe Effekte generell zu internalisieren sind (Jensen 2002, S. 239), ist also wenig hilfreich. Möchte man handlungsrelevante Normen aufstellen, muss man verschiedene Arten von Schäden danach unterscheiden, ob sie eine unbedingte Zustimmung der Betroffenen voraussetzen.

Insofern muss die Legitimität negativer externer Effekte nach bestimmten Kriterien evaluiert werden. Dabei gilt es, zwei Seiten der Wirkung eines negativen externen Effektes zu berücksichtigen. Zum einen die Nachteile, die der dritten Partei durch den negativen externen Effekt entstehen und zum anderen die Vorteile, die mit den Gegebenheiten, welche die externen Effekte nach sich ziehen, verbunden sind.

Die Schwere des negativen externen Effektes lässt sich über seine Intensität, seine Dauer und der Wahrscheinlichkeit seines Eintretens näher bestimmen (vgl. dazu und zum Folgenden auch Feinberg 1984, 1985; Prosser 1971; Trebilock 1993). Die Intensität eines negativen Effektes kann als die Tiefe des Eingriffs in die Interessen der dritten Partei gekennzeichnet werden. So ist es als eine intensivere Beeinträchtigung der Interessen zu werten, wenn ein Unternehmen *lebensbedrohliche* Abfälle in seine bewohnte Nachbarschaft entsorgt, als wenn es Geräusche verursacht, welche die umliegenden Anwohner als störend empfinden. Werden die störenden Geräusche nur einmal im Monat – bspw. während einer Funktionsüberprüfung der Sicherheitsmaßnahmen – erzeugt, ist der Schaden der Anwohner anders zu bewerten, als wenn diese täglich mehrere Stunden mit einer Lärmbelästigung konfrontiert sind. Zudem spielt es eine Rolle, mit welcher Wahrscheinlichkeit ein Schaden eintritt. Je höher die Wahrscheinlichkeit, desto schwieriger wird es sein, ihn ohne Zustimmung der Betroffenen für gerechtfertigt zu halten. Dabei steht die Wahrscheinlichkeit in einem engen Zusammenhang mit der Intensität. So kann es als ein nicht hinnehmbarer Schaden interpretiert werden, wenn die Wahrscheinlichkeit des Auftretens negativer Effekte extrem gering ist, die Intensität des Schadens aber extrem hoch. Insofern geht es bei der Einschätzung der Schwere eines externen Effektes insbesondere um den zu erwartenden Risikoschaden (Feinberg 1984, S. 190 ff.).

Bei der Beurteilung der Legitimität negativer externer Effekte müssen die Interessen ihres Verursachers mit denen der Geschädigten abgewogen werden. Dabei spielt nicht nur der individuelle Nutzen eine Rolle, der dem Verursacher negativer externe Effekte zukommt, sondern auch der Nutzen Dritter. So wäre ein generelle Schließung von Unternehmen, welche die Umwelt mit Schadstoffen belasten, nicht zu rechtfertigen, da die Umsetzung dieser Forderung einen Marktaustritt von so vielen Unternehmen nach sich ziehen würde, dass die negativen Konsequenzen die positiven weit überwiegen würden. Insofern sind dieselben Kategorien, die zur Bestimmung der Schwere eines externen Effektes herangezogen wurden, auch zur Abschätzung der positiven Konsequenzen nutzbar. Damit sind negative externe Effekte umso eher zu rechtfertigen, je intensiver, wahrscheinlicher und dauerhafter die positiven Konsequenzen eintreten.

Die angeführten Kriterien zur Abschätzung der Legitimität negativer externer Effekte stehen in keinem offensichtlichen Widerspruch zur utilitaristischen Philosophie, die vielen ökonomischen Ansätzen zu Grunde liegt (Kolm 2000; Walsh 2008) und Freiheit als instrumentellen Wert begreift. Im Unterschied zum Utilitarismus erfolgt das Abwägen von Interessen aber in einem Ansatz, der Freiheit als intrinsischen Wert auffasst, differenzierter, da er zwischen einer Beeinträchtigung der Interessen Dritter und einer Beeinträchtigung der Freiheit unterscheidet.

Der Fall, in dem ein Unternehmen aufgrund durchzuführender Sicherheitsmaßnahmen an den Produktionsanlagen der Nachbarschaft Schaden durch Lärmbelästigung zufügt, ist somit durch das Abwägen der Interessen der betroffenen Parteien nach dem oben vorgestellten Schema bewertbar. Dabei wird es von wesentlicher Bedeutung sein, ob und zu welchen Kosten der Lärm vermindert bzw. verhindert werden könnte. Insofern ist eine Kosten-Nutzen-Analyse negativer externer Effekte von Nöten (vgl. bspw. Rothschild 1992, S. 71 ff.). Dagegen ist ein unmittelbarer Eingriff in die Freiheit Dritter, ohne vorherige Zustimmung, nicht zu rechtfertigen. Damit wird die Linie zwischen Schäden, deren Vor- und Nachteile gegeneinander abgewogen werden können, und Schäden, bei denen dies in keinem Fall möglich ist, durch die Folgen des externen Effekts bestimmt: Die Verminderung von Freiheit Dritter, verstanden als Grundlage zur Erreichung individueller Lebenspläne, ist in jedem Fall zustimmungspflichtig. So setzen bspw. Umweltverschmutzungen, deren Folgen für die Gesundheit der betroffenen Akteure nicht absehbar sind, eine Zustimmung dieser unbedingt voraus. Damit reicht es auch nicht aus, dass negative externe Effekte *hypothetisch* kompensiert werden *könnten*. Es ist vielmehr Aufgabe der Verursacher von negativen externen Effekten dieser Art, die Zustimmung der Betroffenen, bspw. mittels tatsächlicher Kompensationen, einzuholen.

Im Fall der Sweatshops taucht diese Art negativer externer Effekte insbesondere dann auf, wenn die Betreiber von Sweatshops durch politisches Lobbying nationale Arbeitsstandards senken und damit nicht nur auf die Arbeitsverträge in ihrem Unternehmen, sondern auch auf die anderer Unternehmen Einfluss nehmen (Zwolinski 2007, S. 702 ff.). Dies ist als ein freiheitseinschränkender negativer externer Effekt zu werten, zumindest dann, wenn sich in den betroffenen Regionen die Durchschnittslöhne an der Grenze des Existenzminimums befinden (Powell und Skarbek 2004).

6 Von der Begründung zur Implementierung unternehmerischer Verantwortung

Der Beitrag hat gezeigt, dass die von vielen Ökonomen vorgenommene Wertung, Freiheit als intrinsischen Wert zu akzeptieren, für eine Beurteilung unternehmerischen Handelns fruchtbar gemacht werden kann. Abbildung 1 fasst den Gang der Argumentation überblicksartig zusammen.

Der folgende Ausblick betrifft Herausforderungen an einen normativ ökonomischen Ansatz, die sich im Hinblick auf die Implementierbarkeit seiner Wertungen ergeben. Während der vorliegende Beitrag die Frage nach dem „Sollen" von Unternehmen behandelt, ist die Frage nach dem „Können" der Forschungsgegenstand sog. „positiver" Forschungen. Im Bereich der Unternehmensethik untersuchen sie dementsprechend insbesondere die Bedingungen, unter denen Unternehmen sich im gesellschaftlich erwünschten Sinne engagieren. Vertreter der ökonomischen Ethik legen darauf aus ihrer Sicht bislang einen Schwerpunkt ihrer Analysen, etwa wenn sie nach Möglichkeiten fragen, moralische Normen und Werte unter den Bedingungen des Wettbewerbs zur Geltung zu bringen (Homann 2004; Lütge und Homann 2005; Pies et al. 2009; Suchanek 2007). Eine grundlegende methodische Entscheidung dieses Zugangs ist es, unternehmensethische Konflikte als Gefangenendilemma zu konstruieren, in dem individuelle moralische Vorleistungen von Unternehmen im Wettbewerb systematisch ausgeschlossen sind. Als Möglichkeit einer kollektiven Lösung für dieses Problem wurde von den Vertretern dieses Ansatzes vorgeschlagen, dass eine Anreizkompatibilität ethisch gewünschter Handlungen über die Verankerung moralischer Anliegen in Institutionen sichergestellt werden muss.

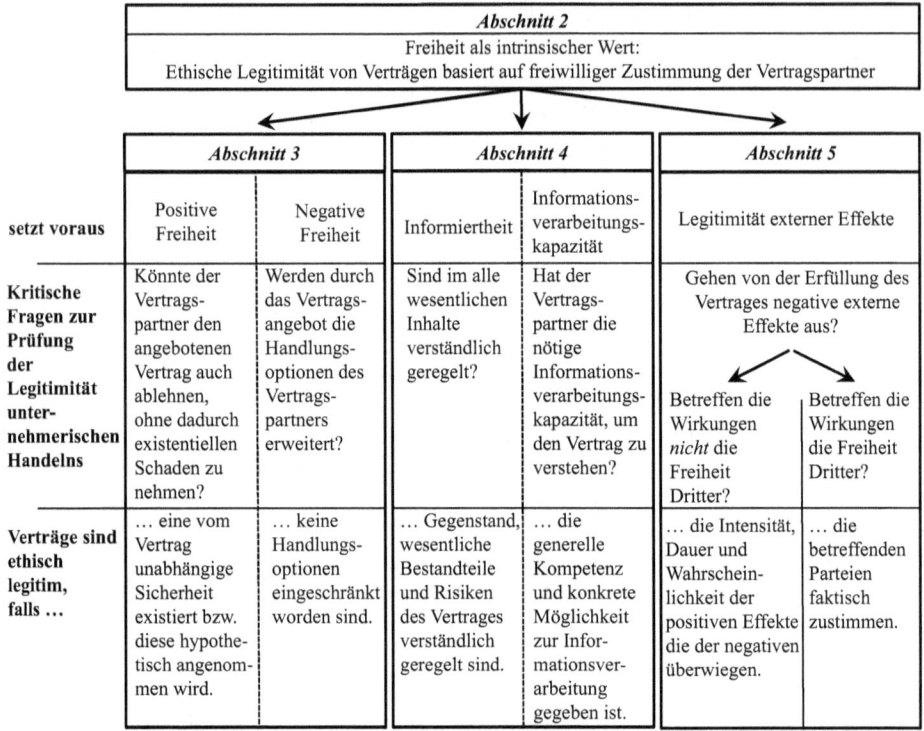

Abb. 1: Voraussetzungen für die ethische Legitimität von Verträgen

Normativen Ansätzen der Unternehmensethik, wie der hier im Beitrag dargelegte, geht es im Gegensatz zu positiven Forschungen erst einmal *nicht* um empirische Gegebenheiten, sondern um die *Begründung* unternehmerischer Verantwortung. Ist man allerdings nicht nur an einer Begründung von moralischen Pflichten von Unternehmen, sondern auch an einer Veränderung der Unternehmenspraxis interessiert, reicht es nicht aus, moralische Pflichten zu begründen. Um zu einer begründbaren *und* implementierbaren Perspektive zu gelangen, müssen beide, normative und positive Ansätze, zusammenarbeiten. Während durch die Denkfigur des naturalistischen Fehlschlusses es in der unternehmensethischen Diskussion bekannt ist, dass man aus empirischen Gegebenheiten kein Sollen ableiten kann (vgl. bspw. Donaldson und Dunfee 1994, S. 253) und es damit nicht reicht, „nur" positive Forschung zu betreiben, ist das Prinzip des „Sollen impliziert Können" (Homann 2002; Homann und Pies 1994; Suchanek 2007) vergleichsweise wenig Aufmerksamkeit geschenkt worden. Dieses Prinzip beruht auf der Einsicht, dass konkrete Handlungspflichten immer die Fähigkeiten der Akteure voraussetzen, die Handlungen tatsächlich durchführen zu können. Im Kontext der Unternehmensethik bedeutet dies, dass Unternehmen nur dann ihrer Verantwortung nachkommen können, wenn sie unter den gegebenen empirischen Bedingungen auch die Möglichkeiten dazu haben. Damit setzt die Implementierung normativer Konzepte die Fähigkeit von Unternehmen voraus, diese im globalen Wettbewerb zur Anwendung bringen zu können.

Fragt man nach den Implementierungschancen der im vorliegenden Beitrag aus der Ökonomik abgeleiteten Wertungen, so gilt das Prinzip des „Sollen impliziert Können" in gleichem Maße: Aus der Perspektive der positiven Ökonomik müssen die ethischen Forderungen, solange sie nicht selbstdurchsetzend sind, anreizkompatibel über Institutionen implementiert werden. Wie neuere Arbeiten zur politischen Verantwortung von Unternehmen allerdings verdeutlichen, operieren internationale Unternehmen bisweilen unter Bedingungen, unter denen durch unzureichende Einflussmöglichkeiten staatlicher Strukturen Regulierungsdefizite entstanden sind, die eine effektive staatliche Regelsetzung unmöglich machen (Matten und Crane 2005; Scherer und Palazzo 2011). Damit bleibt es nur den Unternehmen selbst überlassen, an der Etablierung entsprechender Regelungen mitzuwirken und sich ihnen zu unterwerfen.

Vertreter der ökonomischen Ethik haben argumentiert, dass Akteure in vielen Fällen einen Anreiz haben, sich im ethisch erwünschten Sinne politisch zu engagieren (z. B. Pies et al. 2009), etwa wenn Unternehmen sich in einem Akt kollektiver Selbstbindung Anti-Korruptionsregeln unterwerfen, um die Funktionsbedingungen marktwirtschaftlicher Strukturen zu ihrem eigenen Vorteil zu sichern. Allerdings existieren auch jene empirisch nicht zu vernachlässigenden Fälle, in denen einzelne Akteure keinen ökonomischen Anreiz haben, im gesellschaftlich erwünschten Sinne bei der Etablierung von Regeln mitzuwirken. Geht man nun, wie die Vertreter der ökonomischen Ethik, von der Annahme aus, dass moralische Vorleistungen ohne ökonomische Anreize letztendlich zu einem Austritt des Unternehmens aus dem Markt führen muss, ist gemäß des Prinzips „Sollen impliziert Können" von keinem Unternehmen zu verlangen, sich in dem gesellschaftlich gewünschten Sinne zu verhalten.

Diese Schlussfolgerung macht deutlich, dass die Auslegung und die Konsequenzen des Prinzips „Sollen impliziert Können" in den bisherigen Forschungen zur Unternehmensethik zu wenig diskutiert worden sind. Bisher bleibt es unklar, unter welchen Voraussetzungen und in welchem Ausmaß empirische Restriktionen (ein „Sein") normative Werte und Prinzipien (das „Sollen) in ihrer Gültigkeit suspendieren können. Selbst wenn man bspw. die Annahme akzeptiert, dass moralische Vorleistungen ohne entsprechende ökonomische Anreize zum Austritt eines Unternehmens aus dem Markt führt, muss dies nicht bedeuten, dass Unternehmen von ihren moralischen Verpflichtungen auf unbestimmte Zeit entbunden sind. So könnte man bspw. argumentieren, dass empirische Restriktionen zwar die Verpflichtung zur *unmittelbaren* Umsetzung des ethisch erwünschten Verhaltens aufheben, die Gültigkeit der normativen Argumentation aber dennoch erhalten bleibt (Vranas 2007). Das Prinzip des „Sollen impliziert Können" hebt dann die Verpflichtung auf, Löhne in Übereinstimmung mit den Maßgaben der Vereinten Nationen im *hier und jetzt* zu bezahlen, nicht jedoch die Verpflichtung, *in Zukunft* dieser moralischen Verpflichtung unbedingt nachzukommen.

Anmerkungen

1 Nach John Neville Keynes (Keynes 1917, S. 22) kann man ökonomische Forschungen in drei Gebiete unterteilen: normative Forschung, positive Forschung und „Kunst". Er definiert die Gebiete wie folgt: „[A] *positive science* may be defined as a body of systematized knowledge

concerning what is; a *normative* or *regulative science* as a body of systematized knowledge relating to criteria of what ought to be, and concerned therefore with the ideal as distinguished from the actual; and *art* as a system of rules for the attainment of a given end. The object of a positive science is the establishment of *uniformities*, of a normative science the determination of *ideals*, of an art the formulation of *precepts*." Im Sinne dieser Unterteilung ist der vorliegende Beitrag der normativen bzw. regulativen Ökonomik zuzuordnen.

2   Eine „totale" Aufgabe der Freiheit widerspricht der hier vorgeschlagenen Konzeptualisierung von Freiheit als intrinsischem Wert. Insofern darf ein Individuum seine Freiheit nicht unwiderruflich im gesamten Ausmaß aufgeben, selbst wenn es dies auf einem freiwilligen Einverständnis der Beteiligten beruhen würde. So schreibt auch Mill (1859/2001, S. 345 f.): „When persons have bound themselves by a contract, not simply to do some one thing, but to continue doing something forever or for a prolonged period, without any power of revoking the engagement, the presumption which their perseverance in that course of conduct would otherwise raise in favor of its being advantageous to them, does not exist; and any such presumption which can be grounded on their having voluntary entered into the contract ... is commonly next to null. The practical maxim of leaving contracts free, is not applicable without great limitations in the case of engagement in perpetuity". Freiheit als intrinsischen Wert zu begreifen, impliziert, dass das Individuum immer Souverän seiner selbst bleiben muss. Eine andere Position würde Freiheit den intrinsischen Wert absprechen.

3   Sehr allgemein kann man Freiheit als Hindernisfreiheit bestimmen (vgl. Seebass 1996). Dieser Freiheitsbegriff umfasst die sogenannte „äußere" und „innere" Freiheit. Die äußere Freiheit ist der Aspekt der Freiheit, der als Handlungsfreiheit beschrieben wird und klassischerweise in der Ökonomik Verwendung findet. Die *innere Freiheit* kann man als Willensfreiheit umschreiben. Wissenschaftliche Diskussionen zur inneren Freiheit drehen sich um die Frage, ob ein Individuum für sein eigenes Wollen ursächlich ist, bzw. in welchem Ausmaß der Wille eines Individuums determiniert ist und was für Konsequenzen daraus zu ziehen sind (vgl. bspw. Roth 2005; Schneider 2005; Seebass 2007). Bei der Bestimmung der inneren Freiheit spielen psychische, physiologische und auch neurowissenschaftliche Erkenntnisse eine große Rolle (vgl. bspw. Küpper und Hofmann 2011).

4   Viele multinationale Unternehmen erfüllen diese moralischen Anforderungen an die Gestaltung ihrer Arbeitsverträge schon. Empirische Studien konnten Hinweise dafür liefern, dass ausländische Unternehmen, die sich in Entwicklungsländern engagieren, im Durchschnitt nicht nur deutlich höhere Löhne, sondern auch bessere Arbeitsbedingungen als einheimische Unternehmen aufweisen. So kommt bspw. Flanagan (2006, S. 29) zu dem Schluss, dass „... the stark contrast between critiques of globalization and the data ... should caution against uncritical acceptance of race-to bottom arguments and related policy proposals ...".

Literatur

Arnold DG, Bowie NE (2003) Sweatshops and respect for persons. Bus Ethics Q 13:221–242
Ballet J, Bhukuth A, Carimentrand A (im Druck) Child labor and responsible consumers: from boycotts to social labels, illustrated by the Indian hand-knotted carpet industry. Bus Soc
Banerjee SB (2003) Who sustains whose development? Sustainable development and the reinvention of nature. Organ Stud 24:143–180
Baumol WJ (1976) It takes two to tango, or sind 'separable externalities' überhaupt möglich? J Polit Econ 84:381–387
Bay C (1970) The structure of freedom. Stanford University Press, Stanford
Berlin I (1995) Freiheit. Vier Versuche. S. Fischer, Frankfurt a. M. Main

Buchanan JM (1986) Liberty, market and state—political economy in the 1980s. Wheatsheaf Books, Brighton
Buchanan JM (1990) The domain of constitutional economics. Constit Polit Econ 1:1–18
Carter I, Kramer MH (2008) How changes in one's preferences can affect one's freedom (and how they cannot): a reply to Dowding and van Hees. Econ Philos 24:81–96
Coase RH (1937) The nature of the firm. Economica 4:386–405
Coase RH (1960) The problem of social cost. J Law Econ 3:1–44
Dasgupta P (1986) Positive freedom, market and the welfare state. Oxford Rev Econ Pol 2:25–36
Donaldson T, Dunfee TW (1994) Toward a unified conception of business ethics: integrative social contracts theory. Acad Manage Rev 19:252–284
Dowding K, van Hees M (2008) Counterfactual success again: response to Carter and Kramer. Econ Philos 24:97–103
Easterbrook FH, Fischel DR (1991) The economic structure of corporate law. Harvard University Press, Cambridge
Engelen B (2007) Thinking things through: the value and limitations of James Buchanan's public choice theory. Rev Polit Econ 19:165–179
Feinberg J (1984) Harm to others. The moral limits of the criminal law. Oxford University Press, Oxford
Feinberg J.(1985) Offense to others. The moral limits of the criminal law. Oxford University Press, Oxford
Feinberg J (1990) Harmless wrongdoing. The moral limits of the criminal law. Oxford University Press, Oxford
Flanagan R (2006) Globalization and labor conditions: working conditions and worker rights in a global economy. Oxford University Press, New York
Fleurbaey M, Gravel N, Laslier J-F, Trannoy A (1998) Introduction and overview to freedom in economics. In: Laslier J-F, Fleurbaey M, Gravel N, Trannoy A (Hrsg) Freedom in economics: new perspectives in normative analysis. Routledge, London
Friedman M (1962/2002) Capitalism and freedom. The University of Chicago Press, Chicago
Gloria-Palermo S, Palermo G (2005) Austrian economics and value judgments: a critical comparison with neoclassical economics. Rev Polit Econ 17:63–78
Gond J-P, Palazzo G, Basu K (2009) Reconsidering instrumental corporate social responsibility through the mafia metaphor. Bus Ethics Q 19:57–85
Gul F, Pesendorfer W (2008) The case of mindless economics. In: Caplin A, Schotter A (Hrsg) The foundations of positive and normative economics. Oxford University Press, Oxford
Hanlon G (2008) Re-thinking corporate social responsibility and the role of the firm: on the denial of politics. In: Crane A, Mcwilliams A, Matten D, Moon J, Siegel DS (Hrsg) The Oxford handbook of corporate social responsibility. Oxford University Press, Oxford
Harsanyi JC (1955) Cardinal welfare, individualistic ethics, and interpersonal comparisons of utility. J Polit Econ 63:309–321
Hausman DM, McPherson MS. (1993) Taking ethics seriously: economics and contemporary moral philosophy. J Econ Lit 31:671–731
Hayek FA (1944/2001) The road to serfdom. Routledge, London
Hayek FA (1960/2011) The constitution of liberty. The University of Chicago Press, Chicago
Hermalin BE, Katz AW, Craswell R (2007) Contract law. In: Polinsky MA, Shavell S (Hrsg) Handbook of law and economics. Elsevier, Amsterdam
Herr H, Kazandziska M (2011) Principles of minimum wage policy—economics, institutions and recommendations. Working paper no. 11. Elektronisch verfügbar unter: http://www.ilo.org/public/libdoc/ilo/2011/111B09_30_engl.pdf. Accessed 15 May 2012
Homann K (1994) Ethik und Ökonomik: Zur Theoriestrategie der Wirtschaftsethik. In: Lütge C (Hrsg) Vorteile und Anreize. Mohr Siebeck, Tübingen

Homann K (1999) Moralität und Vorteil. In: Mittelstraß J (Hrsg) Die Zukunft des Wissens XVIII. Deutscher Kongreß für Philosophie, Konstanz.
Homann K (2002) Ökonomik: Fortsetzung der Ethik mit anderen Mitteln. In: Lütge C (Hrsg) Vorteile und Anreize. Mohr Siebeck, Tübingen
Homann K (2004) Braucht die Wirtschaftsethik eine moralische Motivation? In: Arnold V (Hrsg) Wirtschaftsethische Perspektiven VII. Duncker & Humblot, Berlin
Homann K, Pies I (1994) Wirtschaftsethik in der Moderne: Zur ökonomischen Theorie der Moral. Ethik Sozialwissen 5:3–14
Hosmer LT, Chen F (2001) Ethics and economics. Growing opportunities for joint research. Bus Ethics Q 11:599–622
Jensen MC (2002) Value maximization, stakeholder theory, and the corporate objective function. Bus Ethics Q 12:235–256
Keynes JN (1917) The scope and method of political economy. Batoche Books, Kitchener
Kolm S-C (2000) A historical introduction to normative economics. Soc Choice Welfare 17:707
Kuhn T, Deetz S (2008) Critical theory and corporate social responsibility. Can/should we get beyond cynical reasoning. In: Crane A, Mcwilliams A, Matten D, Moon J, Siegel DS (Hrsg) The Oxford handbook of corporate social responsibility. Oxford University Press, Oxford
Küpper H-U (2011) Unternehmensethik. Hintergründe, Konzepte, Anwendungsbereiche, 2. Aufl. Schäffer-Poeschel, Stuttgart
Küpper H-U, Hofmann C (2011) Neurobiologie und Unternehmensrechnung. Z Betriebswirtschaft Forsch Sonderheft 63/11:168–196
Ladwig B (2007) Der Wert der Wahlfreiheit. Deut Z Philos 55:877–887
Lütge C, Homann K (2005) Einführung in die Wirtschaftsethik, 2. Aufl. Lit, Münster
MacCallum GCJ (1967) Negative and positive freedom. Philos Rev 76:312–334
Mack E (1999) In defense of individualism. Ethical Theory Moral Pract 2:87–115
Margolis JD, Walsh JP (2003) Misery loves companies: rethinking social initiatives by business. Adm Sci Q 48:268–305
Matten D, Crane A (2005) Corporate citizenship: toward an extended theoretical conceptualization. Acad Manage Rev 30:166–179
McWilliams A, Siegel D (2001) Corporate social responsibility: a theory of the firm perspective. Acad Manage Rev 26:117–127
Mill JS (1859/2001) On Liberty. Batoche Books, Kitchener
Mongin P (2006) A concept of progress for normative economics. Econ Philos 22:19–54
Nations U (2003) Normen für die Verantwortlichkeiten transnationaler Unternehmen und anderer Wirtschaftsunternehmen im Hinblick auf die Menschenrechte. Vereinte Nationen. Elektronisch verfügbar unter: http://www.dgvn.de/fileadmin/user_upload/PUBLIKATIONEN/Blaue_Reihe/BL_88.pdf. Accessed 15 May 2012
Nozick R (1969) Coercion. In: Morgenbesser S, Suppes P, White M (Hrsg) Philosophy, science, and method: essays in honor of Ernest Nagel. St. Martin's, New York
Nozick R (1974) Anarchy, state, and utopia. Basic Books, New York
Nussbaum M, Sen A (Hrsg) (1993) The quality of life. Oxford University Press, New York
Nussbaum MC (2004) Beyond the social contract: capabilities and global justice. Oxford Devel Stud 32:3–18
Orlitzky M, Siegel DS, Waldman DA (2011) Strategic corporate social responsibility and environmental sustainability. Bus Soc 50:6–27
Pies I, Hielscher S, Beckmann M (2009) Moral commitments and the societal role of business: an ordonomic approach to corporate citizenship. Bus Ethics Q 19:375–401
Pigou AC (1920/2005) The economics of welfare. Cosimo Classics, New York
Powell B, Skarbek D (2004) Sweatshops and third world living standards: are the jobs worth the sweat? Independent institute working paper. Elektronisch verfügbar unter: http://www.independent.org/publications/working_papers/article.asp?id=1369. Accessed 20 May 2012. 53:1–19

Prosser WL (1971) Handbook of the law of torts. West, St. Paul
Radin TJ, Calkins M (2006) The struggle against sweatshops: moving toward responsible global business. J Bus Ethics 66:261–272
Rawls J (1999) A theory of justice (revised edition). Harvard University Press, Harvard
Rivoli P (2003) Labor standards in the global economy: issues for investors. J Bus Ethics 43:223–232
Roth G (2005) Gehirn, Gründe und Ursachen. Z Philos Forsch 53:691–705
Rothschild KW (1992) Ethik und Wirtschaftstheorie. J.C.B. Mohr (Paul Siebeck), Tübingen
Scherer AG, Palazzo G (2007) Toward a political conception of corporate responsibility: business and society seen from a Habermasian perspective. Acad Manage Rev 32:1096–1120
Scherer AG, Palazzo G (2011) The new political role of business in a globalized world—a review of a new perspective on CSR and its Implications for the firm, governance, and democracy. J Manag Stud 48:899–931
Schneider HJ (2005) Reden über Inneres. Z Philos Forsch 53:743–759
Seebass G (1996) Der Wert der Freiheit. Deut Z Philos 44:759–775
Seebass G. (2007) Willensfreiheit und Determinismus: Band I: Die Bedeutung des Willensfreiheitsproblems. Akademieverlag, Berlin
Sen A (1981) Poverty and famines: an essay on entitlement and deprivation. Clarendon, Oxford
Sen A (1987) On ethics and economics. Blackwell, Oxford
Sen A (1988) Freedom of choice. Concept and content. Europ Econ Rev. 32:269–294
Sen A (2010) Die Idee der Gerechtigkeit. Beck, München
Snyder J (2010) Exploitation and sweatshop labor: perspectives and issues. Bus Ethics Q 20:187–213
Steinmann H (2012) Normative Pluralität ordnen – jenseits des Staates. In: Hahn R, Janzen H, Matten D (Hrsg) Die gesellschaftliche Verantwortung des Unternehmens. Hintergründe, Schwerpunkte und Zukunftsperspektiven. Schaeffer-Poeschel, Stuttgart
Streeten P (1984) Basic needs: some unsettled questions. World Devel 12:973–978
Suchanek A (2007) Ökonomische Ethik, 2. Aufl. Mohr Siebeck, Tübingen
Sugden R (1993) Welfare, resources, and capabilities: a review of inequality reexamined by Amartya Sen. J Econ Lit 31:1947–1962
Sugden R (2006) What we desire, what we have reason to desire, whatever we might desire: Mill and Sen on the value of opportunity. Utilitas 18:33–51
Sugden R (2010) Opportunity as mutual advantage. Econ Philos 26:47–68
Sundaram AK, Inkpen AC (2004) The corporate objective revisited. Organ Sci 15:350–363
Trebilock MJ (1993) The limits of freedom of contract. Harvard University Press, Cambridge
Tullock G (1982) The political economy of benefits and costs: a neoclassical approach to distributive politics—comment. J Polit Econ 90:824–826
Ulrich P (1987) Die Weiterentwicklung der ökonomischen Rationalität – Zur Grundlegung der Ethik der Unternehmung. In: Bievert B, Held M (Hrsg) Ökonomische Theorie und Ethik. Campus, Frankfurt a. M.
Ulrich P (2009) Integrative economic ethics. Foundations of a civilized market economy. Cambridge University Press, Cambridge
van Parijs P (1998) Real freedom for all: what (if anything) can justify capitalism? Oxford University Press, Oxford
Varley P (Hrsg) (1998) The sweatshop quandary: corporate social responsibility on the global frontier. Investor Responsibility, Washington D.C.
Vaubel R. (2007) Ökonomische Ethik. ORDO. Jahrbuch Ordnung Wirtschaft Gesellschaft 58:109–119
von Kutschera F (1998) Grundlagen der Ethik, 2. Aufl. de Gruyter, Berlin
Vranas PBM (2007) I ought, therefore I can. Philos Stud 136:167–216
Walsh V (2008) Freedom, values and Sen: towards a morally enriched classical economic theory. Rev Polit Econ 20:199–232
Weber M (1921/2002) Wirtschaft und Gesellschaft. J. C. B. Mohr, Tübingen

Wheaton WC (1972) On the possibility of a market for externalities. J Polit Econ 80:1039–1044
Wildfeuer AG (2006) Freiheit. In: Düwell M, Hübenthal C, Werner MH (Hrsg) Handbuch Ethik. J. B. Metzler, Stuttgart
Zimmerman D (1981) Coercive wage offers. Philos Public Aff 10:121–145
Zwolinski M (2007) Sweatshops, choice, and exploitation. Bus Ethics Q 17:689–727

Freedom and normative economics – An economic approach to corporate social responsibility in a globalized world

Abstract: The economic approach to CSR has been increasingly criticized as being too narrow to provide a basis for ethical judgments. However, economic theory makes an implicit but fundamental ethical judgment as it emphasizes individual freedom, premising that everyone should be free to make their decisions in the marketplace. I interpret this ethical judgment explicitly and derive three implications, which allow assessing the legitimacy of corporate action in a globalized world. More specifically, I argue that contracts must rely on the voluntary and informed consent of all people concerned to be legitimate. Companies have the responsibility to ensure that these criteria are met in their contracts.

Keywords: Business ethics · CSR · Normative economics · Freedom · Contracts

Firm-NGO collaborations
A resource-based perspective

Nicco F. S. Graf · Franz Rothlauf

Abstract: This paper studies the motivation that drives NGO-firm collaborations, factors that contribute to their success and threats the partners face. It builds on existing literature that studies collaborations between firms and examines whether they differ from collaborations between NGOs and private-owned companies. Although they are similar in many aspects, they differ on others. For instance, firms often collaborate with NGOs to get access to the reputation and legitimacy of an NGO. In contrast, NGOs usually enter a collaboration with a corporate partner to advance its managerial skills and receive financial resources. There are also differences on how firms and NGOs measure the performance and success of a firm-NGO relationship: while firms primarily seek financial success, NGOs pursue more ideological goals and offer intangible assets such as reputation and authenticity that are more difficult to quantify. Finally, an NGO suffers more if a partner does not behave in a way that respects the partnership and damages the reputation and legitimacy of the NGO. This is problematic for NGOs, since reputation and legitimacy are their key resources.

Keywords: Firm-NGO collaboration · Motivation · Success factors · Threats

JEL Classification: D74 · L14 · L31

© Springer Fachmedien Wiesbaden 2012

Dipl.-Kfm. N. F. S. Graf (✉) · Prof. Dr. F. Rothlauf
Department of Information Systems and Business Administration,
Johannes-Gutenberg Universität Mainz, 55099 Mainz, Germany
e-mail: grafni@uni-mainz.de

Prof. Dr. F. Rothlauf
e-mail: rothlauf@uni-mainz.de

1 Introduction

Interactions between nongovernmental organizations (NGOs) and firms are an interesting phenomenon: despite the formerly hostile relations between these two kinds of organizations (Elkington and Beloe 2010), the number and intensity of collaborations between firms and NGOs have risen during the last 30 years (e.g. Lucea 2010; Selsky and Parker 2005; Googins and Rochlin 2000; Arts 2002). This increase can be explained by (1) the nature of the resources the organizations possess (Das and Teng 1998; Austin 2000b) and (2) the organizations' approaches to problem-solving (Pattberg 2006; Arts 2002).

Firms and NGOs possess complementary resources: while the main resources of NGOs lie in their reputation and legitimacy within society (Austin 2000b; Lucea 2010), firms—by nature—are equipped with, among others, organizational and financial resources (Das and Teng 1998). The latter help NGOs withstand the fierce competition for funding and members within their sector (e.g. Elkington and Beloe 2010; Berger et al. 2004; Brown and Kalegaonkar 2002; Austin 1998). Firms, in contrast, strive for legitimacy and reputation within society (Austin 2000b; Lucea 2010).

In the literature, three economic sectors are distinguished (Rudney 1987; Googins and Rochlin 2000): the for-profit sector, which includes firms and other organizations that try to maximize monetary profit; the government sector (i.e. the state) and the non-profit sector, which is also referred to as the third sector and encloses all other organizations not aimed at profit-maximization, including NGOs (e.g. Seibel and Anheier 1990). Since firms pursue different goals than NGOs, they can be affiliated to a different sector. While firms tend to maximize shareholder value (Rondinelli and London 2003; Teegen et al. 2004), other-benefiting NGOs provide public goods altruistically—which is in contrast to self-benefiting NGOs, whose aim is to represent only the interests of their members (Yaziji and Doh 2009; Milne et al. 1996). This implies that firms and NGOs think differently about a problem (Pattberg 2006; Arts 2002). Thus, a collaboration between both kinds of organizations is a good choice for solving larger social problems (see e.g. Gray 1989; Arya and Salk 2006; Parker and Selsky 2004).

In the literature, there is no consensus on whether these partnerships are analogous to firm-firm collaborations. Only a few scholars have addressed the applicability of theories describing firm-firm collaborations to firm-NGO collaborations and these yield antithetical results. Some argue that there are obvious differences (see e.g. Rondinelli and London 2003; Wymer and Samu 2003), while e.g. Teegen et al. (2004) are of the opinion that the mainstream single-sector alliance theories of firm-firm collaborations can just as well be applied to collaborations between firms and NGOs. This reveals the necessity of further research regarding this question (Selsky and Parker 2005, Guo and Acar 2005).

Consequently, the goal of this paper is to study possible reasons for firms and NGOs to enter into collaborations with each other, factors that might lead the partnerships to success, as well as the problems the partners may face while in these collaborations. Thus, we compare the motivation, success factors and threats of firm-NGO collaborations with those of firm-firm collaborations. We use these factors since they are commonly used in the strategic management literature concerned with intrasector and cross-sector partnerships (e.g. Hennart 1988; Kogut 1988; Gulati 1995; Doz 1996; Dyer and Singh 1998; Das and Teng 2000a; Gray 1989; Austin 2000b; Rondinelli and London 2003; Selsky and Parker 2005).

As for the formation of collaborations, we use the resource-based perspective to delineate differences in the motivation for entering a collaboration. Other approaches (e.g. institutionalism, political approaches) also promise interesting results, but are beyond the scope of this paper. Regarding success factors and threats, we outline differences based on the different characteristics of firms and NGOs. The results are supported by findings from the literature.

We find that the motivation for entering into a firm-NGO relationship slightly differs from that of firm-firm collaborations. Firms usually collaborate with other firms to gain tacit knowledge or to acquire the partner's technology (Inkpen 2001; Hamel et al. 1989). However, when collaborating with an NGO, obtaining the reputation and legitimacy of that NGO can be seen as the firms' primary goal (e.g. Yaziji and Doh 2009). In contrast, NGOs often form collaborations with a corporate partner in order to advance their managerial skills and receive financial resources (Austin 1998; Kanter 1999).

Concerning the success factors of an alliance, the difference lies in the problem of evaluating collaboration performance, which is more difficult to do in firm-NGO relationships (Selsky and Parker 2005; Rondinelli and London 2003). In contrast to firms, which mainly seek financial success (Drucker 1989) NGOs pursue more ideological goals (such as the protection of the environment) and offer intangible assets such as reputation and authenticity that are hard to quantify (Glasbergen and Groenenberg 2001; Austin 1998; Kanter 1999). This is especially problematic since in the course of a partnership, an evaluation of the achievements is indispensable (Ring and Van de Ven 1994; Doz 1996; Ariño and De la Torre 1998). Thus, mutually accepted measures of partnership performance—which can account for these different kinds of goals—need to be found.

A further difference between firm-firm and firm-NGO collaborations concerns the threats they face. NGOs may encounter problems when it becomes obvious that its business partner does not behave in a way that respects the partnership, which in turn may lead to negative reputation and legitimacy effects for the NGO (e.g. Lindenberg and Dobel 1999; Andreasen 1996). This is especially important because reputation and legitimacy are the key resources of an NGO (Austin 2000b; Gibelman and Gelman 2001; Lucea 2010) as members and stakeholders want the organization to stand by its mission (e.g. Lucea 2010; Westley and Vredenburg 1991). The necessity for an NGO to maintain its authenticity is further complicated by the competition among NGOs for funding and members (Elkington and Beloe 2010).

The remainder of this paper is structured as follows: Section 2 provides a definition of an NGO and delineates differences between corporations and NGOs. Section 3 studies the rationale for entering a firm-firm collaboration versus that of entering into a firm-NGO collaboration. The subsequent section discusses the different success factors of the two kinds of collaborations before we examine why a collaboration between an NGO and a firm might fail. The last section concludes and gives implications for further research.

2 Nongovernmental organizations

Before comparing intrasector collaborations with collaborations between businesses and NGOs, a definition of a nongovernmental organization shall be provided. This is followed by a discussion of the different goals and characteristics between these two kinds of organizations.

2.1 Definition

In the literature, no generally accepted definition for NGOs can be found (Vakil 1997, p. 2057). A far-reaching description is given by the United Nations (as cited e.g. in Teegen et al. (2004); Yaziji and Doh (2009)) that define nongovernmental organizations as "any nonprofit, voluntary citizens' group which is organized on a local, national or international level. Task-oriented and driven by people with a common interest, NGOs perform a variety of services and humanitarian functions, bring citizens' concerns to governments, monitor policies and encourage political participation at the community level. They provide analysis and expertise, serve as early warning mechanisms and help monitor and implement international agreements. Some are organized around specifc issues, such as human rights, the environment or health[1]."

Another definition is used by Teegen et al. (2004). They define NGOs as "private, not-for-profit organizations that aim to serve particular societal interests by focusing advocacy and/or operational efforts on social, political and economic goals, including equity, education, health, environmental protection and human rights."

Due to the generality of these definitions, we follow Yaziji and Doh (2009) by dividing NGOs into groups along two dimensions. First, we have a look at the beneficiary of the NGO. In self-benefiting NGOs, only the members of the respective NGOs benefit from the organizations' actions (e.g. labor unions or Alcoholics Anonymous). Other-benefiting NGOs provide services or goods that are non-exclusive, in other words public (e.g. environmental groups or Doctors Without Borders). The second dimension, the type of action, can be subdivided into service, i.e. fulfilling unmet needs of the people (e.g. offering food), or advocacy (i.e. helping to give a voice to peoples' concerns). This typology is shown in Fig. 1.

To clearly separate NGOs from firms (in terms of profit orientation) and public institutions, we use the definition of Teegen et al. (2004), which is also employed by many other researchers (e.g. Le Ber and Branzei 2010; Lucea 2010). Throughout this paper, we focus only on other-benefiting advocacy NGOs, which helps to better separate NGOs from firms—especially regarding their beneficiaries. Moreover, proceeding in this manner allows for the exclusion of borderline cases in which no clear separation between a

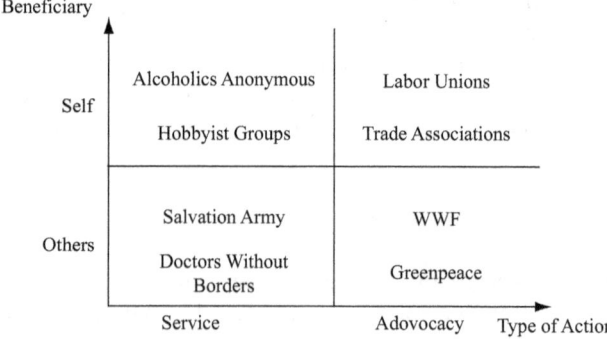

Fig. 1: Typology of NGOs and categorization of several examples. (Adapted from Yaziji and Doh 2009, p. 5)

for-profit and a non-profit organization can be made (e.g. in healthcare) (Douglas 1987). It goes without saying that we do not consider NGOs that avoid collaborating with firms but follow a strategy of hostile activism.

2.2 Goals

The range of possible organizational goals is large and ranges from pure shareholder orientation as proposed by Friedman (1970) or Jensen and Meckling (1976) to a focus on societal benefits of activities. Where exactly on this continuum an organization positions itself is determined by the sector it is in as well as the "stage of evolution" it ascribes to. Whereas the former is simple to determine, since an organization usually defines its sector affiliation upon founding, the latter may vary across sectors. While one organization aims at pursuing its own goals ("instrumental stage"), another one may seek the satisfaction of the needs and interests of the its stakeholders only ("progressive stage") (Kirsch 1997; Kirsch et al. 2010).

Other-benefiting NGOs can be described as organizations with primarily altruistic motives that pursue public goals and try to maximize social welfare by forcing other organizations to change their behavior (Milne et al. 1996; Den Hond and De Bakker 2007; Maxwell 2010). Firms, in contrast, are usually regarded as being profit-oriented, thus following private goals (Arts 2002). A general distinction between NGOs pursuing only public goals and firms following only private goals is often oversimplistic. For example, a large body of literature in fields such as corporate social responsibility and stakeholder orientation observes that in reality firms do not solely pursue shareholder goals (as claimed by Friedman (1970)) but show a more sophisticated behavior by also addressing stakeholder concerns (e.g. Freeman 1984; Phillips et al. 2003; Orlitzky et al 2003). Despite the firms' responsiveness to societal interests, there are also cases where managers engage in decoupling, which means that intentions and public announcements differ from actions. An example are firms who mislead the public by promising to install carbon dioxide neutral production methods but not doing so (Elsbach and Sutton 1992; Suchman 1995; Dacin et al 2007). Decoupling—in its common sense—contradicts all corporate efforts which aim at being considered a socially responsive firm not exclusively maximizing shareholder value.

For the purpose of this work, we want to assume that firms and NGOs pursue different types of goals: while the motives of NGOs tend to be more or less altruistic (suggesting NGOs would rather be ascribed to the progressive stage), firms aim more at private goals and at profit maximization, thus indicating they are more likely to be allocated at the instrumental stage (Milne et al. 1996). This differentiation leads to the attribution of firms to the for-profit and of NGOs to the non-profit sector.

2.3 Characteristics

To delineate differences between firm-firm and firm-NGO collaborations, we study the different characteristics of firms and NGOs. The characteristics identified in the literature are the organizations' sources of power (Arts 2002), resources (Das and Teng 1998; Austin 2000b), stakeholders (e.g. Elkington and Beloe 2010; Teegen et al. 2004) and cultures

Table 1: Differences between NGOs and firms

Characteristic	Firm	NGO
Goals	Profit maximization/financial success	Altruism/ideological success
Source of power	Economic power	Societal power
Resources	Financial, intangible, organizational, physical	Intangible
Stakeholders	Owners, trading partners, staff, society	Donors, clients, staff, individual members
Decision-making process	Hierarchical	Democratic

(e.g. Milne et al. 1996). The main differences regarding characteristics are summarized in Table 1.

Although firms often possess more economic power, NGOs are usually more influential in the political or societal area, especially regarding social issues (Arts 2002; Levy and Egan 1998). The power differences may be due to the fact that NGOs enjoy more public trust than firms and that they are perceived as more capable than firms to react to social needs (Yaziji and Doh 2009)—a reception which stems from their ideals to pursue social welfare (Teegen et al. 2004).

The resource-based view, which we will use below for our argumentation, knows four different types of resources organizations can possess: financial, intangible (e.g. licenses, knowledge, reputation), organizational (e.g. organizational structures, culture) and physical (machines, equipment) resources (Amit and Schoemaker 1993; Barney 1991; Bamberger and Wrona 1996). While firms usually possess ample financial, organizational and physical resources, their pool of intangible resources often lacks reputation and legitimacy[2] vis-à-vis society as well as specialized societal and environmental expertise or access to distinct networks (Das and Teng 1998, Wassmer et al., in press). These intangible resources, by contrast, are the key resources of NGOs (Austin 2000b; Lucea 2010). They are gained because the NGO's mission and actions are perceived as being "right" by funders: it is only under this condition that they are willing to support the NGO. Reputation and legitimacy are thus a requirement for the NGO's ongoing survival (see e.g. Lucea 2010; Austin 2000a; Westley and Vredenburg 1991). Since NGOs formerly did not face strong pressures for accountability and thus were not assessed along criteria such as efficiency (Selsky and Parker 2005; Gazley and Brudney 2007), they often lack slack organizational and financial resources (Lindenberg and Dobel 1999, Wassmer et al., in press).

Another difference between firms and NGOs concerns their respective stakeholders. Normally, firms are accountable to owners and shareholders, as well as trading partners (which includes customers, retailers, suppliers), staff and society (Gray and Balmer 1998). It can be assumed that they want the firm to prosper economically and make profits since only then can it deliver good products, be a reliable bargaining partner and pay wages and salaries as well as dividends to its shareholders. In contrast, NGOs need not only be financially successful, but also to serve their funders, clients, staff and individual members, who often have different (and sometimes even conflicting (e.g. Edwards and Hulme 1996)) interests and demands (Elkington and Beloe 2010; Teegen et al. 2004; Powell and Friedkin 1987; Edwards and Hulme 1996). Donors, for example, want the NGO to be ideologically successful (i.e. to advance environmental protection) and are not primarily interested in financial success, while employees have an interest (at least in part) to be paid a monthly salary. The leaders, in turn, may not primarily be interested in pursuing the ideological goals of the donors, but in maintaining their power (which would be equal to maximizing their own interests) in the following board elections (Valentinov and Iliopoulos, in press). Even if all these actors' interests are the same, conflicts may emerge when the NGO's strategy for reaching its ideological goal is assessed: for example, Berger et al. (2004) report on disagreement among the constituents of an NGO regarding which strategy might be the best to reach its goal. These differing interests and opinions make it hard for NGOs to maintain legitimacy for its decisions among all of its stakeholders.

Further, NGOs often have a different organizational structure compared to firms (Milne et al. 1996; Percy 2010; Berger et al. 2004). Interpersonal coordination of actions, for example, is, according to Seibel (1990), based more on group solidarity and clan-like power structures. This implies different ways of making and implementing decisions, which usually happens hierarchically in firms (Coase 1937; Berger et al. 2004). In contrast to firms, NGOs are more democratic (Sagawa and Segal 2000; Berger et al. 2004). Although this plus of democracy is necessary since the main feature of NGOs is voluntarism, i.e. "the fact that they can only invite voluntary involvement in their activities" (Edwards and Hulme 1996, p. 966), it confronts the NGO with problems. NGO management "must therefore use discussion, bargaining, accommodation and persuasion[...] rather than bureaucratic control" (Edwards and Hulme 1996, p. 966) to implement decisions instead of using the same "top-down" principle which is primarily found in firms. Thus, in contrast to firms, larger institutions and a developed internal hierarchy, are not necessary within the NGO (Westley and Vredenburg 1991).

However, though most literature views NGOs as a shining example of leading an organization, some authors doubt that the classification into good (NGO) and bad (firm) is always justified (e.g. Parker 2003).

3 Why do NGOs collaborate with firms?

Since they act rationally, organizations do not collaborate unless they expect to create economic value (Kumar and Nti 1998; Sagawa and Segal 2000), i.e. they hope to be better off compared to a situation without the collaboration (Huxham and Macdonald 1992). For firms, this usually means increasing profits or, in uncertain environments, to stay alive. NGOs use collaborations to further their mission. The objectives of NGOs can be studies from various perspectives: increasing profits can be achieved by following nonmarket strategies, for example lobbying or co-optation (e.g. Bonardi et al. 2006; Keim and Zeithaml 1986; Selznick 1949), or institutional pressure can force an organization to collaborate in order to survive (e.g. DiMaggio and Powell 1983; Scott 1995). Alternatively, the gathering of complementary resources can help to further the organization's mission (Wernerfelt 1984, Barney 1991). We consider the latter—usually referred to as the resource-based view—because the statements of professionals, cited e.g. by Berger et al. (2004) and Austin (2000a) mention the acquisition of resources as a critical point in firm-NGO partnerships.

The resource-based view argues that organizations achieve a competitive advantage by accumulating and using resources that are rare, difficult to imitate and nonsubstitutable. In light of this perspective, collaboration occurs between organizations which are endowed with heterogeneous—and thus complementary—bundles of resources and capabilities. By combining these complementary resource bundles, an advantage over competing organizations can be achieved (e.g. Eisenhardt and Schoonhoven 1996; Das and Teng 2000b). In other words, the gap between required and available resources is a reason for entering into a collaboration with a partner (Garrette et al. 2009, Hamel et al. 1989; Eisenhardt and Schoonhoven 1996, Kumar and Nti 1998, Dussauge et al. 2000). The main resources that are exchanged in intrasector partnerships are intangible, financial, and organizational resources (Das and Teng 1998).

In intrasector partnerships, one important resource that firms hope to gain is tacit knowledge (Inkpen 2001), i.e. knowledge that is very difficult to codify and transfer, such as knowledge about cultural differences between countries (James 1896; Polanyi 1958, 1967). Kogut (1988) also includes the technology of the partner, which may grant an additional knowledge or cost advantage. Traditionally, such knowledge transfers are established by merging with another firm or acquiring it. More recent approaches to gain tacit knowledge from members of the partner organization are staff exchanges or visits (Powell 1990). In the 1980s and 1990s, especially Japanese firms are reported to use collaboration agreements with firms in the United States to gather technological knowledge from their partners (Reich and Mankin 1986, Bleeke and Ernst 1995).

Sharing financial resources helps organizations to implement larger R&D projects with high financial exposures and thus high risks (Hagedoorn 1993; Gulati 1995). It is often argued that—especially in high-technology industries—R&D costs are steadily increasing, which makes them too expensive for a single organization (Hagedoorn 1993). In a collaboration, the different organizations can pool their financial resources and distribute the accompanying risks. Thus, the partners can substantially reduce their respective exposure to such risks or uncertainties (Teece 1992).

Market access is also a frequently mentioned example of resource exchange, especially for small firms that possess entrepreneurial commitment and expertise in technology innovation (Powell 1990): according to Doz (1988), they are more likely to develop innovations but usually lack the resources to promote them on a large scale. When collaborating with a larger corporation, a small firm may gain access to worldwide markets through the marketing possibilities of the former. Having an experienced partner at hand provides an immense competitive advantage to these emerging firms.

The rationale for a firm and an NGO to enter into a collaboration is—in regard to resource-based arguments—quite similar to that of firm-firm collaborations since firms and NGOs use collaborations to acquire complementary resources from their partner. However, while organizational and financial resources are transferred from firms to NGOs (just as in intrasector partnerships between firms), NGOs provide firms with intangible resources such as reputation and legitimacy as well as expertise and access to other stakeholder groups.

In a firm-NGO partnership, NGOs try to acquire organizational resources like managerial knowledge from the business partner since many funders and donors ask NGOs to improve their efficiency (Berger et al. 2004; Lucea 2010; Parker and Selsky 2004; Sagawa and Segal 2000). Due to fierce competition in the nonprofit sector, donors have a large choice of alternative projects to fund (Hardy et al. 2006). An efficient organizational structure minimizing bureaucratic expenditures might thus be a motivation for potential donors or funders to support this focal organization.

Besides organizational resources, direct funding or in-kind gifts from the partner are also an important motivation for NGOs to collaborate with a firm (Austin 2000a). Scholars have found a strong correlation between the annual budget of an NGO and the number of ties to corporations (Hoffmann and Bertels 2010). A higher budget allows an NGO to expand its activities and thus to further its mission. Austin (2000a) for example reports of enhanced visibility of an NGO supplied with sponsored t-shirts.

On the other side, firms—when collaborating with NGOs—want first and foremost to gain reputational effects and legitimacy vis-à-vis society (e.g. Yaziji and Doh 2009; Glasbergen and Groenenberg 2001; Austin 1998; Kanter 1999; Dollinger et al. 1997; Andreasen 1996). Since reputation or legitimacy cannot be bought neither imitated, but rather are constructs based on perceptions by third parties (usually consumers or society as a whole), an organization cannot have a direct influence on them (Dowling 1986; Mahon 2002). For these reasons, the creation of such positive social judgments requires that the firm continuously offers high-quality products in combination with a large marketing effort (Kotha et al. 2001; Gray and Balmer 1998; Hall 1993; Dierickx and Cool 1989). Though it is difficult for an organization to build up positive social judgments, it is possible to transfer them from one organization to another, e.g. through collaboration (Washington and Zajac 2005; Baden-Fuller et al. 2000). Thus, improving reputation via collaborations with NGOs can give the firm a sustainable competitive advantage (Dollinger et al. 1997; Barney 1991).

For example, improving one's reputation for being environmentally conscious also has the positive effect of attracting qualified young people as consumers or even as employees. More than ever, today's customers and young professionals demand of firms to be socially responsible (Austin 1998; Rondinelli and Berry 1997). Firm-NGO collaborations may, for example, allow firms to demonstrate their care for social values or environmental protection (Parker and Selsky 2004; Selsky and Parker 2005). Using this strategy may lead to higher consumer loyalty, especially among younger people and thus to higher sales or revenues in the long run (Barney 1991; Sagawa and Segal 2000; Hardy et al. 2006). Furthermore, the firm can present itself as an attractive employer.

By collaborating with an NGO, firms can also acquire ecological, scientific, and legal expertise, which allows them to improve their products, especially concerning environmental or social aspects (Milne et al. 1996; Hartmann and Stafford 1997). With the help of an NGO's expertise, a firm can for example improve its production technology in a way that makes its products more sustainable or environmentally friendly. After implementing the new technology, both partners can pressure the government to raise the minimum pollution standard to a level which the competitors cannot reach (Yaziji and Doh 2009). In case stricter regulation has already been passed, the NGO's expertise can help firms to comply with the new rules when the internal development of new techniques is too costly (Milne et al. 1996). A competitive advantage emerges since the competitors need to spend money for the development of a technique that allows them to adhere to the increased standards. Sometimes, market forces may suffice to introduce new environmental industry standards, thereby making lobbyism unnecessary (Yaziji and Doh 2009): Livesey (1999), for example, describes the collaboration of McDonald's and the Environmental Defense Fund (EDF) for the development of an environmental action plan and the replacement of polystyrene clamshells with a more environmentally friendly packaging method. Afterwards, other fast-food chains imitated this change in product packaging, thus also becoming more environmentally friendly.

Collaboration with NGOs provides firms with access to other stakeholder groups, especially when the NGO acts as a bridging organization or an opinion leader (Westley and Vredenburg 1991; Polonsky 1996; Andreasen 1996). Firms are thereby enabled to test new technologies and improve firm-culture and values (Austin 1998). Through the more direct contact with end users, firms can learn from their experiences and problems, which allow them to improve their products (Kanter 1999).

However, not only firms, but also NGOs may benefit from more intense relationships with important firm managers, who can mediate contacts to other firms in the industry or to government officials (Sagawa and Segal 2000). These contacts may offer further collaboration opportunities in different industries (Gulati 1995), thereby providing the respective NGO with a competitive advantage in contrast to those without intense collaborative strategies. Enhanced donor and member visibility (e.g. through media coverage of additional collaborations) may be examples of this advantage.

The resource exchange in the aforementioned examples is favorably conducted through collaborations since NGOs often possess resources firms are interested in and vice versa. One may argue that transferring the desired resources may occur when merging or acquiring the potential partner. However, due to legal restrictions (profit vs. not-for-profit character), merging with an NGO or acquiring it is impossible (Rondinelli and London 2003; Austin 2000b; Sagawa and Segal 2000; King 2007). Thus, collaborating with an NGO remains the easiest way to acquire their complementary resources.

4 What makes collaboration successful?

Many scholars try to explore the factors that lead to success in partnerships or seek to explain the high failure rate of intra- and intersector partnerships (see e.g. Gulati 1995; Kogut 1989; Park and Russo 1996; García-Canal et al. 2003; Parkhe 1993; Sagawa and Segal 2000; Iyer 2003). Their research has identified a vast number of variables, which can roughly be divided into four distinct groups (Dussauge and Garrette 1995). First, research on partner asymmetries, for example, investigates whether a partnership between similar partners is more promising than one between different partners and which partner characteristics are relevant for success (e.g. Saxton 1997; Kanter 1999; Brannen and Salk 2000; Dorado et al. 2009). The second group contains factors that reflect the distribution of ownership and control of the partnership. In his review, Inkpen (2001) attributes the structure and design of partnerships as critical to success; relevant questions in this context are for example if a partnership is equity-based or not and, in case it is, what ownership structure is most promising (e.g. Hennart 1988; Mowery et al. 1996). But also factors such as how to evaluate the advances of a partnership belong to this group (Doz 1996). The third group of factors address the scope and breadth of purpose of the partnership. Exemplary variables belonging to this group are, e.g., the clarification of the common goal and the boundaries of collaboration (Borys and Jemison 1989; Doz 1996). The last set of factors includes industry structure and competitive context. Literature in this area examines for example whether partnerships between competitors are more likely to fail or are favored by specific industry characteristics (Park and Russo 1996; Spekman et al. 1998; Kumar 2010).

In this study, we focus on four factors we regard as most relevant for firm-firm as well as firm-NGO collaboration. In our opinion, these are management commitment (Spekman et al. 1998), prior experience (Gulati 1995; Levinthal and Fichman 1988; García-Canal et al. 2003), trust (Parkhe 1993; Li et al. 2008), and performance evaluation (Doz 1996; Yaziji and Doh 2009).

4.1 Management commitment

Spekman et al. (1998) mention management commitment as a key factor for leading the partnership to success since managers need to invest extra time to manage the collaboration alongside their day-to-day business and since the governance has a direct influence on the success of a partnership (Madhok and Tallman 1998). The managers need to maintain communication among partners (e.g. Andreasen 1996) and establish consensus on processes and procedures during the emergence of the partnership (Ring and Van de Ven 1994). This helps not only to align the goals of the different partners (Kumar and Nti 1998), but also to build up trust, which is an important factor for the persistence of a partnership (Levinthal and Fichman 1988).

A large amount of management commitment is especially important for firm-NGO collaborations as this form of partnership is relatively new (Rondinelli and London 2003). One thing the leaders of the partners need to do is to clearly define their expectation of the partnership ex-ante and ensure that the goals are not too far-reaching or too abstract (Austin 2000b; Rondinelli and London 2003). Moreover, the management should communicate the relevance of the collaboration to its employees (Austin 2000b; Sagawa and Segal 2000). Strong employee participation in and commitment to the collaboration is necessary for the success of the partnership (Rondinelli and London 2003).

Management further needs to cope with the partners' different ideologies, cultures, or missions (Percy 2010; Parker and Selsky 2004; Milne et al. 1996; Berger et al. 2004; Rondinelli and London 2003). Incompatibilities regarding the partners' ideologies, culture, or missions are a possible source of failure for collaborations (Sagawa and Segal 2000; García-Canal et al. 2003). The different cultures may be a source of incongruencies in the partners' professional languages (Hardy et al. 2006). In order for the collaboration to be successful, management should bring together, or at least respect, the partners' culture and ideologies and understand their different languages (Hardy et al. 2006). Ashman (2001) reports that overcoming the problems linked to different cultures may benefit the collaboration as well as the participating organizations and their employees.

The necessity to bridge the gap between diverse cultures is not unique to firm-NGO collaborations. Similar difficulties concerning different cultures and the resulting incongruencies may arise in intercultural (firm-firm) collaborations. Brannen and Salk (2000), for example, describe the case of a German-Japanese joint venture with large initial misunderstandings due to different management styles and working cultures between the German and Japanese managers.

4.2 Experience with collaborations

Previous collaboration experience, which may help in assessing and choosing the right partner, is also relevant for the success of a collaboration (Gulati 1995; Kogut 1989; Levinthal and Fichman 1988; Ariño and De la Torre 1998). In particular, choosing the right partner is not a trivial problem (e.g. Beamish 1987). Difficulties concerning the choice of partner can emerge since predicting partner behavior ex-ante is very difficult (Li et al. 2008; Parkhe 1993). Collaborating with another organization thus includes relational risk, i.e. the risk that a partner does not pursue the mutual benefits but rather his own (Das and Teng 1996).

A number of abilities emerge from prior collaborations: relational ability, i.e. the ability to anticipate or manage the success of a collaboration (Dyer and Singh 1998) as well as the skills needed to minimize relational risk (Das and Teng 1996). To this belongs the estimation of a potential partner's reputation (Dollinger et al. 1997). However, after a number of collaborations with the same partner, a saturation point is reached beyond which the probability for further collaborations with that partner decreases (Gulati 1995).

Due to the novelty of firm-NGO partnerships, many managers possibly do not possess enough prior experience regarding the issues pertaining to these collaborations (Austin 2000b). Owing to this lack of experience, managers may face greater difficulties evaluating which NGO has the necessary expertise or know-how for a successful collaboration. Similar information concerning other firms is usually more easily accessible (Rondinelli and London 2003).

An additional aggravation emerges out of the sheer mass of different partners among NGOs (Babiak and Thibault 2009), of which only little information is publicly available (Austin 2000b). This makes it more difficult to find a partner that fits the firm's goals and could also aggravate the estimation of relational risk (Rondinelli and London 2003). Thus, partners should take time to get to know each other (Sagawa and Segal 2000) and should intensify the collaboration step by step (e.g. Ring and Van de Ven 1994; Doz 1996).

4.3 Trust

Schelling (1960) already mentioned the importance of trust in collaborations (more recent articles are e.g. Huxham and Macdonald 1992; Powell 1990; Parkhe 1993). With sufficient trust prevailing, the perceived risk of opportunism can be reduced (Parkhe 1993). As risk declines, the need for formal control diminishes, which reduces the costs for these control mechanisms (Ring and Van de Ven 1994; Dyer and Singh 1998).

Furthermore, trust among partners enables them to create relational assets in their collaboration (i.e. investments that are under common ownership, e.g. common facilities) (Parkhe 1993; Dyer and Singh 1998). Relational assets can help develop idiosyncratic products (i.e. highly specialized products that are very hard for competitors to imitate) that yield a high competitive advantage and abnormal returns (Dyer and Singh 1998). These authors give as an example the collaboration between the car manufacturer Nissan and one of its seat suppliers, which built a production plant next to Nissan's assembly plant and connected the two via a conveyor belt.

The creation of relational assets is also possible in firm-NGO collaborations. Although the largest NGOs have a large budget allowing expenses for common assets (Schoenbrod 2005), even the largest NGO is quite small compared to mid-size businesses (Yaziji and Doh 2009). Therefore, the for-profit partner presumably will have to bear the financial brunt of establishing relational assets.

Due to the former hostility between NGOs and firms (e.g. Gray 1989; Westley and Vredenburg 1991), mistrust among these organizations is still likely to be present (Yaziji and Doh 2009). Since this fact aggravates the creation of trust between the actors, trust is most often built up by gradually intensifying collaboration (e.g. Sagawa and Segal 2000; Rondinelli and London 2003; Percy 2010). Percy (2010) reports of a collaboration between British Petroleum and the EDF, which started with some environmental forums and later on developed a system to trade greenhouse gas emissions within the company, which aimed at reducing them in the long run.

4.4 Performance evaluation

Performance evaluation is crucial for the success of a collaboration. Partnerships are not linear processes, but rather consist of a continuum of milestones. Furthermore, they are subject to influences from the environment. Thus, evaluation but also continuous adjustment to changes and re-evaluation is necessary (Doz 1996; Ariño and De la Torre 1998; Ring and Van de Ven 1994).

In the light of the exchanged resources discussed above, performance measurement is relatively easy for both, firm and NGO. The latter could for example tell its constituents about the amount of donations received by the firm, while the former might quantify reputational gains by looking at surveys, as well as sales or revenue figures. Firms can easily transform such figures into earnings and profits (Rondinelli and London 2003; Iyer 2003; Drucker 1989).

Due to the qualitative and ideological character of an NGO's goals, measuring the influence of the acquired resources on furthering of its mission is more difficult. An NGO needs to transform the resources obtained into concrete, measurable accomplishments of its mission. Alternatively, it can try to assess whether a change in the firm's behavior has occurred or if the collaboration is likely to have caused further effects which will only be discernible in the future. However, such an assessment cannot be made directly after the partnership has ended but it will likely take time for all side effects to become visible. Nevertheless, the difficulty remains: how to measure the non-financial success of a firm-NGO collaboration (e.g. the amount of environmental protection), and how to measure its costs (Yaziji and Doh 2009)? To solve this problem, success indicators that are acceptable to all actors need to be found (Rondinelli and London 2003; Selsky and Parker 2005; Austin 2000a). Rondinelli and London (2003) argue that concentrating joint activities of firm and NGO on a common and clearly limited project—which could facilitate performance measurement—is necessary for the success of cross-sectoral partnerships.

5 Threats

Collaborations usually do not come without conflicts (Gray 1989). Threats for the partners can be divided into three categories: (1) dangers emanating from the partner (especially opportunism or exploitation), (2) dangers within one organization (e.g. constituent resistance to a partnership) and (3) dangers surrounding the resources (e.g. diminishing reputation).

5.1 Threats emanating from partner

One of the major threats that can arise from a partner is opportunism (Das and Teng 2000a). Opportunism occurs when partner A does not keep his premises or cheats B with the aim of maximizing his own profits at the expense of B (Das and Teng 2000b). The case of knowledge is one example for opportunism in collaborations. Knowledge acquisition may result in a learning race which aims to "outlearn" the partner, i.e. to gain the partner's knowledge faster than he acquires ours (Das and Teng 2000a; Hamel 1991; Hamel et al. 1989). The knowledge acquired during a learning race may also help to attack the partner. An example of the latter is to use the knowledge acquired to copy or even steal an innovation and enter into fierce competition with the former collaboration partner. Hamel (1991) and Reich and Mankin (1986) cite several Western managers who state that their Japanese alliance partners gained necessary knowledge and eventually entered their former partners' markets as competitors. Another possibility of attack is the acquisition of the partner after the partnership, with the aim of preventing the use or sale of acquired knowledge (Doz 1996). As Doz (1996) further states, even A's suspicion that partner B has the intent to acquire A leads to mistrust and tensions. These sorrows seem to be justified since a high percentage of inter-firm partnerships end in a merger or acquisition (Bleeke and Ernst 1995).

Exploitation and opportunism, as well as suppression of the partner (e.g. as a result of unequal power distribution) and unfair behavior seem to be present in some firm-NGO collaborations as well (Babiak and Thibault 2009). An example of exploiting the reputation of the NGO partner is greenwashing (Rondinelli and London 2003; Yaziji and Doh 2009; Andreasen 1996). In doing so, a firm disseminates false information concerning products or the firm itself which leads to a positive perception of its products or the firm (Ramus and Montiel 2005). Greenwashing usually implies that firms misuse the collaboration for marketing purposes (Rondinelli and London 2003; Sagawa and Segal 2000): the firm can, for example, wrongly promote products as endorsed by the NGO partner.

A potential threat for the firm may be that its nonprofit partner could use acquired internal knowledge against the firm (Rondinelli and London 2003). Stafford et al. (2000) report on the case of Greenpeace and Foron: after collaborating with Foron to introduce a new and environmentally advantageous technology for refrigerators, Greenpeace gave the technology to Foron's competitors which lead Foron to bankruptcy.

5.2 Threats from within the organization

The second category contains threats that result from conflicts within the organization. The main problem hindering a successful partnership is resistance to the partnership agreements by some parties inside the organization (Westley and Vredenburg 1991; Ashman 2001; Berger et al. 2004). Such resistance may arise especially within the NGO as members fear the loss of independence when collaborating with a firm. This may manifest itself by a change in the focus or mission of the partnering NGO since during the process of collaboration, the NGO adapts to the firm's culture and definition of success (Parker and Selsky 2004).

The consequences of these fears may be further amplified by the more democratic decision style prevailing in this kind of organization, which is in contrast to firms where hierarchies dominate. Due to the organization as a democracy, NGOs are only marginally institutionalized. This idea suggests that the NGO leaders cannot enforce a collaboration against the preference of its members, which potentially makes collaboration more complicated (Westley and Vredenburg 1991).

Another problem firms are confronted with is the danger of not developing the necessary skills on their own and thus of losing the ability to develop skills independently, since critical knowledge is acquired through a collaboration (Hamel et al. 1989; Eisenhardt and Schoonhoven 1996; Dyer and Nobeoka 2000). Afuah (2000) argues that a collaborative network may isolate itself from the outside in a way that makes the participating firms unable to adapt to major technical innovations. He draws this conclusion from a study on the changeover from "complex instruction set computing" to "reduced instruction set computing" systems. Partnerships that did not adapt to the new technology faced severe problems such as a competitive disadvantage and a loss of customers (Afuah 2000; but see Gulati and Gargiulo 1999).

Since NGOs do not primarily want to acquire technological knowledge (in the sense of R&D knowledge for the development of a product) but rather wish to gain managerial capabilities and financial resources, they need to watch their funding activities. By collaborating with firms, NGOs temporarily enjoy corporate donations and thus may neglect other funding bases. By the time the collaboration ends, the corporate donations stop and the NGO could face trouble in case the remaining funding is insufficient for survival (Andreasen 1996).

5.3 Threats for legitimacy and reputation

The third category of dangers concerns NGOs exclusively. It refers to the problem of NGOs losing their reputation and legitimacy within society. Such reputation and legitimacy losses may occur when a firm behaves in a way that damages the NGO's image: for example, if, on the one hand it cooperates with an environmental NGO but on the other hand, produces in a manner that is environmentally questionable. To avoid the resulting damage to its reputation and authenticity, the NGO needs to check its partner's external relationships before entering the collaboration, but also their development in the course of the partnership (Parker and Selsky 2004).

A similar point is made by Pattberg (2004), who argues that there may be conflicts of interest. As an example he describes a business-NGO collaboration that aims to create a certification label. In parallel to this collaboration, the NGO is invested with the donors' mission to carefully monitor the focal firm for possible legal offence. The independence of the NGO over time is very important for maintaining its legitimacy and not being regarded as a business's accomplice by the public (Lindenberg and Dobel 1999; Rondinelli and London 2003; Hardy et al. 2006; Yaziji and Doh 2009; Andreasen 1996; Sagawa and Segal 2000). This independence is sometimes even endangered by the simple act of entering into a collaboration with a firm (Lucea 2010). Gray (1989) calls this "institutional disincentives" as they demotivate NGOs from collaborating with businesses.

6 Conclusions

This paper studies possible reasons, success factors, and threats of collaborations between firms and NGOs. Based on the differentiation between firms and NGOs regarding the characteristics of both organizations, we establish a link between firm-firm and firm-NGO collaborations. The findings indicate that firm-NGO collaborations differ from those of collaborations between firms. The arising incongruencies can be divided into three categories: (1) the motivation, (2) the success factors and (3) the threats.

The motivation to enter into a firm-NGO collaboration is based on the exchange of complementary resources. Firms usually seek access an NGO's intangible resources such as reputation and legitimacy, while NGOs mostly try to acquire organizational and financial resources (e.g. Yaziji and Doh 2009; Glasbergen and Groenenberg 2001; Austin 1998; Kanter 1999).

Management commitment, trust, prior experience and performance evaluation can help leading a partnership to success. Managers must be strongly committed to the partnership to bridge the gap between the different cultures and ideologies of firms versus NGOs and convince the employees—and especially the NGOs' voluntary personnel—of the benefits that result from collaboration (Hardy et al. 2006; Rondinelli and London 2003). Prior experience regarding this kind of relationship seems to be important, since it might also ease the partner selection process. Without the necessary information, finding an appropriate partner among the many existent NGOs is difficult (Rondinelli and London 2003). Trust, in a similar manner to firm-firm collaborations, usually develops over time, particularly since firms and NGOs are traditionally opposed to one another (Sagawa and Segal 2000; Westley and Vredenburg 1991). In comparison to firm-firm collaborations, the performance evaluation of firm-NGO partnerships seems to be more difficult, at least for the nonprofit partner. The reason can be found in the mostly non-financial, ideological goals of the NGO (Austin 2000a).

However, firm-NGO collaborations do not only offer positive aspects, but also negative ones like opportunism and exploitation of the partner. In firm-firm collaborations, these points are usually connected with profiting at the expense of the partner (-ship) or outlearning it. In firm-NGO partnerships, it has a slightly different connotation. While on the one hand the NGO may have incentives to use internal data from the firm for an attack or hostile activism, on the other hand, the firm may misuse the NGO's reputation and—in Ramus and Montiel's (2005) terms—"green" its products or reputation (Babiak and Thibault 2009). Moreover, some NGOs struggle with resistance from within resulting from its more democratic decision style (Westley and Vredenburg 1991). Resistance might emerge on behalf of members and volunteers who fear the NGO will become dependent on the respective firm since conflicts of interest might not be dealt appropriately. Such a behavior would undermine the NGO's legitimacy, which is vital for the organization (Pattberg 2004; Yaziji and Doh 2009). This idea suggests that an NGO must avoid partnering with incompliant firms.

Despite the differences, our findings support Teegen et al. (2004) argument that the main theories on firm-firm collaboration can be applied to firm-NGO collaborations in a modified form. An adaptation needs to occur regarding the detailed argumentation on which the theories are based. Still, there is a unique difference regarding the possible threats to a partnering NGO. In contrast to firms, NGOs may face diminished legitimacy and authenticity, especially when the partnering firm does not comply with the NGO's values and principles.

Much research discusses how firms can cope with the dangers in intrasector partnerships (e.g. Inkpen 2001; Dyer and Singh 1998). However, as shown above, NGOs are different from firms in some respect. Thus, further research should investigate the question how NGOs cope with the problems and dangers emerging in collaborations with firms. Especially practitioners might be interested in how to avoid problems in such partnerships.

The main problem the NGO has to tackle with is a potential loss of reputation or legitimacy. Further research is needed to figure out how such a loss might occur and what the NGO can do to avoid these problems in firm-NGO collaborations. With one exception (King 2007), this question has not been dealt with to date. Empirical research may be helpful, in revealing the process of social judgment transfers and answering the question of how to avoid a loss of legitimacy and reputation.

Endnotes

1   A UN official confirmed this definition. However, no document containing this definition could be found.
2   A very often used definition of legitimacy which will also be used in this paper is provided by Suchman (1995, p. 574). He defines legitimacy as "a generalized perception or assumption that the actions of an entity are desirable, proper, or appropriate within some socially constructed system of norms, values, beliefs, and definitions". According to Lucea (2010), legitimacy is not an absolute characteristic, but a perceived characteristic by a certain group or person.

Acknowledgments: We are greatly indebted to Alex Bitektine for helpful comments and discussions on an earlier version of this article. Furthermore, we want to thank the editors as well as three anonymous reviewers for their insightful remarks and help.

References

Afuah A (2000) How much do your *Co-Opetitors'* capabilities matter in the face of technological change? Strateg Manag J 21:387–404
Amit R, Schoemaker PJH (1993) Strategic assets and organizational rent. Strateg Manag J 14:33–46
Andreasen AR (1996) Profits for nonprofits: find a corporate partner. Harvard Bus Rev 74:47–59
Ariño A, De la Torre J (1998) Learning from failure: towards an evolutionary model of collaborative ventures. Org Sci 9:306–325

Arts B (2002) 'Green alliances' of business and NGOs. New styles of self-regulation or 'dead-end roads'? Corp Soc Responsib Env Manag 9:26–36

Arya B, Salk JE (2006) Cross-sector alliance learning and effectiveness of voluntary codes of corporate social responsibility. Bus Ethics Q 16:211–234

Ashman D (2001) Civil society collaboration with business: bringing empowerment back in. World Dev 29:1097–1113

Austin JE (1998) The invisible side of leadership. Leader to Leader 8:38–46

Austin JE (2000a) The Collaboration challenge—how nonprofits and businesses succeed through strategic alliances. Jossey-Bass, San Francisco

Austin JE (2000b) Strategic collaboration between nonprofits and businesses. Nonprof Volunt Sec Q 29:69–97

Babiak K, Thibault L (2009) Challenges in multiple cross-sector partnerships. Nonprof Volunt Sec Q 38:117–143

Baden-Fuller C, Ravazzolo F, Schweizer T (2000) Making and measuring reputations: the research ranking of European Business Schools. Long Rang Plann 33:621–650

Bamberger I, Wrona T (1996) Der Ressourcenansatz und seine Bedeutung für die Strategische Unternehmensführung. Z Betriebswirtschaftliche Forsch 48:130–153

Barney J (1991) Firm resources and sustained competitive advantage. J Manag 17:99–120

Beamish PW (1987) Joint ventures in LDCs: partner selection and performance. Manag Int Rev 27:23–37

Berger IE, Cunningham PH, Drumwright ME (2004) Social alliances: company/nonprofit collaboration. Calif Manag Rev 47:58–90

Bleeke J, Ernst D (1995) Is your strategic alliance really a sale? Harvard Bus Rev 73:97–105

Bonardi J-P, Holburn GLF, Vanden Bergh RG (2006) Nonmarket strategy performance: evidence from US utilities. Acad Manag J 49:1209–1228

Borys B, Jemison DB (1989) Hybrid arrangements as strategic alliances: theoretical issues in organizational combinations. Acad Manag Rev 14:234–249

Brannen MY, Salk JE (2000) Partnering across borders: negotiating organizational culture in a German-Japanese joint venture. Hum Relat 53:451–487

Brown LD, Kalegaonkar A (2002) Support organizations and the evolution of the NGO sector. Nonprof Volunt Sec Q 31:231–258

Coase RH (1937) The nature of the firm. Economica New-Ser 4:386–405

Dacin MT, Oliver C, Roy J-P (2007) The legitimacy of strategic alliances: an institutional perspective. Strateg Manag J 28:169–187

Das TK, Teng B-S (1996) Risk types and inter-firm alliance structure. J Manag Stud 33:827–843

Das TK, Teng B-S (1998) Resource and risk management in the strategic alliance making process. J Manag 24:21–42

Das TK, Teng B-S (2000a) Instabilities of strategic alliances: an internal tensions perspective. Organ Sci 11:77–101

Das TK, Teng B-S (2000b) A resource-based theory of strategic alliances. J Manag 26:31–61

Dierickx I, Cool K (1989) Asset stock accumulation and sustainability of competitive advantage. Manag Sci 35(12):1504–1511

DiMaggio PJ, Powell WW (1983) The iron cage revisited: institutional isomorphism and collective rationality in organizational fields. Am Sociol Rev 48:147–160

Dollinger MJ, Golden PA, Saxton T (1997) The effect of reputation on the decision to joint venture. Strateg Manag J 18:127–140

Dorado S, Giles DE Jr, Welch TC (2009) Delegation of coordination and outcomes in cross-sector partnerships—the case of service learning partnerships. Nonprof Volunt Sec Q 38:368–391

Douglas J (1987) Political theories of nonprofit organization. In: Powell WW (ed) The nonprofit sector—a research handbook. Yale University Press, New Haven, S 43–54

Dowling RG (1986) Managing your corporate images. Ind Market Manag 15:109–115

Doz YL (1988) Technology partnerships between larger and smaller firms: some critical issues. Int Stud Manag Org 17(4):31–57
Doz YL (1996) The evolution of cooperation in strategic alliances: initial conditions or learning processes? Strateg Manag J 17:55–83
Drucker PE (1989) What business can learn from nonprofits. Harvard Bus Rev 67:88–93
Dussauge P, Garrette B (1995) Determinants of success in international strategic alliances: evidence from the Global Aerospace Industry. J Int Bus Stud 26:505–530
Dussauge P, Garrette B, Mitchell W (2000) Learning from competing partners: outcomes and durations of scale and link alliances in Europe, North America and Asia. Strateg Manag J 21:99–126
Dyer JH, Nobeoka K (2000) Creating and managing a high-performance knowledge-sharing network: The Toyota case. Strateg Manag J 21:345–367
Dyer JH, Singh H (1998) The relational view: cooperative strategy and sources of interorganizational competitive advantage. Acad Manag Rev 23:660–679
Edwards M, Hulme D (1996) Too close for comfort? The impact of official aid on nongovernmental organizations. World Dev 24:961–973
Eisenhardt KM, Schoonhoven CB (1996) Resource-based view of strategic alliance formation: strategic and social effects in entrepreneurial firms. Organ Sci 7:136–150
Elkington J, Beloe S (2010) The twenty-first-century NGO. In: Lyon TP (Hrsg) Good cop/bad cop—environmental NGOs and their strategies toward business. RFF Press, Washington DC, S 17–47
Elsbach KD, Sutton RI (1992) Acquiring organizational legitimacy through illegitimate actions: a marriage of institutional and impression management theories. Acad Manag J 35:699–738
Freeman RE (1984) Strategic Management: a stakeholder approach. Pitman, Boston
Friedman M (1970, September 13) The social responsibility of business is to increase its profits. New York Times Magazine S 126
García-Canal E, Valdés-Llaneza A, Ariño A (2003) Effectiveness of dyadic and multi-party joint ventures. Organ Sci 24:743–770
Garrette B, Castaer X, Dussauge P (2009) Horizontal alliances as an alternative to autonomous production: Product expansion mode choice in the worldwide aircraft industry 1945–2000. Strateg Manag J 30:885–894
Gazley B, Brudney JL (2007) The purpose (and perils) of government-nonprofit partnership. Nonprof Volunt Sec Q 36:389–415
Gibelman M, Gelman SR (2001) Very public scandals: nongovernmental organizations in trouble. Voluntas 12(1):49–66.
Glasbergen P, Groenenberg R (2001) Environmental partnerships in sustainable energy. Eur Env 11:1–13
Googins BK, Rochlin SA (2000) Creating the partnership society: understanding the rhetoric and reality of cross-sectoral partnerships. Bus Soc Rev 105:127–144
Gray B (1989) Collaborating—finding common ground for multiparty problems. Jossey-Bass, San Francisco, London
Gray ER, Balmer JMT (1998) Managing corporate image and corporate reputation. Long Range Plann 31:695–702
Gulati R (1995) Social structure and alliance formation patterns: a longitudinal analysis. Adm Sci Q 40:619–652
Gulati R, Gargiulo M (1999) Where do interorganizational networks come from? Am J Sociol 104(5):1439–1493
Guo C, Acar M (2005) Understanding collaboration among nonprofit organizations: combining resource dependency, institutional, and network perspectives. Nonprof Volunt Sec Q 34(3): 340–361
Hagedoorn J (1993) Understanding the rationale of strategic technology partnering: interorganizational modes of cooperation and sectoral differences. Strateg Manag J 14:371–385

Hall R (1993) A framework linking intangible resources and capabilities to sustainable competitive advantage. Strateg Manag J 14:607–618
Hamel G (1991) Competition for competence and interpartner learning within international strategic alliances. Strateg Manag J 12:83–103
Hamel G, Doz YL, and Prahalad CK (1989) Collaborate with your competitors— and win. Harvard Bus Rev 67:133–139
Hardy C, Lawrence TB, Phillips N (2006) Swimming with sharks: creating strategic change through multi-sector collaboration. Int J Strateg Change Manag 1:96–112
Hartmann CL, Stafford ER (1997) Green alliances: building new business with environmental groups. Long Range Plann 30:184–196
Hennart J-F (1988) A transaction cost theory of equity joint ventures. Strateg Manag J 9:361–374
Hoffmann AJ, Bertels S (2010) Who is part of the environmental movement. In: Lyon TP (ed) Good cop/bad cop—environmental NGOs and their strategies toward business. RFF Press, Washington DC, S 48–69
Den Hondt F, de Bakker FGA (2007) Ideologically motivated activism: how activist groups influence social change activities. Acad Manag Rev 32:901–924
Huxham C, Macdonald D (1992) Introducing collaborative advantage: achieving interorganizational effectiveness through meta-strategy. Manag Decis 30:50–56
Inkpen AC (2001) Strategic alliances. In: Freeman RE, Harrison JS, Hitt MA (eds) The Blackwell handbook of strategic management. Blackwell Publishing, Oxford, S 409–432
Iyer E (2003) Theory of alliances: partnership and partner characteristics. J Nonprof Public Sec Mark 11:41–57
James W (1896) The principles of psychology. Henry Holt & Co, New York
Jensen MC, Meckling WH (1976) Theory of the firm: managerial behavior, agency costs and ownership structure. J Financ Econ 3:305–360
Kanter RM (1999) From spare change to real change: the social sector as beta site for business innovation. Harvard Bus Rev 77:122–132
Keim GD, Zeithaml CP (1986) Corporate political strategy and legislative decision making: a review and contingency approach. Acad Manag Rev 11:828–843
King A (2007) Cooperation between corporations and environmental groups: a transaction cost perspective. Acad Manag Rev 32:889–900
Kirsch W (1997) Strategisches Management: Die geplante Evolution von Unternehmen. Kirsch, Herrsching
Kirsch W, Seidl D, van Aaken D (2010) Evolutionäre Organisationstheorie. Schäffer-Poeschel, Stuttgart
Kogut B (1988) Joint ventures: theoretical and empirical perspectives. Strateg Manag J 9:319–332
Kogut B (1989) The stability of joint ventures: reciprocity and competitive rivalry. J Ind Econ 38:183–198
Kotha S, Rajgopal S, Rindova V (2001) Reputation building and performance: an empirical analysis of the Top—50 pure internet firms. Eur Manag J 19(6):571–586
Kumar MVS (2010) Are joint ventures positive sum games? The relative effects of cooperative and noncooperative behavior. Strateg Manag J 32:32–54
Kumar R, Nti KO (1998) Differential learning and interaction in alliance dynamics: a process and outcome discrepancy model. Organ Sci 9:356–367
Le Ber MJ, Branzei O (2010) Reforming strategic cross-sector partnerships. Bus Soc 49:140–172
Levinthal DA, Fichman M (1988) Dynamics of interorganizational attachments: auditor-client relationships. Adm Sci Q 33:345–369
Levy DL, Egan D (1998) Capital contests: national and transnational channels of corporate influence on the climate change negotiations. Polit Soc 26;337–361
Li D, Eden L, Hitt MA., Ireland RD (2008) Friends, acquaintances, or strangers? Partner selection in R&D alliances. Acad Manag J 51:315–334

Lindenberg M, Dobel JP (1999) The challenges of globalization for northern international relief and development NGOs. Nonprof Volunt Sec Q 28:4–24

Livesey S (1999) Mcdonald's and the environmental defense fund: a case study of a green alliance. J Bus Commun 36:5–39

Lucea R (2010) How we see the versus how they see themselves—a cognitive perspective of firm-NGO relationships. Bus Soc 49:116–139

Madhok A, Tallman SB (1998) Resources, transactions and rents: managing value through interfirm collaborative relationships. Organ Sci 9:326–339

Mahon JF (2002) Corporate reputation: research agenda using strategy and stakeholder literature. Bus Soc 41(4):415–445

Maxwell JW (2010) An economic perspective on NGO strategies and objectives. In: Lyon TP (ed) Good cop/bad cop—environmental NGOs and their strategies toward business. RFF Press, Washington DC, S 136–163

Milne GR, Iyer ES, Gooding-Williams S (1996) Environmental organization alliance relationships within and across nonprofit, business, and government sectors. J Public Policy Mark 15:203–215

Mowery DC, Oxley JE, Silverman BS (1996) Strategic alliances and interfirm knowledge transfer. Strateg Manag J 17:77–91

Orlitzky M, Schmidt FL, Rynes, SL (2003) Corporate social and financial performance: a meta-analysis. Organ Stud 24:403–441

Park SH, Russo MV (1996) When competition eclipses cooperation: an event history analysis of joint venture failure. Manag Sci 42:875–890

Parker AR (2003) Prospects for NGO collaboration with multinational enterprises. In: Doh JP, Teegen J (ed) Globalization and NGOs. Praeger, Westport, S 81–105

Parker B, Selsky JW (2004) Interface dynamics in cause-based partnerships: an exploration of emergent culture. Nonprof Volunt Sec Q 33:458–488

Parkhe A (1993) Strategic alliance structuring: a game theoretic and transaction cost examination of interfirm cooperation. Acad Manag J 36:794–829

Pattberg P (2004) Private environmental governance and the sustainability transition: functions and impacts of ngo-business partnerships. In: Jacob K, Binder M, Wieczorek A (ed) Proceedings of the 2003 Berlin conference on the human dimensions of global environmental change. Environmental Policy Research Centre, Berlin, S 52–66

Pattberg P (2006) The influence of global business regulations: beyond good corporate conduct. Bus Soc Rev 111:241–268

Percy SW (2010) Cooperation. learning from BP's experience with NGOs. In: Lyon TP (ed) Good cop/bad cop—environmental NGOs and their strategies toward business. RFF Press, Washington DC, S 228–236

Phillips R, Freeman RE, Wicks AC (2003) What stakeholder theory is not. Bus Ethics Q 13:479–502

Polanyi M (1958) Personal knowledge: towards a post-critical philosophy. Routledge and Kegan Paul, London

Polanyi M (1967) The tacit dimension. Doubleday, New York.

Polonsky MJ (1996) Stakeholder management and the stakeholder matrix: potential strategic marketing tools. J Market Focused Manag 1:209–229

Powell WW (1990) Neither market nor hierarchy: network forms of organization. Res Organ Behav 12:295–336

Powell WW, Friedkin R (1987) Organizational change in nonprofit organizations. In: Powell WW (Hrsg) The nonprofit sector—a research handbook. Yale University Press, New Haven, S 180–192

Ramus CA, Montiel I (2005) When are corporate environmental policies a form of greenwashing? Bus Soc 44:377–414

Reich RB, Mankin ED (1986) Joint ventures with Japan give away our future. Harvard Bus Rev 64(Mar.–Apr.):78–86

Ring PS, Van de Ven AH (1994) Developmental processes of cooperative interorganizational relationships. Acad Manage Rev 19:90–118

Rondinelli DA, Berry M (1997) Industry's role in air quality improvement: environmental management opportunities for the 21st century. Env Quality Manag 7:31–44

Rondinelli DA, London T (2003) How corporations and environmental groups cooperate: assessing cross-sector alliances and collaborations. Acad Manag Exec 17:61–76

Rudney G (1987) The scope and dimensions of nonprofit activity. In: Powell WW (ed) The nonprofit sector—a research handbook. Yale University Press, New Haven, S 55–64

Sagawa S, Segal E (2000) Common interest, common good—creating value though business and social sector partnerships. Harvard Business School Press, Boston

Saxton T (1997) The effects of partner and relationship characteristics on alliance outcomes. Acad Manag J 40:443–461

Schelling TC (1960) The strategy of conflict. Harvard University Press, Cambridge

Schoenbrod D (2005) Saving our environment from Washington: how congress grabs power, shirks responsibility, and shortchanges the people. Yale University Press, New Haven

Scott WR (1995) Institutions and organizations. Sage publications, London

Seibel W (1990) Organizational behavior and organizational function: toward a micro-macro theory of the third sector. In: Anheier HK, Seibel W (eds) The third sector—comparative studies of nonprofit organizations. De Gruyter, Berlin, S 107–121

Seibel W, Anheier HK (1990) Sociological and political science approaches to the third sector. In: Anheier HK, Seibel W (eds) The third sector—comparative studies of nonprofit organizations. De Gruyter, Berlin, S 7–20

Selsky JW, Parker B (2005) Cross-sector partnerships to address social issues: challenges to theory and practice. J Manag 31:849–873

Selznick P (1949) T.V.A. and the grass roots—a study in the sociology of formal organisation. University of California Press, Berkeley

Spekman RE, Forbes TM III., Isabella LA, and MacAvoy TC (1998) Alliance management: a view from the past and a look to the future. J Manag Stud 35:747–772

Stafford ER, Polonsky MJ, Hartmann CL (2000) Environmental NGO—business collaboration and strategic bridging: a case analysis of the Greenpeace-Foron alliance. Bus Strat Env 9:122–135

Suchman, M.C. (1995) Managing legitimacy: strategic and institutional approaches. Acad Manag Rev 20:571–610.

Teece D (1992) Competition, cooperation, and innovation—organizational arrangements for regimes of rapid technological progress. J Econ Behav Organ 18:1–25

Teegen H, Doh JP, Vacchani S (2004) The importance of nongovernmental organizations (NGOs) in global governance and value creation: an international business research agenda. J Int Bus Stud 35:463–483

Vakil AC (1997) Confronting the classification problem: toward a taxonomy of NGOs. World Dev 25:2057–2070

Valentinov V, Iliopoulos C (in press) Economic theories of nonprofits and agricultural cooperatives compared: new perspectives for nonprofit scholars. Nonprof Volunt Sec Q

Washington M, Zajac EJ (2005) Status evolution and competition: theory and evidence. Acad Manag J 48:282–296

Wassmer U, Paquin R, Sharma S (in press) The engagement of firms in environmental collaborations: existing contributions and future directions. Bus Soc

Wernerfelt B (1984) A resource-based view of the firm. Strateg Manang J 5:171–180

Westley F, Vredenburg H (1991) Strategic bridging: the collaboration between environmentalists and business in the marketing of green products. J Appl Behav Sci 27:65–90

Wymer WWJ, Samu S (2003) Dimensions of business and nonprofit collaborative relationships. J Nonprof Public Sec Mark 11:3–22

Yaziji M, Doh J (2009) NGOs and corporations—conflict and collaboration. Cambridge University Press, New York

GRUNDSÄTZE UND ZIELE

Die Zeitschrift für Betriebswirtschaft (ZfB) ist eine der ältesten deutschen Fachzeitschriften der Betriebswirtschaftslehre. Sie wurde im Jahre 1924 von Fritz Schmidt begründet und von Wilhelm Kalveram, Erich Gutenberg und Horst Albach fortgeführt. Sie wird heute von 11 Universitätsprofessoren, die als **Department Editors** fungieren, herausgegeben. Dem **Editorial Board** gehören namhafte Persönlichkeiten aus Universität und Wirtschaftspraxis an. Die Fachvertreter stammen aus den USA, Japan und Europa.

Die ZfB verfolgt das Ziel, die **Forschung auf dem Gebiet der Betriebswirtschaftslehre** anzuregen sowie zur Verbreitung und Anwendung ihrer Ergebnisse beizutragen. Sie betont die Einheit des Faches; enger und einseitiger Spezialisierung in der Betriebswirtschaftslehre will sie entgegenwirken. Die Zeitschrift dient dem **Gedankenaustausch zwischen Wissenschaft und Unternehmenspraxis**. Sie will die betriebswirtschaftliche Forschung auf wichtige betriebswirtschaftliche Probleme in der Praxis aufmerksam machen und sie durch Anregungen aus der Unternehmenspraxis befruchten.

In der ZfB können auch englischsprachige Aufsätze veröffentlicht werden. Die Herausgeber begrüßen die Einreichung englischsprachiger Beiträge von deutschen und internationalen Wissenschaftlern. Durch die Zusammenfassungen in englischer Sprache sind die deutschsprachigen Aufsätze der ZfB auch internationalen Referatenorganen zugänglich. Im Journal of Economic Literature werden die Aufsätze der ZfB zum Beispiel laufend referiert.

Die Qualität der Aufsätze in der ZfB wird durch die Herausgeber und einen Kreis renommierter Gutachter gewährleistet. Das **Begutachtungsverfahren** ist doppelt verdeckt und wahrt damit die Anonymität von Autoren wie Gutachtern gemäß den international üblichen Standards. Jeder Beitrag wird von zwei Fachgutachtern beurteilt. Bei abweichenden Gutachten wird ein Drittgutachter bestellt. Die Department Editors entscheiden auf der Grundlage der Gutachten eigenverantwortlich über die Annahme und Ablehnung der von ihnen betreuten Manuskripte. Sie können Beiträge auch ohne Begutachtungsverfahren ablehnen, wenn diese formal oder inhaltlich von den Vorgaben der ZfB abweichen.

Die ZfB veröffentlicht im Einklang mit diesen Grundsätzen und Zielen:

- **Aufsätze** zu theoretischen und praktischen Fragen der Betriebswirtschaftslehre einschließlich von Arbeiten junger Wissenschaftler, denen sie ein Forum für die Diskussion und die Verbreitung ihrer Forschungsergebnisse eröffnet,
- **Ergebnisse der Diskussion** aktueller betriebswirtschaftlicher Themen zwischen Wissenschaftlern und Praktikern,
- **Berichte** über den Einsatz wissenschaftlicher Instrumente und Konzepte bei der Lösung von betriebswirtschaftlichen Problemen in der Praxis,
- **Schilderungen von Problemen** aus der Praxis zur Anregung der betriebswirtschaftlichen Forschung,
- „**State of the Art**"-**Artikel**, in denen Entwicklung und Stand der Betriebswirtschaftslehre eines Teilgebietes dargelegt werden.

Die ZfB informiert ihre Leser über **Neuerscheinungen** in der Betriebswirtschaftslehre und der Management Literatur durch ausführliche Rezensionen und Kurzbesprechungen.

IMPRESSUM/HINWEISE FÜR AUTOREN

Zeitschrift für Betriebswirtschaft
Journal of Business Economics
Springer Gabler | Springer Fachmedien Wiesbaden GmbH,
Abraham-Lincoln-Straße 46 | 65189 Wiesbaden,
http://www.springer-gabler.de, http://www.zfb-online.de
Amtsgericht Wiesbaden, HRB 9754, Ust-IdNr. DE8 11148419
Geschäftsführer: Dr. Ralf Birkelbach (Vors.) | Armin Gross | Albrecht F. Schirmacher
Verlagsbereichsleitung: Andreas Funk
Gesamtleitung Anzeigen und Märkte: Armin Gross
Gesamtleitung Marketing und Individual Sales: Rolf-Günther Hobbeling
Gesamtleitung Produktion: Christian Staral

Editor-in-Chief:
Professor Dr. Dr. h.c. Günter Fandel
FernUniversität in Hagen
Fakultät für Wirtschaftswissenschaft
58084 Hagen
Tel: 0 23 31/9 87-2625, Fax: 0 23 31/9 87-2575
E-Mail: ZfB@FernUni-Hagen.de
Administration Manuscript Central™
Sebastian Bartussek, Tel.: 0 23 31/9 87-2652,
Fax: 0 23 31/9 87-2575, E-Mail: Sebastian.Bartussek@FernUni-Hagen.de
Produktion: Dagmar Orth, Tel: 0 62 21-4 87-8902
E-Mail: dagmar.orth@springer.com
Kundenservice: Springer Customer Service Center GmbH, Service Gabler Verlag, Haberstr. 7, 69126 Heidelberg,
Telefon: +49 (0)6221/345-4303, Fax: +49 (0)6221/345-4229,
Montag bis Freitag 8.00 Uhr bis 18.00 Uhr,
E-Mail: gabler-service@springer.com
Produktmanagement: Kristiane Alesch
Tel.: 06 11/78 78-359, Fax: 06 11/78 78-78359,
E-Mail: Kristiane.Alesch@springer.com
Gesamtverkaufsleitung Fachmedien: Britta Dolch
Mediaberatung: Yvonne Guderjahn, Tel.: 0611/78 78-155,
Fax: 06 11/78 78-430, E-Mail: Yvonne.Guderjahn@best-ad-media.de
Anzeigendisposition: Monika Dannenberger,
Tel.: 06 11/78 78-148, Fax: 06 11/78 78-430,
E-Mail: Monika.Dannenberger@best-ad-media.de
Anzeigenpreise: Es gelten die Mediainformationen vom 1.1.2011
Bezugsmöglichkeiten: Die Zeitschrift erscheint monatlich. Das Abonnement kann jederzeit zur nächsten erreichbaren Ausgabe schriftlich mit Nennung der Kundennummer gekündigt werden. Eine schriftliche Bestätigung erfolgt nicht. Zuviel gezahlte Beträge für nicht gelieferte Ausgaben werden zurückerstattet. Jährlich können 1 bis 6 Special Issues hinzukommen. Jedes Special Issue wird den Abonnenten mit einem Nachlass von 25% des jeweiligen Ladenpreises gegen Rechnung geliefert.

Preise Abonnement Inland/Ausland*
Studenten-**/Emeritus-Abo:	98,–Euro
ausgewählte Verbände:***	195,–Euro
Privat-Abo:	229,–Euro
Lehrstuhl-Abo:	259,–Euro
Bibliotheks-/Unternehmensabo:	449,–Euro

*Versand ins Ausland: 26,–Euro / Airmail 58,–Euro
** Studienbescheinigung, *** auf Anfrage beim Verlag
Einzelheft 44,– zzgl. Versand Inland und Ausland
©Springer Gabler | Springer Fachmedien Wiesbaden
Alle Rechte vorbehalten. Kein Teil dieser Zeitschrift darf ohne schriftliche Genehmigung des Verlages vervielfältigt oder verbreitet werden. Unter dieses Verbot fällt insbesondere die gewerbliche Vervielfältigung per Kopie, die Aufnahme in elektronische Datenbanken und die Vervielfältigung auf CD-ROM und allen anderen elektronischen Datenträgern.
Satzherstellung: Crest Premedia Solutions, Pune, Indien
Gedruckt auf säurefreiem und chlorfrei gebleichtem Papier.
ISSN: 0044-2372 (Print)
ISSN: 1861-8928 (Online)
Springer Gabler ist eine Marke von Springer DE. Springer DE ist Teil der Fachverlagsgruppe Springer Science+Business Media

Hinweise für Autoren

1. Bitte beachten Sie die „Grundsätze und Ziele" der ZfB.

2. Einreichungen werden bei der ZfB ausschließlich über ein Online-Verfahren abgewickelt. Manuskripte – in deutscher oder englischer Sprache – können vom Autor unter http://mc.manuscriptcentral.com/zfb direkt in das Manuskriptverwaltungssystem hochgeladen werden. Hierbei ist insbesondere auf die Wahrung der Anonymität der zur Begutachtung eingereichten Vorlagen zu achten. Der Autor verpflichtet sich mit der Einsendung des Manuskripts unwiderruflich, das Manuskript bis zur Entscheidung über die Annahme nicht anderweitig zu veröffentlichen oder zur Veröffentlichung anzubieten. Diese Verpflichtung erlischt nicht durch Korrekturvorschläge im Begutachtungsverfahren.

3. Um die eingereichten Manuskripte in den Begutachtungsprozess geben bzw. diese im Manuskriptlauf zügig behandeln zu können, wird um Beachtung der folgenden Punkte gebeten: Gesamtlänge des Manuskriptes darf 25 DinA4 nicht überschreiten (bei ca. 3800 Zeichen pro Seite), Schriftart „Times New Roman", Schriftgröße 12, einfacher Zeilenabstand, jeweils 2,5 cm Außenrand, Angabe von Abbildungs- und Tabellenüberschriften (Abb. 1: Text; Tab. 1: Text etc.), eingebundene Objekte (insbes. Bild-, .ppt-, .xls-Dateien etc.) auch separat in Dateiform beifügen, das Hauptdokument muss in **anonymer** Form eingereicht werden, d. h. alle Autorennamen, Autoreninformationen und evtl. Danksagungen sind für die Begutachtung restlos zu streichen. Einhaltung der Gliederungssystematik: **1 Überschriftsebene 1** (12pt, fett, 2 Zeilen Abstand davor, 1 Zeile danach), *1.1 Überschriftsebene 2* (12pt, 1 Zeile Abstand davor, 1 Zeile danach), 1.1.1 Überschriftsebene 3 (12pt, kursiv, 1 Zeile Abstand davor, 1 Zeile danach), **Spitzmarke:** (12pt, fett mit Doppelpunkt zu Beginn des Absatzes, 1 Zeile Abstand davor). Harvard-Zitierweise, keine End- oder Fußnoten: Ein Autor: (vgl. Meier 2007) bzw. (Meier 2007, S. 30); Zwei Autoren: (vgl. Meier/Müller 2007) bzw. (Meier/Müller 2007, S. 30); Drei oder mehr Autoren: (vgl. Meier et al. 2007) bzw. (Meier et al. 2007, S. 30); Eventuelle Erläuterungen zu Textpassagen können weiterhin als Endnoten angehängt werden, sollten aber – soweit möglich – vermieden werden. Das Literaturverzeichnis muss in *Harvard Stil* bzw. *Basic Springer Reference Style* aufgebaut sein. Bei einer Wiedereinreichung eines Beitrags muss eine Stellungnahme zu den Gutachten beigelegt werden. Einreichung der Beitragsdatei als **Microsoft Word®-Datei** oder in einem Word®-kompatiblen Format; **kein (La)TeX. PDF-Dateien sind generell nicht geeignet und können auch nicht ins Onlinesystem Manuscript Central**™ **hochgeladen werden.** Der Beitrag muss in folgender Reihenfolge aufgebaut sein: Erste Seite: prägnanter Beitragstitel in deutscher bzw. in englischer Sprache (max. 80 Zeichen; bei Bedarf: Angabe eines Untertitels), dem Beitrag vorgestellte einleitende „Zusammenfassung" bzw. einleitender „Abstract" (Fließtext, max. 15 Zeilen bzw. 1100 Zeichen), deutsche „Schlüsselwörter" (max. 5 Angaben) bzw. englische Keywords (max. 5 Angaben), JEL-Klassifikation (max. 3 Angaben); Ab Seite 2: Beitragstext, falls nötig: „Anmerkungen" als Endnoten (keine Fußnoten im Text), „Literaturverzeichnis", letzte Seite: (nur bei deutschsprachigen, enfällt bei englischsprachigen Beiträgen) prägnanter Beitragstitel in englischer Sprache (max. 80 Zeichen; bei Bedarf: Angabe eines Untertitels), „Abstract" in englischer Sprache (Fließtext, max. 15 Zeilen bzw. 1100 Zeichen). Zusätzlich sollten sowohl die Autorenfotos in digitaler Form, 300dpi, mind. 640×480 Pixel) als auch die Autorenangaben (Titel, Name, Institut, Lehrstuhl, Adresse, Land, ggf. Arbeitsgebiete, E-mailadresse und URL; insgesamt pro Autor max. 4 Zeilen) in separaten Dateien eingereicht werden. **Alle Kopf- und Fußzeilen sowie Seitenzahlen sind zu entfernen!**

4. Der Autor verpflichtet sich, die Korrekturfahnen innerhalb einer Woche zu lesen und die Mehrkosten für Korrekturen, die nicht vom Verlag zu vertreten sind, sowie die Kosten für die Korrektur durch einen Korrektor bei nicht terminergerechter Rücksendung der Fahnenkorrektur zu übernehmen

5. Der Autor ist damit einverstanden, dass sein Beitrag außer in der Zeitschrift auch durch Lizenzvergabe in anderen Zeitschriften (auch übersetzt), durch Nachdruck in Sammelbänden (z. B. zu Jubiläen der Zeitschrift oder des Verlages oder in Themenbänden), durch längere Auszüge in Büchern des Verlages auch zu Werbezwecken, durch Vervielfältigung und Verbreitung auf CD-ROM oder anderen Datenträgern, durch Speicherung auf Datenbanken, deren Weitergabe und dem Abruf von solchen Datenbanken während der Dauer des Urheberrechtsschutzes an dem Beitrag im In- und Ausland vom Verlag und seinen Lizenznehmern genutzt wird.

HERAUSGEBER/EDITORIAL BOARD

Editor-in-Chief

Prof. Dr. Dr. h.c. Günter Fandel ist Universitätsprofessor und Inhaber des Lehrstuhls für Betriebswirtschaft, insbesondere Produktions- und Investitionstheorie an der FernUniversität in Hagen. Seine Hauptarbeitsgebiete sind Industriebetriebslehre, Produktionsmanagement und Hochschulmanagement.

Department Editors

Prof. Dr. Hans-Joachim Böcking ist Universitätsprofessor und Inhaber der Professur für Betriebswirtschaftslehre, insbesondere Wirtschaftsprüfung und Corporate Governance, an der Goethe-Universität Frankfurt am Main. Seine Forschungsschwerpunkte sind Wirtschaftsprüfung, Corporate Governance, nationale und internationale Rechnungslegung sowie Unternehmensbewertung.

Prof. Dr. Wolfgang Breuer ist Universitätsprofessor und Inhaber des Lehrstuhls für Betriebswirtschaftslehre, insb. Betriebliche Finanzwirtschaft, an der Rheinisch-Westfälischen Technischen Hochschule Aachen. Seine Hauptarbeitsgebiete sind Finanzierungs- und Investitionstheorie sowie Portfolio- und Risikomanagement.

Prof. Dr. Oliver Fabel ist Universitätsprofessor und Inhaber des Lehrstuhls für Personalwirtschaft mit Internationaler Schwerpunktsetzung am Institut für Betriebswirtschaftslehre der Universität Wien. Seine Hauptarbeitsgebiete sind Personal-, Organisations- und Bildungsökonomik.

Prof. Dr. Dr. h.c. Günter Fandel, s.o.

Prof. Dr. Armin Heinzl ist Universitätsprofessor und Inhaber des Lehrstuhls für Allgemeine Betriebswirtschaftslehre und Wirtschaftsinformatik an der Universität Mannheim. Seine Hauptarbeitsgebiete sind Wirtschaftsinformatik, Organisationslehre sowie Logistik.

Prof. Dr. Harald Hruschka ist Universitätsprofessor und Inhaber des Lehrstuhls für Betriebswirtschaftslehre mit dem Schwerpunkt Marketing an der Universität Regensburg. Sein Hauptarbeitsgebiet bezieht sich auf Marktreaktionsmodelle unter Einschluss semiparametrischer und hierarchischer Bayes'scher Ansätze.

Prof. Dr. Jochen Hundsdoerfer ist Universitätsprofessor und Inhaber der Professur für Betriebswirtschaftslehre, insb. Betriebswirtschaftliche Steuerlehre, an der Freien Universität Berlin. Seine Hauptarbeitsgebiete sind Unternehmensbesteuerung und Steuerwirkungsforschung.

Prof. Dr. Dr. h.c. Hans-Ulrich Küpper ist Universitätsprofessor und Direktor des Instituts für Produktionswirtschaft und Controlling der Universität München. Seine Hauptarbeitsgebiete sind Unternehmensrechnung, Controlling und Hochschulmanagement.

Prof. Dr. Joachim Schwalbach ist Universitätsprofessor und Inhaber des Lehrstuhls für Internationales Management an der Humboldt-Universität zu Berlin.

Prof. Dr. Stefan Winter ist Universitätsprofessor und Inhaber des Lehrstuhls für Human Resource Management an der Ruhr-Universität in Bochum. Seine Hauptarbeitsgebiete sind die Analyse von Anreizstrukturen in Unternehmen, Gestaltung von Vergütungssystemen für Führungskräfte sowie die Institutionenökonomische Analyse von Personal- und Organisationsproblemen.

Prof. Dr. Peter Witt ist Universitätsprofessor und Inhaber des Lehrstuhls für Technologie- und Innovationsmanagement an der Bergischen Universität Wuppertal. Seine Hauptarbeitsgebiete sind Innovationsmanagement, Entrepreneurship und Familienunternehmen.

Editorial Board

Prof. (em.) Dr. Dr. h.c. mult. Horst Albach (Chairman)
Prof. Alain Burlaud
Prof. Dr. Dr. Dr. h.c. Santiago Garcia Echevarria
Prof. Dr. Lars Engwall
Dr. Dieter Heuskel
Dr. Detlef Hunsdiek
Prof. Dr. Don Jacobs
Prof. Dr. Eero Kasanen
Dr. Bernd-Albrecht v. Maltzan
Prof. Dr. Koji Okubayashi
Hans Botho von Portatius
Prof. Dr. Oleg D. Prozenko
Prof. (em.) Dr. Hermann Sabel
Prof. Dr. Adolf Stepan
Dr. med. Martin Zügel

Umfassendes, modernes, gut verständliches Standardlehrbuch zur Allgemeinen Betriebswirtschaftslehre

↗

springer-gabler.de

Jean-Paul Thommen, Ann-Kristin Achleitner
Allgemeine Betriebswirtschaftslehre
Umfassende Einführung aus managementorientierter Sicht

7., vollst. überarb. Aufl. 2012.
XXXI, 1071 S. mit 365 Abb. Geb.
€ (D) 54,95
ISBN 978-3-8349-3416-1

Dieses bewährte Lehrbuch gibt eine umfassende und sehr gut verständliche Einführung in alle unternehmerischen Funktionen aus managementorientierter Sicht. Für die 7. Auflage wurde die „Allgemeine Betriebswirtschaftslehre" von Thommen/Achleitner erneut umfassend bearbeitet. Sämtliche Teile des Buches wurden aktualisiert und ergänzt.

Der Inhalt
- Unternehmen und Umwelt
- Marketing
- Materialwirtschaft
- Produktion
- Rechnungswesen
- Finanzierung
- Investition und Unternehmensbewertung
- Personal
- Organisation
- Management

Die Autoren
Prof. Dr. Jean-Paul Thommen ist Inhaber des Lehrstuhls Organizational Behavior an der European Business School (EBS), Titularprofessor an der Universität Zürich sowie Dozent an der Universität St. Gallen.
Prof. Dr. Dr. Ann-Kristin Achleitner ist Inhaberin des Lehrstuhls für Entrepreneurial Finance (unterstützt durch die KfW Bankengruppe) und Wissenschaftliche Co-Direktorin des Center for Entrepreneurial and Financial Studies (CEFS) an der TU München.

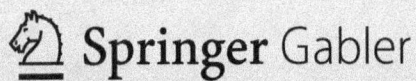

Einfach bestellen: SpringerDE-service@springer.com
Telefon +49 (0)6221 / 3 45 – 4301

GPSR Compliance

The European Union's (EU) General Product Safety Regulation (GPSR) is a set of rules that requires consumer products to be safe and our obligations to ensure this.

If you have any concerns about our products, you can contact us on

ProductSafety@springernature.com

In case Publisher is established outside the EU, the EU authorized representative is:

Springer Nature Customer Service Center GmbH
Europaplatz 3
69115 Heidelberg, Germany

www.ingramcontent.com/pod-product-compliance
Lightning Source LLC
LaVergne TN
LVHW010343260326
834688LV00036B/859